| 명문 동양문고 ④ |

농가월령가와 월여농가 詩
農家月令歌　月餘農歌

金智勇·金美蘭 共著

明文堂

단원의 풍속화로 조선후기의

❶ 농가의 정초는, 쟁기 벼르는 계절이랬다.

❷ 육예에서, 활 쏘기 수련은 기본.

농촌 월속을 살펴본다

❸ 봄에는 꿈도, 마음도 들뜨나 봐!

❹ 논갈이도 힘들지만, 단오는 더 신났다던가!

단원의 풍속화로 조선후기의

❺ 집안에선 길쌈이요, 벌에서는 들점심이 낙이라더라!

❻ 주막과 놀이마당이 있어, 나그네는 마음 달래고…

농촌 월속을 살펴본다

⑦ 개잡아 삶아 건져, 며느리 근친 보냈다 하네!

⑧ 더도 말고, 한가위만 하여라.

단원의 풍속화로 조선후기의 농촌 월속을 살펴본다

⑨ "땅이 좁으니 타작 곡식 적고, 나이 많으니 약효도 없다. 험한 산 비탈에 붙어서 땔감나무하는 그 녀석을, 서글픈 마음으로 기다리누나" (정약용)

⑩ 서방님 거적 매는 소리, 큰 아이 글 읽는 소리, 물레 도는 소리에 여인은 흐뭇했단다!

⑪ 정학유 편 『농가월령가』 필사본

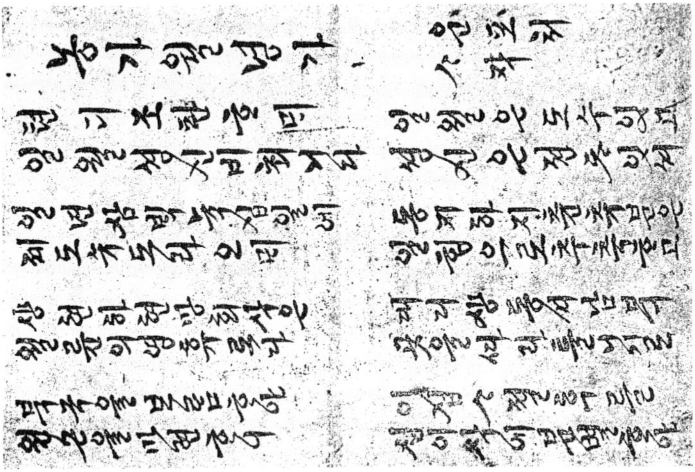

⑫ 김소당 작 『월여농가』 필사본

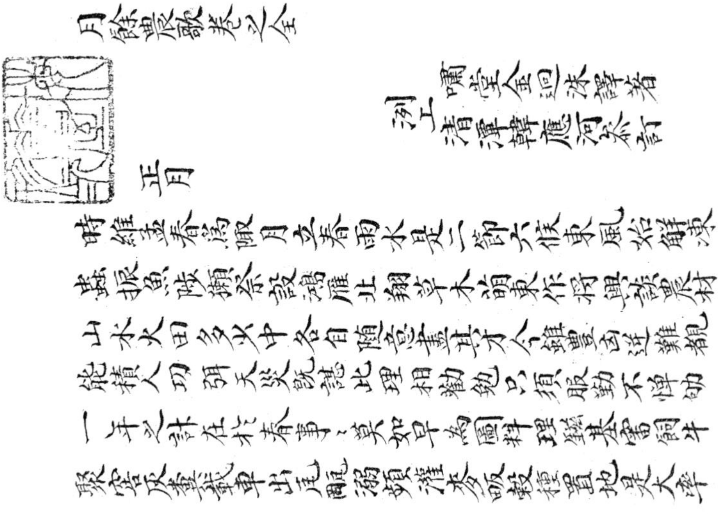

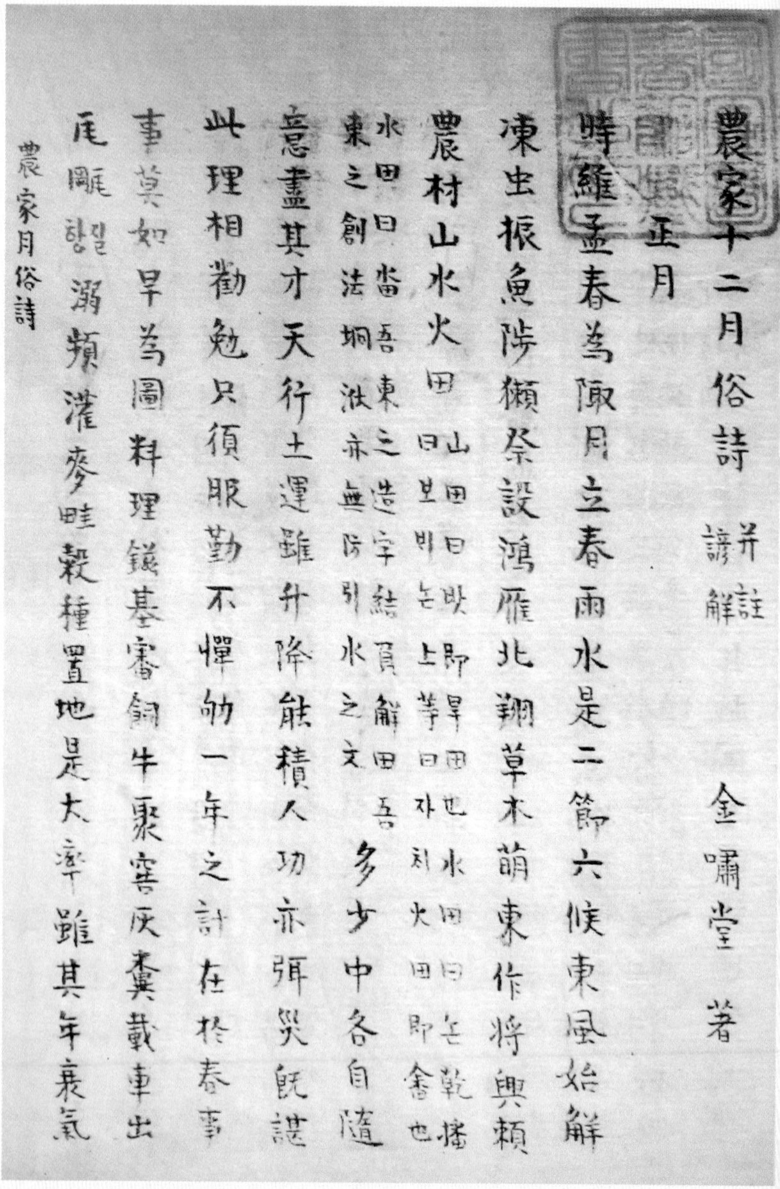
農家十二月俗詩 并諺解註 金嘯堂 著
正月
時維孟春爲陬月 立春雨水是二節 六候東風始解
凍虫振魚陟獺祭設鴻雁北翔草木萌東作將興賴
農村山水火田 山田曰밧即旱田也水田曰논乾播曰보비논上等曰자치火田即畬也
水田曰畓吾東之造字結負解田吾東之創法垌洑亦無陟引水之文 多少中各自隨
意盡其才天行土運雖升降能積人功亦彌災旣識
此理相勸勉只須服勤不憚劬一年之計在於春事
事莫如早爲圖料理鎡基審飼牛聚窖灰糞載車出
尾 [illegible] 항길 溺頻灌麥畦穀種置地是大寧雖其年衰氣
農家月俗詩

⑬ 『월여농가』를 옮겨 쓴 『농가 십이월 속시』 (전사자 미상).

농가월령가와 월여농가 詩

金智勇 · 金美蘭 共著

머리말

우리는 그 동안 조선후기 실사구시 학파들이 나라를 걱정한 경륜서로 연암(燕岩) 박지원(朴趾源) 연구(『燕岩 朴趾源의 理想과 그 文學』)와 다산(茶山) 정약용(丁若鏞)의 시·문 연구(『茶山의 詩文』)를 해 오면서 그 우민(憂民) 경세(經世)의 초점이 농경민에게 있음을 눈여겨 왔으나 미처 농가(農歌)에는 소홀했다가 이번 문고본을 내면서 새로 공부하고 실학적 안목으로 살펴보았다.

한편 조선사회의 여성상을 연구해 보려고 국문소설에 관심을 두고 「古代小說과 變身」이나 『한국 여류 한시의 세계』 등을 저술하면서 조선왕조를 그만큼이라도 떠받쳐 온 힘은 농민이었음을 간과할 수가 없었는데 이번 농가월령가와 월여농가를 정리하면서 더욱 절감했다.

지금까지 농가월령가나 월여농가에 대한 연구는 서지학적이거나 서술된 문장내지 문학적인 측면에서는 심도있게 고구하여 왔으나, 이 시가들의 저작 동기(motive)나

저변에 흐르는 생각이나 감정에는 별로 고찰하지 못한 것 같다.

이 책에서는 특히 그 점에 역점을 두면서 역주했으니 예하면, 농가월령가는 『하소정(夏小正)』이나 『시경』의 빈풍시(豳風詩)를 본 떠서 우리의 농경사회를 서술했다고 했으니 그런 관점에서 저작자나 저작 동기를 살폈고, 또 『월여농가』는 『예기』의 월령장에서 72후(候)를 추려다가 매장(12월)의 바닥에 깔아놓고 우리의 농가를 읊었으니 그 점을 유의했다.

특히 이번 『농가월령가』의 작자 문제는 새로 제기한 필자의 지론이니 사계의 학자들이 질정하여 주기를 바란다.

2008년(戊子) 음 5월

공저자 **김지용 · 김미란** 적음.

농가월령가와 월여농가 차례

일러두기(보탬 말)

1. 이 책에서는 농가월령가와 월여농가를 실사구시 사상가들의 산림경제서의 틀 속에 넣고 그 권농가요로 고찰하면서 역주했다.
2. 농가월령가는 고대의 하소정(夏小正)과 『시경』의 빈풍(豳風)시, 월여농가는 『예기』의 월령이 바닥에 깔려 있으므로 유의하면서 고찰하고 역주했다.
3. 농가월령가의 원작자는 민요의 경우처럼 농경사회로 간주했으며, 월여농가의 역저(譯著)자 김형수(金逈洙)는 중인(中人)으로 의사이지만 그만두고 농촌에 뜻을 담은 시인으로 고찰하며 역주했다.
4. 농가월령가의 저본(底本)을 마에마교사꾸(前間恭作)가 정선, 역주한 「교주가곡집(校註歌曲集)」으로 한 것은 가장 많은 자료 중에서 잘 가려지고, 학실(斅實)하게 고증됐기 때문이다.
5. 농가월령가의 역주에 있어서 원전인 교주가곡집 사진판을 우측에 배치한 것은 원전이 세로쓰기 좌향(左向)이므로, 번역을 가로쓰기 우향(右向)하면 시선이 맞닿도록 하려는 의도이고, 다만 어절을 맞추느라 다소의 들 · 날쭉이 있다.
6. 월여농가는 7언 장시이므로 구분없이 열기하고, 귀절마다 4 · 4 음보 민요조로 풀이해 붙였다.
7. 이 시가들에서 표기된 용어는 조선후기의 언어 · 풍속과 제도들로서 지금은 격세감을 느끼게 변했으므로 되도록 주를 많이 달았다. 그러나 소중한 토박이 말은 그대로 썼다.
8. 주기에 인용한 시가집은 약칭을 쓰되 농가월령가는 『농가』, 월여농가는 『월여』, 농가십이월속시는 『속시』로 표기했다.
9. 색인은 혼잡을 피하려고 농가월령가 분과 월여농가 분을 갈라서 따로 따로 적어 보였다.
10. 화보에서 보인 단원 김홍도의 풍속화는 국립중앙박물관 소장 화보를 썼다.

Ⅰ. 농경사회(農耕社會)와 월령(月令)

(1) 농경사회

아시아에 있어서도 농경의 역사는 유규하다.

유럽에서는 나일강유역이 문화의 발상지이자 동시에 농경이 시작되고 발전해 온 그 자연 조건이 특이한 지대이듯이 동양에 있어서는 황하(黃河)유역이나 갠지스강 유역이 농경사회로 발전해 오는데 크게 지정학적 의미를 갖는다.

또한 우리 민족의 농가월령을 생각할 때 한강유역의 농경조건도 같은 맥락으로 생각지 않을 수 없다.

인류가 수렵경제 형태를 지나서 누경(耨耕)[①]하던 모계씨족사회를 거쳐온 지도 그 역사가 너무 아득하니 논외로 하더라도, 남성이 이경(犁耕)[②]하던 부가장의 사회만도 50여만 년을 헤아리지만, 우리 동방에서는 신농씨(神農氏)를 거론한 기록, 즉 농경에 대한 유사(有史) 이후의 기록이 B.C. 2,700여 년이 되며, 요(堯)와 순(舜)의 신화를 빌려서 헤아려도 B.C. 2,360여 년이 되니 비록 전설적인 천

하였지만 벌써 농경이 한창이던 때이고, 우리의 단군신화로 추정해 보아도 한반도에서 농경사회가 형성된 것이 4,300여 년이 넘는다고 이를 것이다.

인류가 농경 수단으로 먹거리를 채취하는 과정에서 정착생활이 수반되었고 정착생활은 인구 증가를 촉진시켰으니 식량의 재배, 저장이 불가피 했다.

초기의 먹거리는 주로 초(草), 근(根)과 과(果), 라(蓏)류였다가 차츰 곡류(穀類)를 개발하게 되었고, 신석기시대인 B.C. 6,000년경에는 이미 5곡 중에서 보리, 밀, 조, 벼, 아마 등을 재배한 흔적이 발견된다.

한편 곤충을 관찰하여 누에를 기르고, 씨앗을 살피다가 목화를 재배하여 직물과 의류를 개발했다.

의류, 복식 개발은 인류 진화에 지대한 의미를 갖는다.

한편 콩, 팥(豆) 종류와 외(瓜), 박(匏) 등 줄기풀에서 열매를 따고, 나무에서 과일을 얻었다. 옥수수나 감자는 야생을 순화(馴化) 재배하여 소득을 보았고, 야수를 길들이어 가축과 동력으로 이용했다.

장구한 역사를 거치면서 농경은 기후에 좌우되고, 지질따라 특이해지면서 인류문화를 각이하게 발전시켰다.(중략)③

(2) 월령(月令)

지구상에서 지역적 문화의 특질은 그 지방의 기후, 풍토와 생산물에 의해서 특이해지면서 생활과 습성을 만들어 내고 그 전통을 발전시켰다.

따라서 고대로부터 기후의 관상은 농경의 절대적 행위요, 토질이나 지력(地力)의 관찰은 농경의 절대적 조건이 되어 왔었다.

특히 동양에서는 기후를 예측하려면 별자리 관측 특히 28수(宿)의 관측은 절대적인 농경수단으로 인식했고, 그 관측으로 1년, 4계, 24절기, 72후(候)를 예측하고 군주는 농사를 훈령했다.

지금 우리가 볼 수 있는 월령의 고대 문헌은 하후 때(B.C. 2,500) 월령이던 『하소정(夏小正)』이고, 고대의 농경풍속을 노래로 엮은 문헌은 『시경』의 빈풍(豳風)이며, 더욱 확실하다고 여겨지는 경서는 『예기』의 '월령장' 이다.

대체로 '월령(月令)' 이란 달마다 군주가 농가에 내리던 훈령(訓令) 또는 정령(政令)을 의미하며, 역법(曆法)이 보편화되지 못했을 때 농경의 시기와 방법 등을 통치자는 백성에게 알려야 했다.

동양에서 월령이 처음 시행된 것은 하후(夏后) 때(B.C. 2,500~2,100)로 짐작되며 그 최초의 기록은 『하소정』으로 간주된다.

『하소정』의 월령은 중국 진(秦; B.C. 221~206) 때의 여불위(呂不韋; 呂氏春秋 저자)가 주서(周書)에서 추린 53편 중에 전해지고 전한(前漢)의 대성(戴聖)이 편찬한 『예기』(제6장)에 수록했고, 사마천(司馬遷; 漢武帝 때 史家)은 『사기(史記)』 '삼황기' (三皇紀)에다 수록했다.

역대로 월령은 성군(聖君)의 통치 덕목으로 인식되어 왔고, 우리나라 조선조에서도 명군(明君)일수록 친경(親耕)과 권농(勸農), 친상(親桑), 친잠(親蠶)에 치중했었다.

세월이 바뀌면서 월령의 의미는 훈령의 뜻보다 '달거리' (월령체 노래), 혹은 '월여(月餘)' 의 말과 의미로 변했으니 『농가월령가』나 『월여농가』는 '임금의 정령' 과는 아무 관계가 없는 권농시가(勸農詩歌)이다.

그러면서 여기서 굳이 『하소정』과 '빈풍시' 와 『예기』의 '월령' 장을 거론하는 것은 주지하는 바와 같이 『농가월령가』는 그 끝장에서 "…夏小正과 豳風詩를 聖人이 지엇ᄂᆞ니 至極ᄒᆞᆫ 뜻 本바다셔 大綱을 記錄한다"하니 월령가 바탕에는 위의 두 문헌의 정신과 흐름이 깔렸고,

또 『월여농가』는 가시(歌詩)의 매장에서 보는 바와 같이 『예기』의 제6장 '월령' 중에서 72후를 추려내어 매달에 6후씩 서사격으로 열거하고 농가를 서술했으니 『예기』의 월령이 전편에 깔려있는 『월여농가』라 하였기 때문이다.

위의 세 경전은 『농가월령가』와 『월여농가』를 해독하고 연구하는데 불가결의 자료서로서 '빈풍시'는 『시경』 국풍 중 '빈풍'(豳風) 7월장에 소상하고 『예기』의 72후 등은 『예기』 제6 '월령장'에 소상하고, 또 널리 알려진 문헌이므로 논외로 하고, 여기서는 다만 『하소정』에 대하여 서지적인 일면과 내용 및 특히 농경의 절대 조건인 기후에 대하여 위도(北緯)로써 우리의 월령가의 배경과 비교해 보려한다.

『하소정』 책은 하후(夏后) 원년부터의 월령을 기록한 고전으로 여러해를 거치면서 여러 사람이 전(傳)하고, 주해(註解)한 책이다.

지금 필자가 선본으로 하는 책은 서울대학교 규장각 소장(3161) 목판본 1책 46장, 대덕(戴德; 漢), 전(傳); 김이상(金履祥; 宋), 주(註); 장이기(張爾岐; 淸), 황숙림(黃叔琳)이 서문 쓴 광서(光緖) 14년(1888) 소주녹음당(蘇州綠蔭堂) 장판(藏板)이다.

그 처음 편찬연대는 확실치 않으나 원서(原序)에 의하면,

"대대례기(大戴禮記) 하소정 제47, 그 책은 중복으로 읽기가 대단히 어려워 주자(朱子)가 비로소 그 경전의 경위를 알아 간별(簡別)하여 기록하고 의례(儀禮)를 붙여서 펴냈는데… 하후(夏后) 원년 정월하(元年 正月下)라고 주했다…"

라고 했으니 이 책은 하후 원년(대략 B.C. 2205) 부터의 기록이라 하겠고, 그때에 하후가 농민에게 월령을 시행하였다는 기록의 문헌이다.

이 문헌은 전한(前漢; B.C. 206~180) 때 노(魯)나라 고당생(高堂生)이 『사례(士禮)』 17편을 전했는데 뒤에 양(梁; 592~557 A.D.)의 대덕(戴德)이 고례(古禮) 204편을 산개(刪改)하여 85편으로 편찬한 중에 이 『하소정』이 있었기에 일설에는 대덕이 저술한 것으로 잘못 알고 있었던 옛 '월령' 의 고전이다.

※ 붙임, 대덕이 고례 85편을 산개한 책을 '대대례(大戴禮)' 라 부르고, 같은 때의 대성(戴聖)이 정리하여 전한 책이 『소대례(小戴禮)』로, 지금 전하는 『예기(禮記)』이다.

이 책의 내용은 월별로 1. 별자리 관측 상황(별의 현복(見伏), 별자리의 위치) 2. 생태계의 변화(72후(候) 변이로 표시) 3. 농가의 행사, 4. 제후의 친경(親耕) 등을 기록하고 후대 제가의 전(傳)과 주(註)를 붙였는데 본전은 몇 귀씩 안 되지만 후대의 주석이 많은 책이다.

이 『하소정』 한 책은 동양에서는 가장 오래된 월령으로서 『시경』이나 『예기』 '월령' 의 고전적 사료가 되었던 문헌이며,

필자가 주목하는 것은 그 배경이었던 옛 땅의 기후를 알려고 하는 것이요, 그것은 북위의 위도로 대강의 기후를 측정할 수 있기 때문이다.

동양에서는 명성 있던 주(周)나라의 선대의 땅이 빈(豳) 지방이요, 지금으로 말하면 섬서성(陝西省) 빈현(彬(邠)縣)이니 대개 북위 36도 앞뒤가 되니 우리나라 남해지방의 기후와 비슷할 것이고, 하(夏)의 옛 땅은 지금의 산서성(山西省) 하현(夏縣) 북쪽인 황하(黃河)와 양자강(揚子江) 중간쯤 되겠으니 역시 북위 35도 앞뒤가 되겠는데,

우리의 『농가월령가』나 『월여농가』의 배경은 열상(洌上), 즉 한강유역이 되겠으니 대개 37도가 그 중심 기후가 된다고 하겠다.

그러므로 북위 2도의 온 · 난 차이는 한 절후 내지는 두 절후 차이가 생김으로 중국 고대의 '월령'과 우리의 '월령가'에서 보이는 기후는 맞지 않을 수밖에 없다.④

우리의 일부 농서(農書)들이 중국의 문헌을 너무 맹신하던 시대의 착오가 여기서도 나타난다고 하겠다.

이런 양상은 비단 농서뿐만 아니다. 모든 면에서 어릴 때부터 『시경』을 달달 외웠기 때문에 시경속의 자연현상 즉 초목이 피고, 지는 계절이나 그 형태, 새나 짐승의 종류나 출몰의 시기 등을 그대로 맹신하고 우리에게 억지로 적용시키려 했던 사례는 비일비재하다.

Ⅱ. 『농가월령가(農家月令歌)』 고(考)

(1) 실학자들의 권농경륜의 저작

필자는 『농가월령가』나 『월여농가』를 실사구시 학파들의 산림경제(山林經濟)를 주견으로 경세제민을 꾀하려는 취지에서 권농(勸農)에 힘주고 노래 불러 기를 북돋는 저작이라는 차원에서 인식하고 고찰하고자 함으로, 으레히 그런 학자들의 중농의 저작들을 생각지 않을 수가 없다.

다만 여기서는 그 한계가 있겠으니 약론하겠지만, 박지원의 『과농소초(課農小抄)』는 농정자(農政者)나 농자(農者)가 필독해야 할 금과옥조요, 정약용의 『경세유표』의 전제나 세제는 너무 큰 논술이니 그만두더라도 그의 농가(農歌)나 농요(農謠)에서 농민들은 크게 고무되었을 것을 논해야 하고, 박제가 등 4검서들의 북학사상의 저술에도 주목해야 하는데, 우리는 미처 공부를 못한다.

하물며 세종 때의 정초(鄭招)의 『농사직설(農事直說)』에서 곡명(穀名)을 살핀다든가, 18세기의 박세당, 홍만선, 서유거 등의 『산림경제』 저술을 읽어야 『농가월령가』라도 제대로 소화할 것인데 세월이 오는 듯 가버리니 그게 안 된다.

(2) 『농가월령가』에도 시선 돌린 일제하의 학자들

『농가월령가』에 대한 연구도 일정 말기부터 해방 초기의 ① 수집·채록 과정을 지나고, ② 1960년대 이후의 해독, 역주 단계를 지나, ③ 지금은 작품의 표기에 대한 음운과 문법, 구문 등 세부를 깊게 파고들어 연구하는 단계까지 이르렀다.

필자가 소장하고 있는 『농가월령가』 중 체계있게 정리하여 출판한 책으로는 가장 오래된 시가가 신명균(申明均)편 김태준(金台俊) 교열로 1936년 조선문학전집 제2 『가사집(歌詞集)』 상(중앙인서관 판)이다. 이 책에는 『농가월령가』 외에도 101편의 가사가 다듬어져서 수록되었다.

편자 신명균(申明均)은 시가집 범례에서

"1. 本集은 朝鮮의 散逸한 歌詞를, 俗歌集, 靑丘永言, 歌謠集成… 其他 先賢文集과 一歌一曲을 기록한 小册子 및 古休紙片 等에서 可謂 粒粒히 蒐集하고 이를 俗歌, 山林處士歌, 佛敎歌, 古歌로 分類하여 上中下

三篇에 나누어 편찬한다.

1. 本集은 完璧이라 이르기는 어려우나 歌詞集으로는 朝鮮 初有의 集大成이다. 본래 朝鮮의 文學作品은 小說도 그 量이 相當하지만 歌詞는 量으로 보다도 그 質로서 다른 것보다 가장 優越하여 朝鮮文學은 歌辭文學이라 할 만큼 燦然하다"

라고 편찬 의도를 보이고는, 농가월령가를 작자 미상으로 수록했다.

다음은 윤곤강(尹崑崗)이 편주한 『근고 조선가요찬주(近古 朝鮮歌謠撰註)』이니 윤곤강도 이 가사집에다가 채록, 역주한 『농가월령가』가 신명균의 『가사집』에 수록한 노래와 같은 필사본에서 채록한 것으로 보이며, 윤곤강은 해제에서 " 작자는 알 수 없으며 내용으로 보아 한양조 말엽의 것인 듯하다"고 했다.

『농가월령가』 사본들은 지금 10여종이 발견되었지만 운포처사(耘逋處士; 丁學游)작으로 된 것보다 작자 미상본이 더 많다.

대체로 『농가월령가』의 작자가 정학유로 명기된 필사본과 저자 미상의 필사본이 구별되는 크게 표나는 점은 12월장 끝 부분에 "夏小正, 豳風詩"의 귀절이 있는 것과 없는 필사본 또는 판본으로 구분되니, 어찌 보면 신명균이나 윤곤강도 필자의 주견처럼 "농가월령가의 작자는 민요의 경우처럼 원작자는 농경사회, 정학유 등은 전수 편록한 인사"로 간주했거나 아니면, '사대주의적' 이라 하여 이 귀절을 빼어버리고 작자 미상이라고 했는지도 모를 일이다.

1930년대 일본 침략자들은 내선일치(內鮮一致)니, 일본말상용, 황국신민선서, 조선청년 징용, 징병 등으로 그들은 광분했고, 우리들은 '민족말살(民族抹殺)' 정책으로 고통 받을 때 민족주의 지도자들은 분연히 필봉을 휘둘러 민족정신을 고취하였으니 "민족문학"이란 무엇인가?의 주제를 걸고 지상 토론을 벌였는데, 그 중 "민족문학이란 '속지(屬地)', '속인(屬人)', '속문(屬文)' 중에서 어느 것이 위주가 되는가?"에 대해 이광수, 최남선 등이 열변을 토하던 시대였으므로[⑤] 그러한 취지와 분위기로 민족, 시 · 문, 학술, 저술들이 물밀듯 출판되어 나왔다.[⑥]

이 신명균의 『가사집』(농가월령가)도 그러한 맥락에서 채집, 발간된 농가월령가요,

윤곤강(尹崑崗)이 채집, 해설하여 출판한 『농가월령가』는 〈近古 朝鮮歌謠撰註〉(1947년 生活社 발행 4×4판 pp.174, 저자 尹明遠; 崑崗)란 가요집에 시가(詩歌) 20편

중 한편으로 작자 미상이라 하여 수록하고 있다.

편자는 머리말에서,

"…오늘날 우리에게는 민족문화의 새로운 건설을 위하여 고전문화의 유산을 어떻게 섭취하고, 계승하여야 될까 하는 것이 큰 임무의 하나가 되어 있다"고 하고는 그 범례에서

"… 이 책에 엮은 가사는 가사(歌詞)는 아직 다른 이의 주해(註解)가 없는 것 가운데서 추리었음"

이라고 하였으니 국문학 개척의 초창기의 '가요찬주' 책임을 보여주고있다.

1945년 이후 6.25사변 전에는 주로 농가월령가의 채집과 해제의 시기로 보이니 유열(柳烈)의 주해서(1948)이나, 가람 이병기(李秉岐)의 해제(1954) 등에 이어,

1960년대 이후로는 농가월령가의 주석이 활발하여 주해본이 여러 권 나왔다.⑦

(3) 농가월령가의 주석(註釋)과 연구

농가월령가의 주석은 일제 때 일본인 학자 마에마교사쿠(前間恭作)가 역주한 『교주가곡집(校註歌曲集)』에 수록된 농가월령가가 미상불 첫 번째일 것 같고, 윤곤강(尹崑

崗)의 『조선가요찬주(朝鮮歌謠撰註)』 속의 『농가월령가』 해제 주석이 출간은 비록 1947년이지만 범례 등을 보아 그 이전 일정 때의 채집, 역주일 것이고,

1948년에는 유열(柳烈)이 『풀이한 농가월령가』(한글사)가 출간되고,

1955년에 김형규 교수는 『고가주석』을 내면서(白映社) 농가월령가도 주해했고,

1961년에 김성배, 이상보, 박노춘, 정의섭 공편인 『주해가사문학전집』에서 '농가월령가' 가 함께 주해되고(정연사),

1961년에 박성의(朴晟義) 교수가 역주본 『농가월령가; 한양가』(민중서관)를 발간하고,

1974년에도 박성의 교수는 같은 『농가월령가(農家月令歌) ; 한양가(漢陽歌)』를 교문사(教文社)에서 역주. 재발간.

1974년에 이석래 교수가 『한양가(漢陽歌) · 농가월령가(農家月令歌)』를 신구문화사(新丘文化社)에서 발간.

1999년에 동방연서회(東方研書會) 편으로 『농가월령가』가 역주 발간되고(동방연서회 간),

2000년에 조성자 외 편저로 『농가월령가; 옥루연가』 합편으로 발간(다운샘).

2001년에 양효인 엮음으로 『농가월령가』가 예원에서 출간되었다.

2005년에 임기중 저 『한국가사문학주해연구』 중 농가월령가(아세아문화사)가 주해되고,

2005년에 기석희 저 『농가월령가와 월여농가의 대비고찰』(국어국문학 137호)이 나왔다.

(이하 생략).

이밖에도 홍재휴, 이상보, 강전섭 교수 등의 서지적 연구가 1960년대로부터 1980년대까지 있어 왔고,

2005년부터는 윤석민 등이 『농가월령가』를 심층 분석하는 연구가 주목되며, 특히 표기된 문장의 음운과 문법, 어휘의 분석을 통한 저변의 풍속, 토속어 등을 고찰하는 연구가 활발해보인다.

한편 향토지(鄕土誌)에서는,

1998년에 김헌규 교수의 『나수(螺叟) 이기원(李基遠; 1809~1890)의 농가월령(農家月令) 주해』가 공주에서(웅진문화 11) 나오고,

2001년에는 박영호의 석사 논문 『정학유의 농가월령가와 이기원의 농가월령의 비교 연구』가 공주대학에서 나왔다.

(4) 농가월령가의 작자 문제

농가월령가를 연구하는 제가들의 화두에는 으레히 그 저자가 누군가를 거론하지만 아직 확인된 원저자는 없다.

거론된 저자 중에는,

① 조선 선조, 광해군 때의 태촌(泰村) 고상안(高尙顔; 1553~1623)이 아닌가 라고도 하니, 그것은 그의 문집인 『태촌집(泰村集)』에 그가 풍기군수(豊基郡守)로 선정(善政)하다가 광해군의 폭정으로 귀거래하여 농사지으면서 67세에 "農家月令一篇을 짓고, 언문으로 번역하여 愚夫·愚婦가 쉽게 알도록 했다"고 전하는 데서 비롯된 작자설이니 일리가 있을 만도 하고, 또,

② 공주(公州)사람 나수(螺叟) 이기원(李基遠 ; 1809~1890)의 『농가월령(農家月令)』이 발굴되어 주해본(강헌규) 또는 연구논문(박영호)[8]이 발표되어 이기원 작자설도 나왔으며,

③ 운포(耘逋) 정학유(丁學游 ; 1786~1855)가 저자라는 견해는 그가 실학자의 거성 정다산(丁茶山)의 자제로 실사구시 학문의 가문이며, 특히 일부 필사본에는 모두에 "운포처ᄉ 작"이라고 명기되어 있기 때문인데,

필자는 이 모두가 『농가월령가』를 창작한 작자가 아니

고, 다만 정승되어 오는 농가월속가요를 윤문(潤文)하여 정리한 사람, 혹은 전래가요를 다듬어 편집한 사람에 불과하다는 견해이다.

그러면 그 원작자는 과연 누구인가? 그것은 바로 유구한 세월을 두고 농사의 체험을 누대로 전수한 '농경사회'가 되어야 하며 실제로 노래의 내용에서 그런 정황이 감지된다.

일례를 들면 노래 속의 절기 감각이나 천체 관측, 농가 행사 등이 전래적 관습 관념이 주류를 이루며, 때로는 노래의 밑바닥에 깔려 흐른다는 사실이다.

농가의 원작자가 '유구히 흐르던 농경사회'라 하니, 흐르는 구름을 움켜잡는듯한 허황함을 느낄지 모르겠으나 그렇게 인식하고 단정하는 데는 그럴만한 논리적 변증이 있다.

그것은 마치 '민요의 작자가 누구인가'를 생각하면 알 만한 문제이다.

말하되, "한 시대에는 과거와 현재와 미래가 공존한다."는 명제가 있다. 그것은 진리다.

과거 없는 현재가 없고, 동시에 미래도 없다.

정(正), 반(反), 합(合)을 말하지만, 과거를 토대로 이루어진 반(反)은 건전해야 미래로 가는 합(合)으로 이행할 수 있다.

파초의 떡잎은 그냥 무력한 떡잎이 아니요, 제구실 다한 묵은 잎은 새로 돋는 새잎(反)을 건전하게 돋아나게 감싸 길러준 싱싱한 잎이었다.

만약 허불럭하게 새순을 포용했다면 새잎은 곁자라 무력해졌을 것이요, 너무 조인 상태로 새싹을 움켜쥐어 쌌더라면 새 파초 잎은 연약해졌을 것은 자연의 섭리이다.

그래서 "정, 반, 합" 논리는 괜한 긍정, 부정, 긍정의 논리가 아니다.

이러한 사회발전의 정리(定理)로 볼 때 『농가월령가』의 원저자는 농경사회이다 라는 견해는 타당하리라.

(5) 본 역저(本 譯著)의 저본(底本) 『교주가곡집(校註歌曲集)』

『농가월령가』는 10여종의 필사본과 인쇄본이 있는 중, 역주의 저분으로 많이 쓰는 필사본은 '운포처사'(耘逋處士; 丁學游) 작으로 된 책이며, 그것도 여러 사람들이 전사하는 과정에서 오기나 탈락이 더러 있다.

그런데 여기 가장 해박한 고증으로 정밀하게 주해한 자료서가 있으니 1930년대에 일본인으로 한국학을 조예 깊게 연구한 마에마교사쿠(前間恭作 ; 경성제국대학 교수)가 저술한 『교주가곡집(校註歌曲集)』이라는 한국가곡을 총망라한 역저이며 이 책에는 전집 8권, 후집 9권 도합 17권 17책의 수고본(手稿本)이 수록되었고, 이를 오한근(吳漢根)씨가 소장하고 있다가 1951년에 정양사에서 국고총서(國故叢書) 3집으로 영인하여 국판 pp.711로 발간했으니곧 그 영인본이다.

이 교주본에서는, 작자 미상인 작품은 유전편(流傳篇), 작자가 확실한 작품은 작가편(作家篇)으로 분류하되 전집은 현종 때까지(1674), 후집은 숙종 이후(1675~)의 남녀 작가를 망라하여 모두 1,789편을 수록하였다.

그중에 『농가월령가』를 작자 미상인 유전편 제6에 주석 고증하여 수록하고 있는바 현재 전해지고 있는 농가월령가 여러 필사본 중에서는 가장 정확히 다듬어진 원본이라고 필자는 확신하고 이를 저본으로 옆면에 사진판으로 보이면서 이에 맞추어 번역, 주해하였다.

이 『교주가곡집』에 수록된 『농가월령가』를 관심있는 독자들은 본저에서 직접 확인하겠지만 노래의 한자어(漢字

語)에는 독음(讀音)을 할주하고, 주석은 모두 84항목이지만 한국, 중국 고금의 문헌이나 풍속까지 전고(典故)로 들면서 꼼꼼하게 풀이했다.

※『교주가곡집』에는 전집 8권에 유전편 4편, 작가편 4편이 수록되었으니 작가편에는 '성종대왕(成宗大王)' 이현보(李賢輔)를 위시하여 뒤로는 여성작가로 명옥(明玉)까지 60여 작가의 가사와 시조를 주석하여 실었고,

후집의 1~6권은 유전편으로 역시 작자 미상의 가사, 가곡이고,

7~9권에는 후기 작가 숙종대왕(肅宗大王), 윤두서(尹斗緖) 등으로부터 안민영(安玟英)까지 55명의 시조와 가사를 주석, 수록했다.

그리고 작품마다에는 출전과 해설, 그리고 작가의 경우는 자호와 약력을 붙여서 이 한 책은 능히 '한국시가사'의 내용이 모두 들어있다고 하겠다.

말미에 두구검색(頭句檢索)이라 하여 색인이 1,900여 목이 열거되어 있어서 수록된 작품 분량을 짐작케 하지만, 특히 『농가월령가』를 정학유 작이란 필사본이 있는데도 '작자미상' 편에다 수록한 것은 "작자는 농경사회"란 필자의 견해와 교감이 있어도 보인다.

주 ;

① 누경(耨耕) ; 여자가 막대기나 호미로 땅 파서 농사짓던 형태(모계씨족사회).

② 이경(犁耕) ; 남자가 소로 밭 갈던 형태(부계씨족사회).

③ 농업의 발전과 농업경제에 관한 이론은 장황스럽고, 또 본고와 밀접하지 않으므로 중략한다.

④ 위도 1도의 절후(節候) 차이는 한국 한강유역 평지의 경우, 정확한 측정은 어려우나, 지리 위도로 측정한 북위 1도의 시간 차이는 약1/10 한 시간, 일사량은 3.2°(단, 북은 30°~40° 사이)라 한다.

⑤ 이 일과 관련된 논문은 '국어국문학' 22호(1960)에 발표된 '漢字文學論議' (金智勇)에 발표되어 있다.

⑥ 이 무렵 저작 출판된 책 중 주목될 저서는,

朝鮮漢文學史 ; 金台俊 (1931)
朝鮮演劇史 ; 金在喆 (1933)
歌詞集 ; 申明均 (1936)
朝鮮民謠選 ; 林 和 (1939)
朝鮮民謠集 ; 金素雲 (1941)
朝鮮古歌研究 ; 梁柱東 (1943) 이하 생략.

⑦ 『농가월령가』 주석본은 김형규 교수의 『고가주석』 후 7,8건이나 되는데 『한양가』 등 다른 가사와 합쳐서 주석한 경우가 많다.

⑧ 이기원(李基遠)의 『농가월령』에 대한 기술은 (3)항에서 소개했다.

Ⅲ. 월여농가(月餘農歌) 해제

『월여농가』 1권 1책은 소당(嘯堂) 김형수(金迥洙)가 저술한 7언 한시 12장과 부록 4건이 필사된 책이다.

이런 필사본은 여러 가지 종류가 전하는데 여기서 저본으로 하여 해제, 역주하는 책은 서울대학교 규장각 소장 가람 811.05 嘯堂 金迥洙 譯著, 『月餘農歌』 單이며, 간행지, 간행자 미상인 1책 31장이다.

1861년(신유(辛酉); 철종 12년)에 열상(洌上)에서 청담(清潭) 한응하(韓應河)가 참정(叅訂)했다는 이 책은 모두 62면 중 농가시(農歌詩) 12장(章)이 24면, 부록으로 종저(種藷) 8면, 전답잡록(田畓雜錄)과 곡명(穀名)이 8면, 속언자해(俗言字解) 및 변와(辨訛)가 6면, 그리고 시 6편이 붙여 있고, 서(序) 및 자서(自敍)와 범례(凡例)가 12면에 서문은 저자 중형인 김진수(金進洙)가 쓰고, 발문은 저자 아들인 김동철(金東徹)이 썼으며 책은 무변무계(無邊無界)로 10행 21자의 아려한 모필본이다.

이 책은 농가의 1년간 12월 월속(月俗)을 24절기 순으로

72후(候)로 구분하면서 농경의 실황과 전래의 풍습을 7언장가(七言長歌)로 서술한 한시집(漢詩集)이다.

저자는 저작 동기에 대하여 자서(自敍)에서 친구집에 갔다가 누가 쓴 책인지 모를 "언전농가(諺傳農歌)"를 보고 사민(四民) 가운데 천하의 근본이 농민이라 생각하고 집에 가지고와서 농가를 저본 삼아 선비의 공부꺼리, 혹은 관료의 참고 자료로 삼고자 농사를 모르는 처지에서 고심하며 한 권을 만들었다는 것이다.

그 저작 과정이나 당시 산림경제(山林經濟)를 주창하던 인사(人士) 곧 중인(中人) 계층들의 권농 정신 등은 장문의 자서에 소상하니 따로 전문을 완역하여 보이겠고, 우선 이 『월여농가』를 농사에는 문외한인 저자 김형수가 "억지로 엮어 낸(不揣固陋强爲紬繹)" 참 뜻은 이 책의 범례(凡例) 11조항에 분명하니 몇 조목을 들어보면,

1. 이 책은 밭 갈아 먹는 일이 하늘의 뜻이요, 겸하여 양잠, 방적하는 일이 여자의 근로하는 일에 그치지 않고 사람의 몸을 보호하는 일이므로 여기에 쓰이는 말들은 그 고징을 박초정(朴楚亭; 朴齊家)의 이언(俚諺; 北學議 外篇을 말함)[①]을 인용한다고 하였고,

1. 우리나라 사람들이 예나 지금 막론하고 문자에 대하

여 제가 잘 아는 척 하지만 물명(物名)의 경우만 봐도 배워 알아내기 어려우니 너무나 아득하다. 그러므로 그 물건의 형체는 보지만 글자는 모르며, 문자의 음은 기억하지만 뜻은 모르니 파려(玻瓈)를 '보리(麥)'라 부르며, 보처(補處)를 가리켜 '부처(佛)'라고 부르는 어리석음을 면치 못한다. 이와 같은 종류는 헤아릴 수 없이 많으니 천하의 글이 한 글 뜻이라는 진리가 어디에 있다고 하겠는가? 그래서 정다산(丁茶山) 선생은 발명하여② 후학들에게 베풀어 주셨거니와 내가 글자를 풀이한 것도, 만에 하나 "대통구멍으로 하늘을 본다거나, 소라 껍데기로 바닷물을 재는"(管蠡窺測) 것처럼 좁은 소견이 되지 않을까 염려하는 바이다.

라고 당시 실학 제가와 중인층들의 실사구시 정신과 교감되어 이러한 월속시를 저작한 진심을 엿볼 수 있고, 또 범례에서는 부록으로 잡록(雜錄)한 "종저"(種藷 ; 고구마 재배법)와 "전답잡록(田畓雜錄)"에 대하여

1. 고구마는 과라(果蓏) 중 제일품으로 …농가에서는 충기(充饑)식품으로 꼭 심어야 하겠기에… 제가의 저술을 들어 그 긴요함을 고증했다.

하고,

1. 전답잡록(田畓雜錄) 12편은 이 책의 보유(補遺)로서 방언과 속문(俗文)을 수록하고, 그때 사람들이 걱정하는 문제들을 갖추어 참고로 보였다 했는데 여기서 미리 말해 두거니와 전답잡록에는 조선후기의 농민 수탈 정책인 갖가지 징세(徵稅)제도와 징구(徵求)양상이 마치 고발 양상처럼 수록되고 있으므로 이러한 양태만으로도 이 책의 저작 목적과 정신을 엿볼 수 있다.

따라서 이 『월여농가』는 조선후기 실학자들이 부패한 관료사회에서 경세제민(經世濟民)의 거시적 안목으로 각종의 산림경제 강론을 펴던 분위기에 따라 중인층도 비록 소외는 당하고 있었으나 분연히 면려독학(勉勵篤學)하여 농본을 강조한 권농의 저작인 것이다.

당시 이익의 『성호사설』이나 박지원의 『열하일기』나 정다산의 『경세유표』의 수준에서 다루어질만한 월여농가는 못되지만은 박제가의 『북학의(北學議)』나 서이수(徐理修 ; 檢書官)의 반열에서 고찰 될 농가 월속시이다.③

저자는 열여(月餘) 즉 월령(月令) 12장을 저작하기 위하여 중국 고대 문헌인 『하소정(夏小正)』의 월령과 『시경』 빈풍시(豳風詩)의 월속(月俗)을 바탕에 깔아놓고, 기후변화의 절기 따라 24절후를 엮으면서, 『예기』 월령장의 72후(候)를 매달에 6후씩 매장의 서사(序詞)로 하고 『농가월령가』 내용과 유사하게 시로 썼다.

즉 각장의 첫마디는 계절순서, 다음은 음력 월 별칭, 세 번째는 매달의 두 절기, 네 번째로 매달의 6후를 서술하고 나서 농가의 월속과 저자의 권농시를 곁들여 서술한 양식이다.

그러므로 저자는 이를 시가로 읊는다기보다 『예기』의 월령을 본 따서 저술한 양상이 되고 있다.

그런 까닭으로 매달의 6후 등 기후나 생태계의 변이가 더러는 맞지 않는 데가 있다.

무릇 『하소정』이나 『시경』 '빈풍시' 그리고 『예기』 '월령'은 대개 그 고장이 주(周)나라 조상 땅인 빈(豳) 지방으로 지금의 '甘肅省 彬縣' 일원으로 간주되고 위도는 북위 35도 안팎으로 우리나라 남해지방의 기후와 비슷하지만 『농가월령가』나 『월여농가』의 무대는 강원도 북부에서 충북 북부와 경기도 북부인 한강유역이 되고 있으니 위도로는 북위 36도 내외에서 39도 사이가 됨으로 그만큼 온난의 차이가 있었을 것이다. 여기서 『월여농가』의 무대를 한강유역으로 인정하는 데는 그만한 이유가 있다.④

저자 김형수(金逈洙; ?)는 자가 치명(稚明), 호는 소당(嘯堂)이고 본관이 경주(慶州)이며, 관상감(觀象監)의 수당(首堂)을 지낸 김취우(金取禹)의 다섯째 아들이었다 하니 중인(中人)가문의 후예이다.

소당의 상세한 가정환경과 생몰 연대는 알 수 없으나 다만 친척이던 침우당(枕雨堂) 장지완(張之琬)의 묘지명⑤에 의하면 소당의 조부는 관상감(觀象監) 판관(判官)을 지낸 김일서(金逸瑞)요, 부친도 천문과(天文科)에 급제하고 품계가 가선대부(嘉善大夫)에 올랐던 관상감의 수당(首堂)이던 김취우(金取禹)로 그는 세 번 장가들어 아들 5형제를 두었는데 중(仲)이 연파(蓮坡) 김진수(金進洙; 1769~1865)였고 그 외 백(伯), 중(仲), 숙(叔)은 미상이다.

소당은 시문집 『소당유고(嘯堂遺稿)』를 남겼는데 그 글 속에서 대강의 생애와 행적을 어림잡을 수가 있다.

국립중앙도서관에 소장된『소당유고(嘯堂遺稿)』필사본 3권 1책은 간사지나, 간사자, 간사년은 미상이지만 소당 김형수의 유고를 필사, 편집한 총 43장 86면의 시와 문을 모은 책으로

그 1, 2권(불불권)에는 5, 7언시 장단귀가 173편이 대략

연대순으로 수록되고 있으니 '오십희운(五十戱韻) 등으로 보아 50세 이상은 수한 것 같고, 장시로 된 '낙치행'(落齒行)으로 보아 일찍 늙고 쇠약했던 양상이 보이며, 시 중에는 '정평효발'(定平曉發), 덕원도중(德源途中), '회양점사기견'(淮陽店舍記見) 등 함경도와 강원도 답사기로 보이는 시와 경기도 일원을 두루 순행(巡行)한 시 작품이 많이 보이니 『월여농가』를 저작하느라 실제 답사한 흔적이 보이며⑥

또 시중에 '계색편'(戒色篇)이란 장시 등으로 그의 근신조행(謹愼操行)을 엿볼 수 있고, '속인'(俗人), '분상'(糞商) 등의 시에서는 부유(腐儒)층을 기방하는 작품도 힘써 쓰고 있으니, 소당의 실사구시 경세관(實事求是 經世觀)을 엿볼 수 있게 되니 이것이 바로 『월여농가』를 저작한 정신이요, 그의 사상이라 하겠다.

권3은 '잡저'라 하여 소당의 부(賦), 논(論), 제문(祭文), 설(說), 서(序) 등 10편을 모아 엮은 문집으로 '벽비론'(癖痞論 ; 속병론)과 '종두론'(種痘論) 등은 그가 중인 자제이기에 선택할 수밖에 없었던 의학을 공부한 한의사임으로 당연한 논설이지만 그러나 그는 의사로는 밥 먹고 살지 않았다고 했으며 '제 중씨 사과공'(祭 仲氏 司果公)이란 글에서는 그가 1870년 이후까지 생존한 것으로 보이니 그것은 그의 중형이면 둘째 아니면 셋째일 테고, 중형인 김진수(金進洙)는 1797~1865의 생몰년이 분명하지만 군인직인 사과(司果)는 아니었으므로 또 다른 중형이라 여겨지는데, 그는 모친의 모기(耄期 ; 80세~90세)에 먼저 죽은 형이라 하였으므로 소당의 생몰년은 대략 1810년 경에서 1870년대까지 살았겠다는 김명순(金明淳) 교수의 추정이 대개 맞는 논설⑦ 같다.

그리고 이 유고문집 끝에다는 소당의 『월여농가』의 '자서' 를 실었다.

『소당유고』집을 통해서 그의 관조의 세계와 생각하는 바를 편견(片見)할 수 있으니, 시 몇 편을 들어 감상하여 저자 김형수의 생애를 짚어보려 한다.

〈정평에서 새벽에 떠나다〉(定平曉發)

聽雞睡罷趂晨行 청 계 수 파 진 신 행	첫닭 울 때 잠 깨어 새벽길 걷자하니
冷透衣裘酒力輕 냉 투 위 구 주 력 경	찬 기운 옷에 스며 술기운이 가시누나.
缺月山顚微有影 결 월 산 전 미 유 영	이지러진 달빛은 산머리에 희미하고

薄氷泉脈暗生聲 살얼음 밑에서는 샘물소리 졸졸졸
박 빙 천 맥 암 생 성

霜纏衰草悲狐跡 서리 맞아 쳐진 풀은 여우 길에 구슬프고
상 전 쇠 초 비 호 적

火閃孤邨訝虎睛 외딴 마을 불빛 깜박 호랑이 눈총 같으네.
화 섬 고 촌 아 호 청

歷盡險夷三十里 좁고 넓고 험한 길 30리를 지나면서
역 진 험 이 삼 십 리

儀康幾念到天明 의젓한 체 하면서도 해 돋기만 바랐다네.
의 강 기 념 도 천 명

※ 이 작품에서는 살얼음 밑의 샘물, 서리 맞은 풀 등을 보는 작가의 관조의 시점에 주목이 가며 굳이 용한 체 하는 인간의 허상이 엿보인다.

〈회양의 주막집 모습〉(淮陽店舍記見)

孤店深山裡 깊은 산촌 외딴 한 주막
고 점 심 산 리

生涯淡可知 말끔하게 없으니 그 인생 알겠구나.
생 애 담 가 지

盆醪芻麥汴 동이에는 막걸리와 보리죽이요
분 료 추 맥 변

盤菜染蘓脂 반찬은 절여놓은 차조기 잎
반 채 염 소 지

窓上筒烟出 창 위에 굴뚝 걸려 연기 나오고
창 상 통 연 출

廚頭筧水移 부엌 앞엔 홈통대고 물을 이끌어
주 두 견 수 이

摘匏兼拾橡 호박 따서 도토리 주워다 함께 둔 것은
적 포 겸 십 상

旨蓄禦冬時 한겨울을 지내려는 준비이리라.
지 축 어 동 시

※ 작자의 시선을 보니 그의 마음을 알리라.

〈여름의 찜통 더위〉(夏日苦熱)

矮廬方大暑 오막살이 나의 집엔 찜통더위 한창인데
왜 려 방 대 서

高閣獨微凉 고대광실 높은 집엔 서늘한 바람부네.
고 각 독 미 량

鬱爽唯人召 우울하고 상쾌함은 사람이 부른 것
울 상 유 인 소

天何有較量 하늘이야 그 어찌 마련했겠나.
천 하 유 교 량

※ 인간의 빈부는 사람의 근태에 달렸다는 인생관은 『월여농가』에서도 강조한 바다.
'울상' 의 한문 뜻과 국어의 뜻에 주목된다.

〈가난의 뼈아픔〉(傷貧自述)

非病傷哉卽此貧 비 병 상 재 즉 차 빈	이다지 아픈 것은 병이 아닌 가난 때문
簞瓢空壺及親隣 단 표 공 호 급 친 린	한 쪽박 빈 단지는 친인척에 걱정 끼쳐
弟兄未暇供甘旨 제 형 미 가 공 감 지	형제간엔 쉴 새 없이 달콤한 말 건네지만
妻子何論閱苦辛 처 자 하 론 열 고 신	처자들이 어찌 감히 쓰고 맵다 하리오.

醫恐費人深究久 의 공 비 인 심 구 구	시간 허비 두려워 의사공부 미루고
詩疑窮我熟思頻 시 의 궁 아 숙 사 빈	시를 써도 궁색하니 여러번 고민했네.
棲山浮海猶爲累 서 산 부 해 유 위 루	산속, 바다 떠돌면서 수양도 하였으나 결국은 누가 되니
秪是平生患有身 지 시 평 생 환 유 신	단지 이것이 나의 평생 아픈 몸이라네.

※ 김소당은 의사로서 시를 지었고, 무척 노력했지만 몹시 가난했었다.

〈새벽에 일어나다〉(晨起)

雞鳴眠政罷 계 명 면 정 파	닭 울자 잠 번쩍 깨어나니
自覺倍精神 자 각 배 정 신	정신은 저절로 곱으로 맑아지네.
幾個如吾起 기 개 여 오 기	세상에 몇이나 나처럼 일어나
孶孶爲善人 자 자 위 선 인	부지런히 닦고 닦아 사람 되려할까.

※ 어린애의 자화자찬 같지만 역시 소당의 한 생활상이다.

〈저속한 인간〉(俗人)

非不皆人面 비 부 개 인 면	모두 다 사람 얼굴 아님이 아니지만
唯貪是獸心 유 탐 시 수 심	오직 탐만 내니 그 속은 짐승이네.
有何靈萬物 유 하 영 만 물	그 어찌 만물의 영장이랴
君子古如今 군 자 고 여 금	군자란 예나 지금 같은 꼴이네.

※ 소당은 중인이면서 양반들과 어울리면서 그들의 인면수심(人面獸心)을 보고 있었다.

〈술의 덕〉(酒德)

美祿天敎世上留 미 록 천 교 세 상 유	하늘이 가르친 아름다운 복록이라
掃愁箒與釣詩鉤 소 수 추 여 조 시 구	근심 씻는 빗자루요, 시를 낚는 낚시인가.
況余齒豁無由嚼 황 여 치 활 무 유 작	황차 나는 이빨 없어 씹지를 못하는데
爲命餘生賴此柔 위 명 여 생 뢰 차 유	내 목숨 부지하는 부드러운 술이로다.

※ 소당은 40세에 치아가 모두 빠졌다고 '낙치행(落齒行)' 이란 장시를 썼다.

이상 5, 7언 시 6편은 무작위로, 다만 짧아서 듣기 좋은 것만 추린 것이나 전편의 시, 문을 살펴보아도 비슷한 양상을 볼 수 있을 것이다.

그러나 농가(農歌)의 가사로서는 실정과 맞지않는 대목도 가끔 보인다. 하기야 중인계급의 선비이기에 탁상공론이 없지 않겠지만 조선후기 농민층이 당하고 있던 수탈상을 듣기만 했고 체험하지는 못했으니 이해는 되지만 『농가월령가』나 이 『월여농가』에는 농민들의 실생활과 거리가 먼 장면이 가끔 보인다. 특히 10월장의 잔치마당 벌리고 풍악놀이패 불러대는 장면이라던가, 온갖 구실(부세)을 다 내고 나니 남는 것 없다면서 "제 먼저 세미를 완납하자!"거나, 동장(洞長)이 나서서 지루하게 충성하라는 연설을 하는 장면은 농민의 정서와는 거리가 멀다.

또한 장안의 양반들과 중인사회에서나 유행된 듯한 속언들이 가끔 삽입되고 있으니 가령, 보리 고개 5월장에서 "고개 돌린 석불인데 누가 처와 다투겠나, 열섬곡식 막 펴간 첩일랑 생각마라!"와 같은 유행어(?)는 가당치 않고, 9월장에서 "고기떼 모는 소리 어어 하라 달구라네!"도 추수기 농민들의 천렵으로는 적절치 않은 대목이다.

저자 김소당이 농사 경험이 없어서 농경의 실상을 모르고 극히 오해한 또 한 가지는 책의 범례 마지막 조(모두 11조)에서 흥분하여 말하기를,

"옛사람이 말하기를 '금년 지은 곡식은 내년에는 반드시 바꾸라' 고 했는데 이 책에서 말한 바를 알기가 어려우니 하물며 후학들의 얕은 지식에서랴, 그런 까닭으로 이 말은 꾸며 놓은 의심된 말이니 날을 두고, 달을 두고 이를 고치되 내 생전에 바로잡아 근본을 규명하고 빈 말을 바로잡아야 하겠다."⑧ 라고 했는데, 여기서 옛사람이 "금년에 지은 곡식은 내년에는 바꾸라!"한 말은 농경에 있어서

지력(地力)을 활용하기 위하여 '개량삼포식(改良三圃式)'의 한가지인 돌려짓기(輪栽式) 혹은 해걸이(休作)를 고친다고 한 것이니 농가의 실상을 모르고 한 말이다. 농가에서는 같은 밭에 해마다 곡식을 바꿔 심는다.

전사본(轉寫本) 『농가월속시(農家月俗詩)』 병주언해(并註諺解), 부(附) 한양세시기(漢陽歲時記), 세시기(歲時記)란 한 책은,

내제명은 『농가십이월속시(農家十二月俗詩)』 병주언해, 김소당(金嘯堂) 저라 하여 국립중앙도서관에 전하는데 간사지, 간사자 미상, 간사년 1946년 필사 40장, 28.5×20cm로 되어 있는 책이다. 이는 어느 석하자(가람?)가 해방 다음해인 4279년(1946) 11월에 우리나라 민속집을 발간하려고 필사한 원고로 보이며, 여기의 '농가월속시'란 『월여농가(月餘農歌)』를 말하는 명제이고, 내용은 '농가12월속시' 라 했지만

김소당의 『월여농가』를 약간 가감하고는 거의 그대로 필사하되 다만 본래 부록으로 되어 있던 '속언자해(俗言字解)' 및 변와(辨訛) 일편을 모두 풀어서 각 해당 시귀 글자에다 할주한 것이 다를 뿐이다.

부록으로 소유(小游) 권용정(權用正)이 저작한 '한양세

시기' 부(附) '세시잡영(歲時雜詠)' 병(並) '동구(東謳)'와 한양(漢陽) 조수삼(趙秀三) 지원씨(芝園氏) 찬의 '고려궁사(高麗宮詞)' 22수가 부록되어 있다.

이 필사본은 『월여농가』를 옮겨쓰되, 원전에서 필요없다 싶은 부분은 줄여 삭제하고 미흡하다고 여겨진 곳은 덧붙여 썼으며, 할주에 있어서 첨삭이 많아 『월여농가』를 연구하는데 귀중한 참고 문헌이 되는 문건인데 출판 원고로 작성했으나 아마도 사정이 있어(6.25사변 등) 출판을 못한 것 같다.

김소당의 『월여농가』에 대한 연구는 최근 들어 여러 가지 측면으로 활발해 보인다. 특히 1990년대 이후의 작가로서 소당 김형수에 대한 논설, '월여농가' 및 '소당유고'의 해제, '월여농가'의 시사적 가치 등을 고찰한 논문이 많은 중에서도 필자는 특히 김석희 교수의 두 편의 논문과 김명순 교수의 논문, 강명관 교수의 '소당유고' 해제 및 길진숙씨의 학위논문 등은⑨ 주의 깊게 읽은 논문인데 한두 가지 관점이 다른 것은 필자는 소당 김형수를 단지 중인으로서 문필가, 혹은 실의에 찬 시주(詩酒)의 의사로 보지 않고, 실학파에 합류한 산림경제에 뜻 깊던 시인이요, 따라서 『월여농가』도 그러한 경세제민 주제의 권농시로 간주하고 역주하였다.

또 한 가지는 어떤 논자는 『월여농가』를 『농가월령가』의 번역한 한시로 간주하고 있으나 번역시가 아니다.

책 표제에 김소당의 역저(譯著)라 썼고, 자서(自敍)에서도 언전농가(諺傳農歌)라 했으니 으레히 『농가월령가』를 번역한 것으로 생각하기 쉬우나 두 작품 내용을 자세히 살펴보면 『농가월령가』를 숙독은 하였으나 그대로 한시로 옮기지는 않았다.

우선 두 시가의 구성(plot)부터가 다르며 내용에 있어서도 두 작품에는 거리가 있다.

그리고 필자는 『농가월령가』의 원작자에 대해서도 정학유가 될 수 없다는 소견을 『농가월령가』 고찰에서 피력한 바 있다.

해제 주 ;

① 박초정이언 ; 초정(楚亭) 박제가(朴齊家 ; 1750~ ?)의 『정유집(貞蕤集)』 중의 '북학의(北學議)' 에 있다.

② 정다산(丁茶山 ; 1762~1836)의 『아언각비(雅言覺非)』를 말함.

③ 이 『월여농가』에서는 이외의 실사구시 학자로 이수광(李睟光 ;1563~1628)의 『지봉유설(芝峰類說)』, 차운로(車雲輅 ; 1559~ ?)의 『창주집(滄洲集)』을 인증했다.

④ 『월여농가』의 무대 ; 본저에서는 시가 내용의 배경 곧 무대(stage)를 한강유역 일대(강원도 북부~경기도 북반부)로 인정하는 것은 작품 중 언어, 풍속이 강원도 북부지역의 토박이 말이 섞여있고, 풍습도 그러하거니와 역저자나 참정인의 거처를 열상(洌上)이라 한 것 등으로 미루어 단정했다.

⑤ 장지완(張之琬 ; ?)의 침우당집(枕雨堂集) 중 '嘉善金公墓誌銘'

⑥ 답사… ; 『소당유고(嘯堂遺稿)』에는 북쪽은 정평(定平)부터 덕원(德源)과 동해안, 강원도 회양(淮陽)과 경기도 북부 일대를 순회하면서 지은 시가 여러편 있다.

⑦ 김명순(金明淳 ; 경산대 교수)의 논설 ; 金迥洙의 「月餘農歌」 硏究, 東方漢文學 제15집 1998. 8.

⑧ 古人云 今年所作 明年必改 此著書 立言之難可知
況乎 後學之 蔑識歲 故玆搆捋擬於 以日以月改之
必限餘年之前者 不敢圖稍完之本 聊以做 消遣解脫之法爾
(月餘農歌 凡例 11條)

⑨『월여농가』와『소당유고』 연구에 대한 최근의 주요 논문 ;

김명순(경산대) ; 金逈洙의 月餘農歌硏究, 東方漢文學 Vol 15, 1998.

김석희(인하대) ; 소당 김형수의 생애와 문학, 고전문학과 교육 Vol 8, 2004.

농가월령가와 월여농가의 대비고찰,국어국문학 Vol 37, 2004.

강명관(부산대) ;『소당유고』 해제, 여항문학총서 Vol 7, 1991.

길진숙(박사 논문) ; 中人 金逈洙의『農家月令歌』漢譯과 그 意味,

東洋古典硏究 Vol 6, 1996.

◇앞에서 언급한 바와 같이 저자 김형수가 이 『월여농가』를 저작한 동기와 저작과정 및 목적에 대하여 저자의 자서(自敍), 중형의 서문, 그리고 아들의 발문에 소상하게 밝혀져 있으므로 후학의 연구에도 참고가 될 겸하여 이를 모두 완역하여 붙여둔다.

自敍
자 서

食實衣葉, 前于書契, 無由可稽逮, 夫穀腹絲身 農
식 실 의 엽　전 우 서 계　무 유 가 계 체　부 곡 복 사 신 농

不得不務也, 審矣, 然雨暘在天 沃堉在地 勤惰在人
부 득 불 무 야　심 의　연 우 양 재 천 옥 척 재 지 근 타 재 인

則在天在地自有定焉, 在人者, 豈無謀事如何之道理
즉 재 천 재 지 자 유 정 언　재 인 자　개 무 모 사 여 하 지 도 리

耶, 轉惰爲勤, 又在田畯 勸劭之勿失其時耳, 蓋明
야　전 타 위 근　우 재 전 준　권 소 지 물 실 기 시 이　개 명

時莫加於曆 一歲之中 有二十四節 七十二候 按此節
시 막 가 어 력　일 세 지 중　유 이 십 사 절　칠 십 이 후　안 차 절

候 趂其機耔穫納 故歷代帝王 授以民時乎.
후　진 기 기 자 확 납　고 역 대 제 왕　수 이 민 시 호

今者 諺傳農歌 未知誰人之所錄 而偶翫於林友几
금 자　언 전 농 가　미 지 수 인 지 소 록　이 우 완 어 임 우 궤

上 迺是邇年課月之老農僿說也, 余曰 四民之中, 天
상　내 시 이 연 과 월 지 로 농 사 설 야　여 왈　사 민 지 중　천

下之本亶載斯乎.
하 지 본 단 재 사 호

저자의 서문

먹는 것은 열매요, 입는 것은 잎사귀라 옛 글에 있으니 까닭 없이 한 말이 아닐진대, 무릇 곡식은 먹어 배로 들고 실오라기는 몸에 두르니 농사는 아니할 수 없는 직무이자, 아름다운 일거리다.

그러나 비를 주고 햇볕 남은 하늘에 매어 있고, 땅이 걸고 메마름은 땅의 토질에 달렸으며, 부지런하고 게으른 것은 사람에게 매인지라, 하늘에 달렸고, 땅에 달려 있음은 본래가 그러하니 어쩔 수 없지만, 사람에게 매여 있는 것이야 어찌 일을 도모하고 이치에 맞게 하는 것으로 이루지 못하겠는가.

나태함을 돌이켜 부지런하고, 농부가 되어 권면하면서 그 시기를 놓치지 않는다면 안될 리가 없다.

대개 때를 밝히는 일은 역서(曆書)에서 더함이 없어야 하니 일 년 중 24절기(節)와 72절후(侯)가 있는 법이다.

생각건대 이 절기와 절후는 밭 갈고, 김 매고, 수확하고, 저장하는 그 시기를 따라서 역대의 임금(帝王)이 백성에게 내려준 절후이다.

근자에 언문으로 전하는 농가(農歌)는 누가 쓴 것인지는 알 수 없으나 우연히 벗 임군의 책상 위에서 구경하다보니 바로 한 해 동안 농부들이 겪는 일을 적은 책이었다. 나는 말하기를 "사민(四民) 가운데서 천하의 근본이 참으로 여기에 있구나!"라고 외쳤다.

遂袖而歸 有時諷誦 何幸憂勤之意 淳厖之風 可掬
수수이귀 유시풍송 하행우근지의 순방지풍 가국

於山野村落之間, 自不禁擊節嘆賞者, 屢矣, 或勸飜
어산야촌락지간 자불금격절탄상자 누의 혹권번

書 一以備蒙士之習, 一以資稗官之剌, 而自顧於菑
서 일이비몽사지습 일이자패관지랄 이자고어치

畬 不辨菽麥 於文字難定, 魚魯豈容爲臆度 質言以
여 불변숙맥 어문자난정 어로개용위억도 질언이

來 識者之姍笑 唯其身處闉闤 心遊壟畝 積有年紀
내 식자지산소 유기신처인환 심유롱무 적유년기

于玆故 不揣固陋 强爲紬繹.
우자고 불췌고루 강위주역

於是乎 將諺語鍊句 取俚音箋字 以七言俗詩 多少
어시호 장언어연귀 취리음전자 이칠언속시 다소

轉韻長短成編 而略刪冗瑣大補 闕漏闢譌 返正刮垢
전운장단성편 이략산용쇄대보 궐루벽와 반정괄구

潤色 必使辭脉 有貫穿義 味可咀嚼乃已 若夫未嫺
윤색 필사사맥 유관천의 미가저작내이 약부미한

方言莫 或能曉者 幸賴同志之相助 凡閱數月 訂著
방언막 혹능효자 행뢰동지지상조 범열수월 정저

一糾焉.
일규언

드디어 가지고 돌아와서 때때로 읊으며 암송하니, 세상을 걱정하고 부지런히 노력하는 뜻과 산야 촌락에서 수집할 만한 순박한 풍속들로서, 스스로 무릎을 치고 감탄하며 감상한 바가 여러 번이었다. 어떤 이가 번역하여 일변 선비의 공부에 대비하고, 다른 한편으로는 패관(稗官)의 풍자에 자료로 삼도록 권하였다. 그러나 스스로 돌아보건대, 농사일에는 콩과 보리를 분별하지 못하고, 문자에 있어서도 어(魚)자 노(魯)자를 분간 못하는 주제에 어찌 억측하여 헤아리고 말을 불려서 식자의 비방과 비웃음을 감당하리요 생각했으나 오직 몸은 성안의 거리에 있지만, 마음은 밭 언덕 사이에 떠돈 지 여러 해가 되었기에 이에 고루함을 헤아리지 않고 억지로 풀어 엮었다.

이에 언문의 구절은 속음의 주를 달아, 7언 속시로서 다소 간 운을 바꾸고, 길기도 하고 짧기도 한, 각 편을 만들고자 했다.

쓸데없고 자질구레한 말은 생략, 삭제하였고, 빠진 것은 크게 보충했으며, 잘못된 부분은 다시 바로잡고, 갈고 닦아 윤색하였다. 그리하여 문맥이 일관되어 의미를 깊이 파고들어 곱씹어 감상할 수 있게 하였다.

그런데 방언을 고아하게 하지는 못했으니 혹 깨우치지 못하는 사람은 잘 아는 동지 간에 서로 도움을 준다면 다행이겠다. 무릇 여러 달을 열람하며 고쳐 한 권을 지었다.

竊惟 人之得失, 事之成敗, 繇於誠不誠莫佃戶, 若
절유 인지득실 사지성패 요어성불성막전호 약

而備諳饔飧裘葛之源, 出自黴瘠胼胝之苦, 此所以平
이비암옹손구갈지원 출자휘척변지지고 차소이평

日惓惓者也, 孝經不云乎 庶人之孝 用天之道 因地
일권권자야 효경불운호 서인지효 용천지도 인지

之利 謹身節用 以養父母 不惟不能於此 且無舌耕心
지리 근신절용 이양부모 불유불능어차 차무설경심

織 但知喫着 寧不懡㦬, 家兒輩 克軫此念 休忘醫瘡
직 단지끽착 영불마라 가아배 극진차념 휴망의창

剜肉之事, 得爲策懶祛奢之戒, 則其於貧富庶幾 無
완육지사 득위책나거사지계 즉기어빈부서기 무

諂驕歟.
첨교여

自古農書 何限而挽近焉, 中國 耕織圖我朝 圖說集
자고농서 하한이만근언 중국 경직도아조 도설집

等編, 上溯豳風 下採百家詞, 極其情, 繪盡其狀.
등편 상소빈풍 하채백가사 극기정 회진기상

俱豁觀者之心目 實爲曠代之盛擧也.
구활관자지심목 실위광대지성거야

저으기 생각건대, 사람의 득실과 일의 성패가 성실과 불성실에 매인 것이 농민의 경우만 한 바도 없다. 그리고 아침 저녁의 먹거리와 옷감의 그 근원이 때 끼고, 야위고, 손등 터지는 농민의 고통에서 온다는 것도 잘 알고 있다. 이 일이 내가 평소에 간절히 생각하며 바라던 바이다. 『효경』에서 이르지 않았던가! 서민의 효는 하늘의 도를 따르며, 땅의 이로움에 기대고, 몸을 삼가고 절용하여 부모를 봉양한다 하였으니, 이를 실천하지 않을 수 없는 것이다. 또 학문과 문장으로써 먹고살지도 않으면서 다만 먹고 입는 것만 안다면 어찌 부끄럽지 않겠는가?

집안 아이들이 이 마음을 간직하고 농민들의 심장을 깎는 고통을 잊지 않고서 게으름을 꾸짖고 사치를 경계하는 계율을 삼는다면, 가난해도 아첨하지 않고, 부유해도 교만하지 않는다는 경지가 될 것이다.

옛날부터 전해오는 농서(農書)가 어느덧 지금까지 이어졌는데 그 중에 중국의 「경직도(耕織圖)」나, 우리나라의 (농사에 관한) 도설집(圖說集) 등이 엮어졌으니 윗대로는 빈풍(豳風)시와 아래로는 백가들의 이론들이 그 정상을 극진히 그려 나타냈으며, 농가의 상태를 자세히 펼쳐서 보여주려는 심목(心目)이 실로 널리 퍼져가고 있는 형편이다.

斯詩也, 雖未裨 田政無補世敎, 然至寓於務本 敦
사시야 수미비 전정무보세교 연지우어무본 돈

素之意近乎實用 其與唵哢風月之景, 啁啾水石之勝
소지의근호실용 기여암롱풍월지경 조추수석지승

而終歸空言 亦有間矣.
이종귀공언 역유간의

夫醉之睡之云 入長春國 黑甛鄕.
부취지수지운 입장춘국 흑첨향

今於靜坐 忘形之時快讀玆篇 怳作莊屯中人也, 無
금어정좌 망형지시쾌독자편 황작장둔중인야 무

疑然 則埜色山影在眼 秧謌艸笛生耳 堯天戴于頭上
의연 즉야색산영재안 앙가초적생이 요천대우두상

漢書入於手裡 紅塵隔世 白雲出峀 寵辱不關 安閒是
한서입어수리 홍진격세 백운출수 총욕불관 안한시

適 雖無求田問舍之事 亦可乎哉云爾
적 수무구전문사지사 역가호재운이

歲在辛酉元月下澣 嘯堂散人題 于寧樸無華室
세재신유원월하한 소당산인제 우영박무화실

이 시가 비록 전정(田政)에 보탬이 되는 바가 없고, 세교(世教)에 도움이 되지 않는다 하더라도, 근본을 힘쓰고 바탕을 도탑게 하는 뜻에 의거함에 이르러는 실용에 가까우니, 풍월의 경치를 읊고, 수석의 승경을 노래하면서 끝내 빈말로 그치는 글과는 또한 차이가 있다.

무릇 자기도취하여 말하되 장춘국(長春國), 흑첨향(黑甛鄕)에 들었구나 하였노라.

이제 고요히 앉아 나의 형체를 잊어버리고 이 한 편을 기분좋게 읽고 나면, 황홀히 장둔(莊屯) 가운데 든 사람이 된 기분이 든다. 그래서 들 빛과 산 그림자가 눈에 어리고, 모내기 노래와 풀피리 소리가 귀에 들리니, 요임금의 하늘을 머리에 이고 한서(漢書)가 손안에 든 격이다. 홍진 세상 멀고, 백운이 산봉우리에서 나매 총욕(寵辱)을 모두 잊으니, 안한(安閒)함이 이에 내 뜻에 맞다. 비록 이익을 좇아 집과 전답을 찾는 일이 없을지라도 또한 좋도다 하고 이를 따름이다.

세재(歲在) 신유(辛酉; 1861) 정월 하순, 소당산인(嘯堂散人) 제(題)
영박무화실(寧樸無華室)에서

月餘農歌序
월여농가서

"恭唯 我朝立國 明農如周人之首先力穡, 至肅廟
공유 아조입국 명농여주인지수선력색 지숙묘

則若曰生民之功, 莫盛於稼穡, 乃倣詩豳七月之義,
즉약왈생민지공 막성어가색 내방시빈칠월지의

作十二月圖說, 寓列聖之至意, 勖八域之生靈, 使力
작십이월도설 우열성지지의 욱팔역지생령 사력

於服田 不踰涯分甚盛矣乎.
어복전 불유애분심성의호

吾弟稚明, 自少有原田之思, 雖身在都門 而味泊如
오제치명 자소유원전지사 수신재도문 이미박여

也, 乃言曰 四民之中農爲本, 人之得失在於誠不誠,
야 내언왈 사민지중농위본 인지득실재어성불성

莫農家若也, 暇日月餘農歌著, 爲十二月詩, 旣以示
막농가약야 가일월여농가저 위십이월시 기이시

兒輩, 俾知稼穡之惟艱, 又要余措一言, 余曰 不亦
아배 비지가색지유간 우요여조일언 여왈 불역

善乎, 農猶則也, 人事之一俯一仰, 無非自則中出.
선호 농유칙야 인사지일부일앙 무비자칙중출

서문

삼가, 우리 조정이 나라를 세울 때 오직 농사를 밝게 하심은 마치 저 주나라 사람이 농사에 힘쓸 것을 으뜸으로 했던 일과 같은 것이었다. 숙종 때에 와서는 "생민의 공이 씨 뿌리고 거두는 일보다 더 융성한 것은 없다"라고 하면서 이에 시경의 빈풍(豳風), 칠월(七月)의 뜻을 모방하여 십이월 도설을 지었다. 역대 임금의 지극한 뜻에 의탁하여 전국의 백성들을 힘쓰게 하니, 그 노력이 밭에 돌아가서 생애의 분수를 넘어서지 않게 하였다.

나의 아우 치명(稚明)이 어려서 총명하여 젊어서부터 밭이 근원이라는 생각을 가져왔으니, 비록 몸은 도성 안에 있으나 취미는 질박하였다. 이에 말하기를, 사민(四民)중에 농사가 근본이 되니 사람의 득실이 성실, 불성실에 달렸음은 농가만 한 것이 없다 하고는 틈나는 날이면 '월여농가'를 지어 십이월 시를 만들었다. 이를 아희들에게 보여 그들로 하여금 씨 뿌리고 거두는 어려움을 알게 하였고 또 나에게 한 마디 말을 쓰기를 요청하였다. 내가 말하기를, 이 또한 좋지 않은가. 농사는 법칙과 같아서 인사의 한번 굽어보고 한번 우러름이 스스로의 법칙 가운데서 나오지 않음이 없다.

若夫四體不勤, 百志俱廢, 嘻嘻度日, 不識綠粒之
약부사체불근 백지구폐 희희도일 불식록입지

出於幸苦者, 皆失其則者也, 今吾弟 能探其源, 而不
출어행고자 개실기칙자야 금오제 능탐기원 이불

失誠勤敦厚之意, 可謂知所本矣, 況吾與君 年迫視
실성근돈후지의 가위지소본의 황오여군 년박시

蔭, 且將携書問田 終老於鄕廬 南阡北陌, 襏襫相遂,
음 차장휴서문전 종로어향려 남천북맥 발석상수

及其禾稼如雲, 腰鎌摘取, 新炊茄釀, 弟勸兄酬 則此
급기화가여운 요겸적취 신취가양 제권형수 즉차

書不爲無助, 昔堯舜之民, 以堯舜之心爲心, 吾弟黨
서불위무조 석요순지민 이요순지심위심 오제당

閒 而興者歟, 其思也有則, 其歌也有節, 節節仰俯 於
한 이흥자여 기사야유칙 기가야유절 절절앙부 어

十二月圖說然後, 吾弟不愧爲天之氓矣, 是爲序.
십이월도설연후 오제불괴위천지맹의 시위서

上之十二年辛酉榴夏 仲兄蓮坡老人書"
상지십이년신유류하 중형연파노인서

金 進 洙(1797~1865)

그런데 몸이 부지런하지 아니하면 온갖 뜻이 모두 폐하여지니 만족하여 날을 헤아리기만 하고 푸른 낟알이 신고에서 나옴을 알지 못하는 자는 모두 그 법칙을 상실한 자이다. 지금 우리 아우는 능히 그 근원을 탐구하여 성실하고 부지런하며 돈후한 뜻을 잃지 아니하였으니 근본으로 삼을 바를 안다고 이를 만하다. 하물며 나와 군이 세월이 얼마 남지 않고 해 그림자를 바라보게 되었다. 또한 장차 책을 잡고 귀거래를 물으며 시골 오두막 밭두둑에서 늙어가며 비옷을 입고 서로 따르고자 하였다.

곡식은 구름같이 자라나 허리에 찬 낫으로 베어내며, 새로 불 때어 맛있는 술 빚는 날, 아우가 권하고 형이 받는다면 곧 이 글이 보탬이 없다 할 수 없을 것이다. 옛날 요순의 백성이 요순의 마음으로써 마음을 삼았으니 내 아우가 다만 한가해서 일을 일으켰는가. 그 생각에는 법칙이 있고, 그 노래에는 절조가 있으니 절절히 십이도설에서 우러르고 굽어본 연후에는 내 아우가 하늘의 백성이 됨을 부끄러워 하지 않을 것이므로 여기에 서 한다.

상지 12년(上之十二年) 신유(辛酉; 1861) 유하(榴夏)에
중형(仲兄) 연파노인(蓮坡老人)이 쓰다.
※상(上)은 철종.

이 『월여농가』에서는 서(序)와 자서(自敍)에 이어 범례(凡例) 11조로 열거하고는 목록을 붙였으니 다음과 같다.

月餘農歌目錄
월 여 농 가 목 록

농가월령가(農家月令歌) 역주

농가월령가(農家月令歌)

서장(序章)

천지가 개벽하니, 일월성신(日月聖星辰)[1] 빛을 보내
해와 달은 정해진 도수(度數) 있고, 뭇별들은 맞물려
도는 순서 있어
일 년은 360일 정칙대로 돌고 돌아
동지, 하지, 춘분, 추분은 해가 도는 순서이며
초승 그믐 보름일랑, 달이 차고 기운 이치로다.
땅 위에 동서남북, 위치따라 틀린 것은
북극성을 기준하여 원근으로 정해진 것

---

1) 성신(星辰) : 성(星)은 사방의 중성(中星), 신(辰)은 해와 달이 만나는 곳, 즉 대화성 (大火星). 때로는 해, 달, 별의 통칭.
고대 농경사회에서 별자리는(기상관측의 중요한 징표였고) 기후는 농작에 절대적 조건임으로 그 예측은 천체의 관측으로 알게되는데, 해는 위도(緯度)를 바꿔가면서 경도(經度) 따라 하루에 한 번 돌고, 달은 차고, 이즈러지면서 한달에 한 번 돌며 (사실은 자전, 공전이지만), 별자리는 북두병(北斗柄)이 한 바퀴 돌면 1년으로 확신하고, 비와 가뭄, 바람과 온난, 한냉을 예측했다.

農家月令歌

天地肇判(텬디됴판)ᄒᆞ매 日月星辰(일월셩신) 비최거다 日月(일월)은 度數(도수) 잇고 星辰(셩신)은 纏次(뎐ᄎᆞ)이셔 一年(일년) 三百六十日(삼백륙십일)의 제度數(도수) 도라오매 冬至(동지) 夏至(하지) 春秋分(츈추분)은 日行(일행)으로 推測(츄측)ᄒᆞ고 上弦(샹현) 下弦(하현) 望晦朔(망회삭)은 月輪(월륜)의 盈虧(영휴)ㅣ로다 天地上(텬디샹) 東西南北(동셔남북) 곳을 ᄯᅡ라 들니기로 北極(북극)을 보람ᄒᆞ야 遠近(원근)을

24절기[2] 열두 달이, 차례로 나뉘었고
매달에 두 절기가, 보름씩 갈리어서
춘하추동 오고 가며, 저절로 한 해 되네.
요순(堯舜)의 착한 (어진)임금, 역법(曆法)을 처음 열고[3]
하늘이 도는 이치 환하게 밝히시어
만 백성에게 베풀어 맡겨주었으니
하후씨(夏后氏) 5백년엔 정월[寅月]로 새해 첫달 삼고
주(周)나라 8백년은 자월(子月)이 신정(新正)이니

2) 농경사회(農耕社會)로 발전해 오는 동안 동양에서는 모든 문화, 풍속이 농가 중심으로 출발하고 발전해 왔으니 그 원초적 기술은 『하소정(夏小正)』 이요, 이어서, 빈풍(豳風) 7월장과 『예기』의 월령(月令)이 근간이 되어 그 틀의 바탕 위에 『농가월령가』나 『월여농가시(月餘農歌詩)』가 기술되고 있으므로 그 태음력(太陰曆)을 기준한 자연현상(기후 및 생태계의 변이)과 농가의 행사 등을 24절기(월 2절후)와 72후(候)(월 6후)를 기술해 남겼으니 표로 보이면 다음과 같다.

(표1) 하소정(夏小正)의 월령(月令) 발췌표

음력월	계절	절 기	하소정(夏小正)의 주요기사		
			농 가 월 령	생태계 현상(대표적 징후)	별자리 관측
정월	맹춘(孟春)	입춘(立春) 우수(雨水)	쟁기 준비(農緯厥耒) 논밭 고르기(農率均田)	기러기 북으로(雁北鄉), 닭이 알 품다(雞孚粥), 수달제(獺獻魚)	국성 나타나다(鞠則見)
이월	중춘(仲春)	경칩(驚蟄) 춘분(春分)	밭갈이(舉趾), 부녀자는 안식(綏多女士)	염소 새끼 나다(羔助母粥) 왜가리 울다(有鳴倉庚)	제성이 떴다 사라짐(見稊始收)
삼월	계춘(季春) 모춘(暮春)	청명(淸明) 곡우(穀雨)	누에치다(始蠶) 씀바귀 캐다(采識)	버들 피다(萎楊), 두더지는 메추리 되다(田鼠化鴽)	삼성은 숨다(參則伏)

磨鍊(마련)ᄒᆞ니 二十四節候(이십ᄉᆞ절후)를 十二
朔(십이삭)의 分排(분ᄇᆡ)ᄒᆞ야 每朔(ᄆᆡ삭)의 두 節候(절후)
가 一望(일망)이ᄉᆞ이로다 春夏秋冬(츈하츄동) 往
來(왕ᄅᆡ)ᄒᆞ야 自然(ᄌᆞ연)이 成歲(셩셰)ᄒᆞ니 堯舜(요슌)
굿히착ᄒᆞᆫ님군 曆法(력법)을 剏開(창개)ᄒᆞ샤 天
時(텬시)를 ᄇᆞᆰ혀내야 萬民(만민)을 맛기시니 夏
后氏(하후시) 五百年(오ᄇᆡᆨ년)은 寅月(인월)노 歲首(셰슈)
ᄒᆞ고 周(쥬)ㅅ나라 八百年(팔ᄇᆡᆨ년)은 子月(ᄌᆞ월)

음력월	계절	절 기	하소정(夏小正)의 주요기사		
			농 가 월 령	생태계 현상(대표적 징후)	별자리 관측
사월	맹하(孟夏)	입하(立夏) 소만(小滿)	차를 뜯다(取茶)	쓰르라미 울다(鳴札) 동아 나다(王瓜莠)	좀생이별 나타남(昴則見)
오월	중하(仲夏)	망종(芒種) 하지(夏至)	이농민이 떠돌다(浮游有殷), 옷 벗다(乃衣)	매미 울다(良蜩鳴) 비둘기는 매가 되다(鳩爲鷹)	삼성이 보이다(參則見)
유월	계하(季夏)	소서(小暑) 대서(大暑)	산도를 찌다(煮桃)	매 새끼 날기 시작(鷹始摯)	북두성 위로(斗柄在上)
칠월	맹추(孟秋)	입추(立秋) 처서(處暑)	차를 끓이다(灌茶)	늦 매미 울다(寒蟬鳴) 부평초 성하다(莠萃)	은하수 정남북(漢案戶)
팔월	중추(仲秋)	백로(白露) 추분(秋分)	검은 옷 염색(玄校) 대추 따다(剝棗)	봉황이 백조를 부끄러워한다(丹鳥羞白鳥)	진성 숨다(辰則伏) 삼성은 새벽에(參中則旦)
구월	계추(季秋) 만추(晩秋)	한로(寒露) 상강(霜降)	국화 따다(榮鞠) 보리 심다(樹麥)	참새 조개 되다(雀入于海爲蛤) 고니새 오다(遰鴻雁)	심성은 안에 들다(內火)
시월	맹동(孟冬)	입동(立冬) 소설(小雪)	긴 밤 방에서 지냄(時有養夜)	까마귀 반포함(黑鳥浴) 승냥이 사냥하다(豺祭獸)	직녀성 정북(織女正北) 남성 나타남(南門見)
동짓달	중동(仲冬)	대설(大雪) 동지(冬至)	사냥하다(主狩) 농민은 사냥 면함(嗇人不從)	사슴뿔 빠짐(隕麋角) 만물불통(萬物不通)	
선달	계동(季冬)	소한(小寒) 대한(大寒)	마늘을 바치다(納卵蒜)	개미 굴 파다(蚳駒賁) 솔개미 울다(鳴弋)	

(표2) 『시경』 빈풍칠월장(豳風七月章)의 농가월속(月俗)표

월별	하력명(夏曆名)	자연현상(自然現象)	농가에서 하는 일
1	삼지일(三之日)	얼음 얼다	얼음 저장(納于凌陰) 농쟁기 손질(于耜)
2	사지일(四之日)	부추(韭)나다	밭 갈다(擧趾) 들에 점심 가져가다(饁彼南畝) 염소, 부추로 제사들이다(獻羔祭韭)
3	잠월(蠶月)	따뜻해지다(載陽) 꾀꼬리 울다(鳴倉庚)	쑥 뜯다(采蘩) 누에 달에 뽕따다(蠶月條桑)

월별	하력명(夏曆名)	자연현상(自然現象)	농가에서 하는 일
4	사 월	애기 풀 나다(秀葽)	
5	오 월	매미 울다(鳴蜩) 여치 울다(斯螽同股)	
6	육 월	베짱이 울다(莎雞振羽)	아가위와 머루 따먹다(食鬱及薁)
7	칠 월	화성은 서쪽에(流火) 왜가리 울다(鳴鶪) 귀뚜라미 들에 산다(蟋蟀在野)	나물과 콩 삶아먹다(烹葵及菽) 참외 먹다(食瓜)
8	팔 월	귀뚜라미 처마 밑에 산다(蟋蟀在宇)	베 짜다(載績), 대추 따다(剝棗) 갈대 베다(萑葦), 박을 따다(斷壺) 곡식 걷다(其穫)
9	구 월	서리 내림(肅霜) 귀뚜라미 문에 붙다(蟋蟀在戶)	겹옷 준비(授衣), 삼씨 줍다(叔苴) 씀바귀 캐다(采荼) 타작마당 준비(築場圃)
10	십 월	낙엽지다(隕擇) 귀뚜라미 방에 들다(蟋蟀牀下)	곡식추수 타작(穫稻, 滌場) 지붕이고 새끼 꼰다(晝茅宵綯) 바람구멍 막다(塞向墐戶) 쥐를 쫓다(熏鼠)
11	일지일(一之日)	찬바람 일다(觱發)	짐승 사냥하다(取彼狐狸) 무공훈련(載纘武功)
12	이지일(二之日)	추위 매섭다(栗烈)	얼음 깨다(鑿氷)

※ 1. 『시경』 빈풍(豳風) 7월시 8장은 월별순 기술이 아니었으나, 이 표에서는 12월로 정리했다.

※ 2. 『시경』에서는 인월(寅月)을 새해로 삼는 주력(周曆)으로 썼으나, 이 표에서는 지금 쓰는 하력(夏曆)으로 고쳐 짰다.

3) 요순(堯舜) 역법(曆法) : 중국 고대 신화적 임금인 요(BC.3355)와 그 아들 순 때 역법이 생겼다 함. 「唐書」에는 요(堯)가 희화(羲和)에게 명하여 팔괘(八卦)로써 24기(氣)를 그려 농사에 이바지 하였다 함.

지금 우리 쓰는 역법[4], 하후법과 한 법이라.
춘하추동 차고 더운 그 기후가, 차례로 달라짐은
네 계절의 그 절후와 맞물려 같으므로
공부자(孔夫子)가 쓰신 법도 하후 때 법이라네.

정월(正月) 장

정월은 맹춘(孟春)[5]이니, 입춘(立春), 우수(雨水) 절기라네.
산골짝 개울가엔, 눈 · 얼음 남은 채로
펼쳐진 들판에선, 구름 안개 아지랑이
어와! 좋아! 우리 임금님[6], 애민 중농 하오시니

---

4) 지금 우리가 쓰는 음력 역법 : 중국 고대에서는 동지(冬至), 즉 자월(子月)을 새해로 삼는[夏曆] 역법과 음력 정월(正月), 즉 인월(寅月)을 새해 초하루로 삼는 두 가지가 있는데, 우리나라 고려 때도 동지로 음력 새해로 삼는 때도 있었다. 자(子)는 십이지(十二支)의 첫번째임으로, 따라서 자월(子月)을 『시경』 빈풍에서는 일지일(一之日)이라 하고 동짓달(11월)을 의미했고, 2지일은 12월, 3지일은 1월, 4지일은 2월로 쓰고 있었다.

5) 맹춘(孟春) : 첫봄, 맹(孟)은 맏. 첫의 의미. 주2의 24절기표 참조, 이하 같음.

6) 정학유(丁學游) 등이 '농가월령가'를 다듬어 정리한 때는 1816년(丙子) 이전으로 간주되고, 이때는 정조(正祖) 아니면 순조(純祖) 때의 권농의 윤음일 것임.

이 新正(신졍)이라 當今(당금)의 쓰는 曆法(력법) 夏后氏(하후시)
와 ᄒᆞᆫ 法(법)이라 寒暑(한셔) 溫冷(온랭) 氣候次例(긔후ᄎᆞ례)
四時(ᄉᆞ시) 예 맛ᄀᆞ즈니 孔夫子(공부ᄌᆞ)
의 取(취)ᄒᆞ시미 夏令(하령)을 行(ᄒᆡᆼ)ᄒᆞ도다
正月(졍월)은 孟春(ᄆᆡᆼ춘)이라 立春(립츈) 雨水(우슈) 節氣(졀긔)
로다 山中(산즁) 澗壑(간학)의 氷雪(빙셜)이 남아
시니 平郊(평교) 廣野(광야)의 雲物(운믈)이 變(변)ᄒᆞ
도다 어와 우리 聖上(셩샹) 愛民(ᄋᆡ민) 重農(즁농)ᄒᆞ

간곡하신 권농윤음(勸農綸音), 방방곡곡 널리 폈네!
슬프도다 농부들아! 아무리 무지한들
네 몸 이해 생각 말고, 임금님 은덕 어길쏘냐.
밭과 논이 반반이니[7], 힘대로 지어보세
일 년의 풍년 흉년, 측량하긴 어렵지만
사람 힘이 극진하면, 하늘 재난 면하는 법
제각각 서로 권장, 게을리 굴지 마오.

---

7) 평지에 사는 한국 농민은 대개의 경우 논과 밭이 반반쯤 되니 이를 아울러 경작한다.

오시니 懇惻(간측)ᄒᆞ신 勸農綸音(권농윤음) 坊曲(방곡)
의 頒布(반포)ᄒᆞᄂᆡ 슯흐다 農夫(농부)들아 아
모리 無知(무지)ᄒᆞᆫ들 네 몸 利害(이해) 姑舍(고사)ᄒᆞ고
聖意(성의)를 어길소냐 山田(산전) 水畓(수답) 相半
(상반)ᄒᆞ야 힘대로 ᄒᆞ야보세 一年(일년) 豊凶(풍흉)
은 測量(측량)티 못ᄒᆞ여도 人力(인력)이 極盡(극진)
ᄒᆞ면 天災(천재)를 免(면)ᄒᆞᄂᆞ니 제 各各(각각) 勸
勉(권면)ᄒᆞ야 게으리구디 마라 一年之計在

일 년의 모든 계획, 첫봄에 있다 하니
모든 일을 미리미리, 계획하고 준비하되
농기구도 다스리고[8], 농우(農牛)도 살펴 먹여
재거름은 재와 두고, 한편으론 실어내며
봄보리엔 오줌 치기, 세전에 힘써 하소.
늙은이는 근력 없어, 힘든 일은 못하여도
낮이면 이영 엮고[9], 밤에는 새끼 꼬아
때맞춰 지붕 이면, 큰 근심 덜었다네.
과일나무 버곳[10] 깎고, 가지 사이 돌 끼우고[11]

8) 『시경』 빈풍의 7월시에서는, '쟁기 손질(于耜)' 이라고 했다. 또 『예기』 월령에서는, "동풍해동(東風解凍), 초목맹동(草木萌東)" 등 육후(六候)를 들었다.

9) 이영 엮다 : 지붕에 덮을 짚 엮음을 엮다.

10) 버곳 : 굵은 나무에 붙은 겉껍데기. 이를 제거해야 나무 병충해가 예방된다.

11) 돌 끼우기 : 정월 초하루 아침에 과일나무 갈라진 가지 사이에 굵은 돌을 끼워 놓으면 열매가 잘 달린다 해서, 이를 나무 시집보내기[樹嫁] 또는 나무 장가보내기라고 했다.

春일년지계졔츈ᄒᆞ니 凡事범ᄉᆞ를미리ᄒᆞ소 農器
농긔ᄅᆞᆯ다ᄉᆞ리고 農牛농우를ᄉᆞᆲ혀먹여 지거
름재와두고 一邊일변으로시러내고 麥田
ᄆᆡᆨ뎐의오좀치기 歲前셰젼보다힘ᄡᅥᄒᆞ소 늙
으니筋力근력업서 힘든일은못ᄒᆞ여도 나
지면니영역고 밤이면삿기ᄭᅩ아 ᄯᅢ밋처
집니이면 큰근심더럿도다 實果과실나모
버곳ᄶᅡᆨ고 가지ᄉᆞ이돌세우기 正朝졍됴날

설날 아침 해뜨기 전, 시험 삼아 하여 보소.
며느리는 잊지 말고, 누룩 술 밑 깔아라[12]
삼춘가절 백화 필 때, 화전놀이 취해보자.
대보름[上元]에 달을 보고, 장마 가뭄 안다 하니
늙은 농부 경험이라, 대강은 짐작하리.
설날 아침 세배함은, 도타운 풍속이라.
새 의복 떨쳐입고, 친척 이웃 서로 찾아
노소 남녀 아동까지, 삼삼오오 다닐 적에

12) 누룩술 밑 깔다 : 막걸리 단지에 첨가로 까는 밑 술. 일명 모주(母酒).

未明時(미명시)예 試驗(시험)ㅅ 條(됴)로 ᄒᆞ야보소
며느리 닛디 말고 小麯酒(쇼곡쥬) 밋ᄒᆞ여라
三春(삼춘) 百花時(ᄇᆡᆨ화시)예 花前一醉(화젼일취) ᄒᆞ
야보자 上元(샹원)날 ᄃᆞᆯ을보와 水旱(슈한)을안
다ᄒᆞ니 老農(로농)의 徵驗(증험)이라 大綱(대강)은
斟酌(짐작)ᄂᆞ니 正朝(졍됴)의 歲拜(셰ᄇᆡ)ᄒᆞᄆᆞᆫ 敦厚(돈
후)ᄒᆞᆫ 風俗(풍쇽)이라 새衣服(의복) 떨텨닙고 親
戚(친쳑) 隣里(린리) 서로ᄎᆞ자 老少男女(로쇼남녀) 兒童

와삭 버석[13] 울긋불긋, 빛깔 좋고 번화하다
사내아희 연 띄우기, 계집아희 널뛰기
윷 놀며 내기하기, 소년들의 놀이라네.
사당에 절을 할 땐, 떡국에 술과 과일
엄파[14]와 미나리를 무엄[15]에 곁들이면
보기에도 신신[16]하고, 오신채(五辛菜)[17] 부럽잖다.
대보름날 약밥[18]제도, 신라적 풍속이라.

---

13) 와삭 버석 : 새 옷이 서로 스치는 소리.
14) 엄파 : 움에 넣어 둔 파. 움파.
15) 무엄 : 무 움. 움은 야채, 과일 등을 땅속에다 월동시키려고 파 묻는 구덩이.
16) 신신(新新) : 신선(新鮮)함. 싱싱하다는 말.
17) 오신채(五辛菜) ; 다섯 가지 쓴 야채로 만든 채소 음식, 즉 부추, 염교(락교), 파, 마늘, 생강의 다섯 가지로 만들고 오장을 튼튼히 한다며 중국 고대로부터 정월 정초에 먹는다 함.(본초강목)
18) 대보름날 약밥 : 신라 소지왕(炤知王:488) 때의 고사에서 시작된 풍속. 약밥 풍속.

(동ᄋᆞᆺ) 섯지 三〻五〻(삼〻오〻) ᄃᆞ시날적의 와삭벼
석울긋불긋 物色(물ᄉᆡᆨ)이 繁華(번화)ᄒᆞ다 사나
희 鳶(연)ᄯᅴ우고 겨집아ᄒᆡ 널ᄯᅱ기요 윳노
라 내기ᄒᆞ기 少年(쇼년)들의 노리로다 祠堂
(ᄉᆞ당)의 現謁(현알)ᄒᆞ니 餠湯(병탕)의 酒果(쥬과)ㅣ로다
엄파와 미나리를 무엄의 겻드리고 보
기예 新〻(신〻)ᄒᆞ기 五辛菜(오신채) 부러ᄒᆞ랴
보롬날 藥(약)밥 制度(제도) 新羅(신라)적 風俗(풍쇽)이

묵은 산채[19] 삶아내니, 고기 맛과 바꾸겠나.
귀 밝히는 약술이요[20], 부름 삭는[21] 생율이네.
먼저 불러 더위 팔기[22], 달맞이 횃불 켜기
흘러내린 풍속이요, 아희들의 놀이라네.

이월(二月) 장

이월은 중춘(仲春)이니, 경칩(驚蟄), 춘분(春分) 절기라네.

초엿새 좀생별[1]은 풍년 흉년을 안다[2] 하고
스무날의 맑고 흐림[3], 대강은 짐작하리.

---

19) 산채(山菜) : 산에서 이른 봄에 채취한 산나물.
20) 귀 밝히는 약술 : 대보름에 마시는 귀 밝히는 술. '귀밝이술'
21) 부름 삭다 : 대보름에 먹는 부럼. 부스럼을 삭힌다 하여 날밤을 깨무는 풍속.
22) 더위 팔기 : 대보름에 상대방에게 "더위 팔았다"고 먼저 외치면 한 여름에 더위 안 먹는다는 장난말 풍습.

1) 좀생별 : 별 이름. 묘성(昴星). 이십팔수(二十八宿)의 하나.
2) 풍년 흉년을 안다 : 2월 초6일 밤. 좀생이별이 달에 가까우면 풍년, 달에서 멀면 흉년이 든다고 함.
3) 맑고 흐림 : 2월 스무날에 비오면 풍년의 징조, 개이면 흉년든다는 별점.

라 목은 山菜(산치) ᄉᆞᆱ아내니 肉味(육미)를 밧골
소냐 귀불히는 藥(약)술이오 부름삭는 生
栗(생률)이라 먼져불너더위풀기 돌마지횃
불혀기 흘너오는 風俗(풍속)이오 아희들의
노리로다
二月(이월)은 仲春(중춘)이라 驚蟄(경칩) 春分(춘분) 節候(절후)
로다 初六日(초륙일) 좀싱이는 豐凶(풍흉)을
안다ᄒᆞᆫ디 스므날陰晴(음청)으로 大綱(대강)은

반갑다 봄바람에, 예전처럼 문을 여니
말랐던 풀뿌리는, 속잎에 싹이 돋고
개구리 우는 곳에, 논물이 흐르누나.
산비둘기 소리 나고, 버들 빛 새롭구나.
보습쟁기 차려 놓고, 봄갈이[4] 하오리라
기름진 밭 가리어, 봄보리 많이 심고
목화 밭은 돋구어서[5] 제 때를 기다리세
담배 모와 잇[6] 심기는, 이를수록 좋으니라.

---

4) 보습 쟁기…봄갈이 : 밭 갈 때 쓰는 연장. 소 멍에 밑에 달린 세모꼴 쇠붙이 쟁기로 밭 갈았다. 『시경』의 7월시에서는 "밭 갈다(擧趾)라 했다.

5) 돋구다 : 목화밭 이랑을 돋구어 높이다. 원문은 '되어두다' 라는 뜻.

6) 잇 : 붉은 물감을 채취하는 일년생 식물. 일명 홍람화(紅藍花). 국화과에 속함.

斟酌짐작ᄒᆞ리 반갑다 봄ᄇᆞᄅᆞᆷ이 依舊의구이
門문을여니 ᄆᆞᆯ낫던풀ᄲᅮ리ᄂᆞᆫ 속닙히萌
動맹동ᄒᆞᆫ다 개고리우ᄂᆞᆫ곳의 논물이흐르
도다 뫼비ᄃᆞᆰ이소리나리 버들빗새로왜
라 보장이출혀노코 春耕춘경을ᄒᆞ오리라
ᄉᆞᆯ진밧ᄀᆞᆯᄒᆡ여셔 春牟춘모를만히갈소
綿花면화밧되와두어 제ᄯᆡ를기ᄃᆞ리소 담
ᄇᆡ모와닛심으기 이ᄅᆞᆯᄉᆞ록됴ᄒᆞ니라 園

원림(園林) 가꿔 다스림은, 소득을 꾀하는 일
더러는 과실이요, 더러는 뽕나무라
뿌리를 상치 말고, 비오는 날 심으시라.
솔가지를 찍어다가, 울타리 새로 하고
담장도 수축(修築)하고, 개천도 쳐 올리소.
안팎에 쌓인 검불[7], 깨끗이 쓸어내어
불 놓아 재 받으면, 거름을 보태려니
육축(六畜)[8]은 못다 해도, 소, 말, 닭, 개는 기르시라.

7) 검불 : 타작하고 난 마른 지푸라기 등 땔감에나 쓸 쓰레기.
8) 육축(六畜) : 여섯 가지 가축, 즉 소, 말, 돼지, 양, 닭, 개를 말함.

林(원림)을 粧點(장뎜)ᄒᆞ니 生理(싱리)를 兼(겸)ᄒᆞ도다
一分(일분)은 果木(과목)이오 二分(이분)은 ᄲᅩᆼ나모
라 ᄲᅮᆯ희를 傷(샹)티 말고 비오ᄂᆞᆫ날 심오리
라 ᄉᆞᆯ가지 ᄡᅥᆨ어다가 울타리 새로ᄒᆞ고
墻垣(장원)도 修築(슈튝)ᄒᆞ고 개쳔을 처올니소
안밧긔 ᄡᅡ힌 검블 精灑(졍쇄)히 ᄡᅳ러내야 불
노하 ᄌᆡ바드면 거름을 보티ᄂᆞ니 六畜(륙츅)
을 못다ᄒᆞ나 牛馬雞犬(우마계견) 기르리다 비

씨암탉 두세 마리, 알 안겨 깨어보소
산채는 일렀으니, 들나물 캐어 먹세.
고들빼기[9] 씀바귀며, 소루쟁이[10] 물쑥[11]이며
달래김치 냉잇국은, 비위를 깨치는 것
본초강목(本草綱目), 상고하여 약재를 캐오시라.
창백출(蒼白朮), 당귀(當歸), 천궁(川芎), 시호(柴胡), 방풍(防風), 산약(山藥), 택사(澤瀉)[12], 낱낱이 기록하여 때맞춰 캐어 두소
촌가의 기구 없이[13], 값진 약을 쓰실쏜가.

---

9) 고들빼기 : 국화과에 딸린 다년생 풀. 이른 봄 뿌리를 캐어 고들빼기 나물을 무쳐 먹는다.

10) 소루쟁이 : 여뀌과에 딸린 다년생 풀. 이른 봄 농가에서 잎을 따서 소루쟁이 국을 끓여 먹는다.

11) 물쑥 : 쑥은 한가지로 물가나 진펄에 자생함. 이른 봄 농가에서 뿌리를 캐어 물쑥나물을 만들어 먹음. 『시경』 7월시에는 "부추로 제사 지낸다(祭韭)"라 했다.

12) 창백출(蒼白朮)→택사(澤瀉) : 모두 한약재 식물 이름. 본초강목(本草綱目:중국 한약재 목록)에 수록된 한약재들.

13) 기구 없이 : 재산 없이. 돈 없이. 기구는 살림이 갖추어진 밑천.

얌ᄃᆞᆰ두세마리 알안겨ᄭᆡ여보쟈 山菜산ᄎᆡ
는일너시나 들ᄂᆞ물ᄏᆡ야먹세 고들ᄲᆡ기
ᄡᅳᆫ바귀며 소로장이물ᄡᅮᆨ이라 ᄃᆞᆯᄂᆡ김치
낭이국은 脾胃비위를ᄭᆡ티ᄂᆞ니 本草본초를
詳考샹고ᄒᆞ야 藥材약ᄌᆡ를ᄏᆡ오리라 蒼白朮
창ᄇᆡᆨ츌 當歸당귀 川芎쳔궁 柴胡싀호 防風방풍 山藥산약
澤瀉ᄐᆡᆨ사 낫〻치 記錄긔록ᄒᆞ야 ᄯᅢ밋처ᄏᆡ야
두소 村家촌가의 器具긔구업시 갑진藥약ᄡᅳ

삼월(三月) 장

삼월은 모춘(暮春)이니, 청명(淸明), 곡우(穀雨) 절기라네.

봄 햇살 다양하며, 만물이 화창하니[1]
백화는 난만하고, 새 소리는 각색이네.
집 앞 쌍 제비는, 옛 집을 찾아오고
꽃 사이에 벌 나비는, 분분하게 날고 기네.
미물도 때를 만나, 좋아하니 사랑스러워
한식(寒食) 날 성묘하니, 백양나무 새잎 나네.

---

1) 『시경』 7월시에서는 "춘일재양(春日載陽)"이라고 했다.

울소냐
三月삼월은 暮春모춘이라 淸明청명 穀雨곡우 節候
절후로다 春日춘일은 載陽재양ᄒᆞ야 萬物만물이
和暢화창ᄒᆞ니 百花백화는 爛熳란만ᄒᆞ고 새소
리 各色각색이라 堂前당전의 雙쌍제비는 녯
집을 ᄎᆞ자오고 花間화간의 벌나뷔는 紛〻
분〻이 날고 긔니 微物미물도 得時득시ᄒᆞ야 自
樂자락ᄒᆞ니 ᄉᆞ랑ᄒᆞᆸ다 寒食한식날 上墓상묘ᄒᆞ니

조상 은덕 감읍함을, 주과로나 펴오소서.

농부의 힘드는 일, 가래질이 첫째로다.

점심밥 넉넉하니, 때맞추어 배불리소.

일꾼들의 처자권속, 따라와서 함께 먹세

농촌의 후한 풍속, 한 말 곡식 아낄쏘냐.

물꼬를 깊이 치고, 도랑 밟아[2] 물을 막고

한편엔 모판[3]하고, 그 나머지 삶이[4] 하니

2) 도랑 밟아 : 물도랑을 흙 메워 밟고 물을 막음.

3) 모판 : 볏모를 기르기 위해 따로 만드는 논판.

4) 삶이 : 모를 내려고 논을 곤죽처럼 부드럽게 하고 평평하게 고르는 일. "논을 삶는다" 라고 한다.

白楊(ᄇᆡᆨ양)나모새닙난다 雨露(우로)의感愴(감창)

ᄒᆞ믈 酒果(쥬과)로나화오리라 農夫(농부)의힘

드ᄂᆞᆫ일 가래질첫재로다 點心(졈심)밥豐備(풍비)

ᄒᆞ야 ᄯᅢ맛초아ᄇᆡ블니소 일軍(군)의妻

子眷屬(ᄌᆞ권쇽) ᄯᆞ라와ᄀᆞᆺ치먹세 農村(농촌)의

厚(후)ᄒᆞᆫ風俗(풍쇽) 斗穀(두곡)을앗길소냐 물고

들깁히ᄎᆞ고 드렁보ᄅᆡ아물을막고 ᄒᆞᆫ편의

모판ᄒᆞ고 그남아살미ᄒᆞ나 날마다두세

날마다 두세 번씩, 부지런히 살펴보소.

약한 싹 세워낼 때, 어린아희 보호하듯

백곡 중에 논농사가 소홀하면 안되리라.

포전(浦田)[5]엔 서속(黍粟)[6] 심고, 산전(山田)[7]에는 두태(豆太)[8] 심자.

들깨 모는 일찍 심고, 삼농사도 하여보세

좋은 씨를 가리어서, 그루를 바꿔[9] 심소.

보리밭 매어 놓고, 못논을 되어[10] 두세

들농사 하는 틈에, 텃밭농사[11][치포(治圃)] 아니할까.

---

5) 포전(浦田) : 물가나 들판에 있는 축축한 밭.

6) 서속(黍粟) : 기장과 조라는 뜻이지만 피(稷) 등 좁쌀 종류 일체를 말함.

7) 산전(山田) : 산비탈의 밭이란 뜻이지만 물기 적은 메마른 밭.

8) 두태(豆太) : 콩, 팥 종류 일체를 말함.

9) 그루를 바꾸다 : 같은 밭에 해마다 곡식을 바꿔 심다. 같은 종류를 해마다 심으면 지력이 부쳐서 잘 안 된다. 땅에도 휴식년 제도가 있다.

10) 못논을 되다 : 모 심을 논을 갈아 묽게 되어 두는 일.

11) 텃밭농사 : 원문에선 치포(治圃)라고 "텃밭 다스림"으로 썼다.

번식 근거이슯혀보소 弱약ᄒᆞᆫ싹세워낼
제 어린아ᄒᆡ保護보호ᄒᆞ듯 百穀中ᄇᆡᆨ곡 논
農事농ᄉᆞ가 泛然범연ᄒᆞ고못ᄒᆞ리라 浦田포뎐
의黍粟셔속이오 山田산뎐의豆太두태로다 들
ᄭᅢ모일즉붓고 삼農事농ᄉᆞ도ᄒᆞ오리라 됴
흔ᄡᅵ굴ᄒᆡ여셔 그루들相換샹환ᄒᆞ소 보리
밧ᄆᆡ야노코 못논을되야두고 들農事농ᄉᆞ
ᄒᆞᄂᆞᆫ틈의 治圃치포를아니ᄒᆞᆯᄭᅡ 울밋희호

울 밑엔 호박이요, 처마 밑엔 박을 심고
담 근처엔 동아[12] 심어, 가자(架子)[13]하여 올려보소.
무 · 배추 · 아욱 · 상추, 고추 · 가지 · 파 · 마늘을
색색이 분별하여, 빈 땅 없이 심어 놓고
갯버들을 베어다가, 개바자[14] 둘러막아
닭과 개를 방비하면, 저절로 무성하리.
오이 밭은 따로 갈아, 거름을 많이 하소
농가의 여름 반찬, 이밖에 또 있던가.

---

12) 동아 : 박과에 딸린 일년생 넝쿨식물. 호박 같은 열매 달림. 일명 동과(冬瓜).

13) 가자(架子) : 줄기, 식물 등을 받쳐주는 기둥 혹은 틀, 등책(藤柵)이나 넝쿨 지주 같은 것.

14) 개바자 : 텃밭 등에 둘러친 낮은 울타리. 주로 개나 닭이 못 들어가게 막은 것으로 싸릿대, 갈대, 삼대, 수수깡이 등으로 엮어 만든 바자.

박이오 簷下(쳠하)ᄀᆞ의박심으고 담近處(근쳐)
冬瓜(동와) 심어 架子(가ᄌᆞ)ᄒᆞ야올녀보소 무우
ᄇᆡ추아옥샹치 苦椒(고쵸)가지파마늘을 色
色(석석)이區別(구별)ᄒᆞ야 뷘ᄃᆡ업시심어노코
갯버들븨여다가 개바자들너막아 雞犬
을防備(비방)ᄒᆞ면 自然(연ᄌᆞ)이茂盛(셩무)ᄒᆞ리
외밧츤ᄯᆞ로ᄒᆞ야 거름을만히ᄒᆞ소 農家
의녀름飯饌(반찬) 이밧긔ᄯᅩ잇ᄂᆞᆫ가 ᄉᆡᆼ눈

뽕 눈을 살펴보니, 누에 날 때[15] 되겠구나.

여보소 부녀들아! 양잠을 전심하소.

잠실(蠶室)을 청소하고, 제반기구 준비하니

다래끼 칼 도마며, 채광주리[16] 달 발[17]이라.

각별히 조심하여, 내음새 없게 하소.

한식(寒食) 전후 삼사일엔, 과일나무 접붙이기

살구 · 오얏 · 울릉도(鬱陵桃)[18]며, 문배 · 참배 · 능금 사과

엇접 · 피접 · 도마접에, 행차접[19]이 잘 사느니

---

15) 누에 날 때 : 『시경』 7월시에는 "잠월 뽕따는 일(蠶月條桑)"이라 했다.

16) 채광주리 : 싸리나무나 대, 혹은 수초로 만든 광주리. 싸릿대는 껍질을 베껴 쓰고 대는 가늘게 쪼개서 만듦으로 채라 했음.

17) 달 발 : 갈대 비슷한 달풀로 엮은 발. 누에치는 자리로 썼음.

18) 울릉도(鬱陵桃) : 복숭아의 한 가지.

19) 엇접 · 피접 · 도마접 · 행차접 : 모두 과일나무 접목하는 방법들.

을ᄉᆞᆲ혀보니 누에날새되거고나 어와婦
女(부녀)들아 蠶農(잠농)을專心(젼심)ᄒᆞ소 蠶室(잠실)
을灑掃(쇄소)ᄒᆞ고 諸具(졔구)를準備(쥰비)ᄒᆞ니 다
락기칼도마며 치광주리달발이라 各別
(각별)이조심ᄒᆞ야 내암시업시ᄒᆞ소 寒食前
後(한식젼후) 三四日(삼ᄉᆞ일)의 果木(과목)을接(졉)ᄒᆞᄂᆞ
니 丹杏(단ᄒᆡᆼ) 油杏(유ᄒᆡᆼ) 鬱陵桃(울릉도)며 ᄆᆞᆫ비ᄎᆞᆷ
ᄇᆡ능금沙果(사과) 엇接(졉) 皮接(피졉)도마 接(졉)의

청다래 · 청릉매(靑陵梅)도, 고사(古査)[20]에 접을 부쳐
농사일 필한 뒤에, 분에 옮겨 들여놓고
춥고 눈 오는 밤, 풍설이 몰아칠 때,
봄기운을 방에 앉아 그 모습 홀로 보니
실용은 아니라도, 산중의 취미[21]라네.
인가에서 요긴한 일, 장 담는 행사로다.
소금을 미리 받아, 법식대로 담그소서.
고추장 · 두부장도, 맛맛으로[22] 갖추우소.

20) 고사(古査) : 오래된 나무 등걸, 흔히 접종 때 이용한다.
21) 취미(趣味) : 여기서는 '흥취' 또는 '멋' 으로 썼다.
22) 맛맛으로 : 각각 맛 특색대로 갖추는 일. 또는 맛. 특색대로 구색 맞춤.

行次接(힝ᄎᆞ졉)이 잘사ᄂᆞ니 靑(청)다래 靑陵
梅(청릉ᄆᆡ)도 古査(고사)의 接(졉)을 부처 農事(농ᄉᆞ)
를 畢(필)ᄒᆞᆫ 後(후)의 盆(분)의 올녀드려노코
天寒白屋(텬한ᄇᆡᆨ옥) 風雪中(풍셜즁)의 春色(츈ᄉᆡᆨ)을 홀
노보니 實用(실용)은 아니라도 山中(산즁)의 趣
味(ᄎᆔ미)로다 人家(인가)의 要緊(요긴)ᄒᆞᆫ일 醬(쟝)담
으는 政事(졍ᄉᆞ)ㅣ로다 소곰물미리바다 法
(법)대로담으리라 苦椒醬(고쵸쟝) 豆腐醬(두부쟝)

앞산에 비 개이니, 살찐 향채(香菜) 캐어다가
삽주[23] · 두릅 · 고사리며, 고비 · 도랏 · 어아리[24]를
더러는 엮어 달고, 더러는 묻혀 먹세.
낙화를 쓸고 앉아, 병술로 즐길 때에
산촌 아내 차린 안주, 이 요리[25]뿐이구나.

사월(四月) 장

사월은 맹하(孟夏)이니, 입하(立夏), 소만(小滿) 절기라네.

비 온 끝에 볕이 나니, 일기도 청화(淸和)하다.

---

23) 삽주 : 국화과에 딸린 다년생 풀로, 잎은 산나물 감, 뿌리[根球]는 한약재 백출(白朮)이며, 열매 맺기 전 뿌리는 창출(蒼朮)로 쓰임.

25) 어아리 : 개나리의 별칭. 열매는 한약재. 연교(連翹)라고도 함.

25) 이 요리 : 원문에선 가효(佳肴), 즉 좋은 안주라 했다.

※ 『시경』 7월시에서는 봄 3월에 "쑥 뜯는 여인 마음 심란하다"(采蘩祁祁 女心傷悲)고 했다.

도 맛마스로 갓초ᄒᆞ소 前山(젼산)의 비가 개
니 ᄉᆞᆯ진 香菜(향ᄎᆡ) ᄏᆡ오리라 삽듀 두룹 고사
리며 고비 도랏 어아리를 一分(일분)은 역거
ᄃᆞᆯ고 二分(이분)은 뭇쳐 먹ᄉᆡ 落花(락화)를 ᄡᅳᆯ고
안자 甁(병)술노 즐길적의 山妻(산쳐)의 準備(쥰
비)ᄒᆞ미 佳肴(가효)가 이ᄲᅮᆫ이라
四月(ᄉᆞ월)이라 孟夏(ᄆᆡᆼ하)되니 立夏(립하) 小滿(쇼만)節(졀)
氣(긔)로다 비온 긋희 빗치 나니 日氣(일긔)도

떡갈잎 퍼질 때에, 뻐꾹새 자주 울고
보리 이삭 패어[1] 나니, 꾀꼬리 소리한다[2].
농사도 한창이요, 누에치기 방장(方長)이다.
남녀노소 골몰하여, 집에 있을 틈이 없어
적막한 대 사립문, 녹음 속에 닫혀있다.
목화씨를 많이 가소, 옷감 짜는 근본이라.
수수, 동부, 녹두, 참깨, 부룩[3]을 적게 하고
갈 꺾어 거름 할 땐, 풀 베어 섞어 하소.

---

1) 이삭 패다 : 이삭 나다. 곡식 등이 이삭 나느라고 볼록해지면서 뾰족하게 내미는 모양.
2) 꾀꼬리 소리한다 : 『시경』 7월시에서는 3월장에서 "꾀꼬리 운다"(有鳴倉庚)이라 했다.
3) 부룩 : 곡식 밭 두둑 중간 중간에 콩, 팥 등을 곁 심는 씨앗 수량=소주(小株). 간작(間作)하는 일.

清和화쳥ᄒᆞ다 덥갈닙퍼딜적의 벅국새ᄌᆞ
로울고 보리이삭픠야나니 괴ᄭ고리소릐
ᄒᆞᆫ다 農事ᄉᆞᄂᆞᆼ도ᄒᆞᆫ창이오 蠶功공잠도方張
당방이라 男女녀남 老少쇼로 汨沒골몰ᄒᆞ야 집의
이실듬이업서 寂寞막젹ᄒᆞᆫ대 사립을 綠陰
음녹의다닷도다 綿花화면를만히갈소 紡績
젹방의 根本본근이라 슈〻 동부菉豆두록 ᄎᆞᆷᄭᅢ
부룩을적게ᄒᆞ소 갈ᄡᅥᆨ거거름ᄒᆞ올제 풀뷔

무논을 써을이고[4], 이른 모 내어보세
농량이 부족하니, 환자(還子)[5] 타 보태리라.
한잠 자고 이는 누에, 하루도 열두 밥을
밤낮을 쉬지 말고, 부지런히 먹인다네.
뽕 따는 아이들아, 훗 그루 보아[6]하여
고목은 가지 찍고, 햇잎은 제쳐 따게
찔레꽃 만발하니, 적은 가뭄 없을쏘냐.
이때를 승시(乘時)하여[7], 내 할 일 생각하소.

---

4) 써을다 : 논을 갈아 흙덩이를 부수는 일. 모내기를 위해 무논을 이겨서 곤죽 만드는 일.
5) 환자(還子) : 봄에 나라에서 꿔주는 농량. 가을에 일정한 이자를 붙여 갚는다 하여 환자 또는 환곡(還穀)이라 함.
6) 훗 그루 보다 : 열매나 잎을 딸 때, 다시 싹 나도록 가지나 싹눈을 보살피는 일.
7) 승시(乘時)하여 : 때를 타서, 기회 삼아.

여섯거ᄒᆞ소 모논은뼈을이소 이른모내
야보시 農糧(농량)이不足(부족)ᄒᆞ니 還上(환자)타
보ᄐᆡ리라 ᄒᆞᆫ잠자고니ᄂᆞᆫ누에 ᄒᆞ로도열
두밥을 밤나즈로쉬다말고 부즈런이먹
이리라 ᄲᅩᆼᄯᆞ는아희들아 後(후)ㅅ그슬보
와ᄒᆞ야 古木(고목)은가지벡고 힛닙흔젓처
ᄯᆞ라 벌니ᄭᅩᆺ滿發(만발)ᄒᆞ니 젹은ᄀᆞ몸업슬
소냐 이ᄯᅢ를乘時(승시)ᄒᆞ야 나ᄒᆞᆯ일싱각ᄒᆞ

도랑 쳐 물길 내고, 비 새는 곳 기와 고쳐
음우(陰雨) 장마 방비하면, 훗 근심 덜었거니
봄 나이[8] 필무명을, 이때에 마전하소[9].
베 모시 형세대로[10], 여름 옷 지어 두세
벌통에 새끼 나니, 새 통에 받으리라.
천만이 일심하여[11], 여왕벌을 호위하니
꿀 먹기도 하려니와, 군신 의리 깨닫는다.
팔일에 현등함은, 산촌에선 불긴(不緊)하나[12]

---

8) 봄 나이 : 봄 낳이. 봄에 생산되는.
9) 마전하다 : 무명 등을 빨아서 빛바램 하다. 포백(曝白)하는 일.
10) 형세대로 : 생긴 대로. 생긴 모양대로.
11) 천만이 일심하다 : 꿀벌떼 천만 마리가 한마음으로 일하다.
12) 불긴하나 : 농가는 불교신자가 아니므로 필요한 일은 아니라는 뜻, 이는 편자의 주견이다.

소 ᄯᅩ랑쳐 水道(슈도) 내고 雨漏處(우루쳐) 改瓦(ᄀᆡ와)ᄒᆞ야 陰雨(음우)를 防備(방비)ᄒᆞ면 後(후)ㅅ근심더옵ᄂᆞ니 봄나이 匹(필) 무명을 이ᄯᅢ예 마젼ᄒᆞ고 뵈모시 形勢(형세)대로 녀름옷지어두소 벌筒(통)의 삿기치니 새筒(통)의 바드리라 千萬(쳔만)이 一心(일심)ᄒᆞ야 蜂王(봉왕)을 扈衛(호위)ᄒᆞ니 ᄭᅮᆯ먹기도ᄒᆞ려니와 君臣(군신) 分義(분의) ᄭᆡ닷도다 八日(팔일)의 懸燈(현등)ᄒᆞ믄

느리떡 콩찐이[13]는, 제법 좋은 별미로다.

앞 내에 물이 주니, 천렵(川獵)을 하여 보세

해 길고 잔풍(潺風)[14]하니, 오늘 놀이 잘 되겠네.

벽계수(碧溪水)와 백사장을, 굽이굽이 찾아가니

수단화(水丹花)[15] 늦은 꽃은, 봄빛이 남았구나.

촉고(數罟)[16] 그물 둘러치고, 은린옥척(銀鱗玉尺) 후려내어

반석 위에 노구[17] 걸고, 솟구쳐[18] 끓여내니

팔진미(八珍味)[19] 오후청(五侯鯖)[20]을, 이 맛과 바꿀쏘냐.

---

13) 콩찐이 : 콩을 넣어 찐 떡. 불가의 음식.

14) 잔풍(潺風) : 잔잔한 바람. 4월의 미풍.

15) 수단화(水丹花) : 수련꽃.

16) 촉고(數罟) : 구멍을 아주 작게 짠 그물.

17) 노구(鑪口) : 주둥이에 노문 달린 솥. 술안주 끓이는 솥.

18) 솟구쳐 : 국물이 끓어 위로 솟구치다.

19) 팔진미(八珍味) : 중국 고대부터 성대한 잔칫상에 차린다는 여덟 가지 진기한 요리. 즉 용간(龍肝), 봉수(鳳髓), 토태(兎胎), 이미(鯉尾), 악구(鶚炙), 웅장(熊掌), 성순(猩脣), 표제(豹蹄), 혹은 소(牛), 양(羊), 순록(麋), 사슴(鹿), 사향노루(麝), 돼지(豕), 개(狗), 승냥이(狼)의 고기.

20) 오후청(五侯鯖) : 중국 고대부터 있어온 맛나는 음식, 즉 고대 중국 한(漢)나라 때 왕씨(王氏) 5후(五侯)가 먹던 비웃 요리.

山村산촌의 不緊불긴ᄒᆞ나 늣희썩콩벼지개는
졔법의別味별미로 아래내예물이주니 川獵
쳔엽을ᄒᆞ야보세 ᄒᆡ길고殘風잔풍ᄒᆞ니 오늘
노리잘되거다 碧溪水벽계슈 白沙汀빅사뎡을
구븨〻〻ᄎᆞ자가니 水丹花슈단화 느즌꼿
ᄎᆞᆫ 봄빗치남앗고나 촉고를둘너치고
銀鱗玉尺은린옥쳑 후려내야 盤石반셕의鑪로구ㄱ
걸고 솟고쳐쓰려내니 八珍味팔진미 五侯

오월(五月) 장

오월은 중하(仲夏)이니, 망종(芒種), 하지(夏至) 절기라네.

남풍은 때맞추어, 보리가을 재촉하니
보리밭 누른빛이, 밤사이 나겠구나.
문 앞에 터를 닦고, 타맥장(打麥場)[1] 하오리라.
드는 낫에 베어다가, 단단이[2] 헤쳐 놓고
도리깨 마주서서, 짓 내어 두드리니
불고 쓴듯하던 집안[3], 졸연히 흥성하네.

---

1) 타맥장(打麥場) : 보리타작 마당. 재래식은 보리를 마당에 펴 놓고 도리깨로 두들겨 보리 알곡을 거둔다.
2) 단단이 : 여기 '단단이'는 보리묶음 한 단 한 단씩을 말함.
3) 쓴듯하던 집안 : 겨우내 알곡이나 지푸라기 등 농가에는 깨끗이 아무것도 없었다.

湯(오후탕)을 이맛과밧골소냐

五月(오월)이라 仲夏(듕하)되니 芒種(망둉) 夏至(하지) 節
氣(졀긔)로다 南風(남풍)은 ᄯᅢ맛초아 麥秋(ᄆᆡᆨ츄)를
催促(최촉)ᄒᆞ니 보리밧누른빗치 밤ᄉᆞ이나
거고나 門(문)압희터를닥고 打麥場(타ᄆᆡᆨ장)
ᄒᆞ오리라 드ᄂᆞᆫ낫븨여다가 든:이혜여
노코 도리ᄭᅢ마조서: 즛내야드ᄃᆞ리니
블고ᄲᆞᆫ듯ᄒᆞ던집안 猝然(졸연)이 興盛(흥셩)ᄒᆞᆫ

멍석에 남은 곡식, 하마 거의 진할터에
중간에 이 곡식이, 신구상계(新舊相繼)[4] 하겠구나.
이 곡식 아니더면, 여름농사 어찌할까
천심(天心)을 생각하니, 은혜도 망극하다.
목동은 놀지 말고, 농우(農牛)를 보살펴라.
뜨물에 꼴 먹이고, 이슬 풀 자주 뜯겨
그루갈이[5] 모심기에, 제 힘을 빌리리라.
보릿짚 말리우고, 솔가지 많이 쌓아

---

4) 신구상계(新舊相繼) : 보리로 여름 식량을 이어가는 일. → 보릿고개.

5) 그루갈이 : 벼 빈 그루가 있는 논갈이. 초벌 논갈이. 대개 추경(秋耕)으로 한다.

다 擔石(담셕)의 남은 穀食(곡식) ᄒᆞ마 거의 盡(진)
ᄒᆞᆯ너니 中間(듕간)의 이 穀食(곡식)이 新舊相繼
(신구샹계) ᄒᆞ거고나 이 穀食(곡식) 아니러면 녀름
農事(농ᄉᆞ) 엇디ᄒᆞᆯ고 天心(텬심)을 싱각ᄒᆞ면 恩
惠(은혜) 도圀極(망극)ᄒᆞ다 牧童(목동)은 노디말고
農牛(농우)를 보ᄉᆞᆲ혀라 ᄯᅳ물의 ᄭᅮᆯ먹이고 이
ᄉᆞᆯ풀ᄎᆞ로 ᄲᅡ더 그루가리 모심으기 뎨힘
을빌니로다 보리집ᄆᆞᆯ니우고 솔가지만

장마나무[6] 준비하여, 임시 걱정 없이 하소.
누에농사 마칠 때에, 사나희 힘을 빌어
누에섶도 하려니와, 고치나무 장만하오.
고치를 따오리라, 청명한 날 가리어서
발 위에 엷게 널고, 폭양(暴陽)에 말리우세.
쌀 고치, 무리 고치[7], 누른 고치, 흰 고치를 색색이 분별하여
더러는 씨를 두고[8], 그 나머지 켜오리라.
자애를 차려 놓고, 왕채[9]에 올려내니

6) 장마나무 : 장마 때의 땔감나무.
7) 쌀 고치, 무리 고치 : 쌀 고치는 희고 깨끗한 상품 고치. 무리 고치는 군물이 들어서 깨끗치 못한 고치.
8) 씨를 두다 : 누에씨. 곧 고치흰나방 알을 받아둔다.
9) 왕채 : 고치에서 실을 뽑아 감는 물레.

히ᄇᆞᆺ아 댱마나모準備쥰비ᄒᆞ야 臨時림시걱
정업시ᄒᆞ소 蠶農잠농을무ᄎᆞᆯ때예 ᄉᆞ나희
힘을비러 누에섭도ᄒᆞ려니와 고치나모
쟝만ᄒᆞ소 고치를ᄯᆞ오리라 淸明쳥명ᄒᆞᆫ날
골히여서 ᄇᆞᆯ우희엷게널고 暴陽폭양의몰
니우소 ᄲᆞᆯ고치무리고치 누른고치흰고
치를 色色ᄉᆡᆨ이分別분별ᄒᆞ야 一二分일이분이
ᄡᅵ를두고 그남아켜오리라 ᄌᆞ이를출혀

어름, 눈 같은 실오리라, 사랑스런 자애소리
금슬(琴瑟)을 고르는 듯,[10] 부녀들 적공들여 이 재미 보는구나.
오월 오일 단옷날엔, 물색이 생신[11]하다.
오이밭[12]에 첫물 따니, 이슬에 젖었으며
앵두 익어 붉은빛이, 아침볕에 바희누나[13].
목 맺힌[14] 영계 소리, 익힘 벌[15]로 자주 운다.
향촌의 아녀들아, 추천[16]은 말 것인즉

---

10) 금슬을 고르다 : 거문고 등을 뜯어 연주한다는 말.
11) 생신(生新) : 생기 있고 새로움.
12) 오이밭 : 원문에서는 '외밭'. 지금은 오이와 참외를 구분하지만, 재래 농촌에서는 오이는 외라 하고 참외는 참외라 했다.
13) 바희다 : 눈부시다.
14) 목 맺히다 : 목이 트이지 않았다. 영계 수탉의 서투른 울음.
15) 익힘 벌 : 연습 겸해. 자주 울어야 목이 트이는 영계 수탉의 울음.
16) 추천(鞦韆) : 그네.

노코 왕치예 올녀내니 氷雪(빙셜)ᄀᆞᆺ흔 실오
리라 ᄉᆞ랑홉다 ᄌᆞ이 소리 琴瑟(금슬)을 고로
는듯 婦女(부녀)들 積功(젹공) 드려 이 滋味(ᄌᆞ미)를
보는고나 五月五日(오월오일) 端午(단오)날의 物
色(믈ᄉᆡᆨ)이 生新(ᄉᆡᆼ신)ᄒᆞ다 외밧희 첫물 ᄯᅡ니 이
술 희저〻시며 櫻桃(잉도) 닉어 붉은 빗치 아
ᄎᆞᆷ 벗희 바희도다 목 믹친 軟雞(연계) 소리 닉
임 벌노 ᄌᆞ로 우니 鄕村(향촌)의 兒女(ᄋᆞ녀)들아

푸른 치마, 붉은 옷, 창포(菖蒲) 비녀[17] 끼고서, 좋은 시절 허송 마소.

노는 틈에 해야 할 일, 약쑥이나 베어두소.

하느님이 지극 인자하셔, 유연(油然)히 구름 지어
때 미쳐 오는 비를, 누가 감히 막을쏜가.
처음엔 부슬부슬, 먼지를 적신 뒤에
밤 들어 오는 소리, 패연(沛然)히 드리운다.
관솔 불 둘러앉아, 내일 일 마련할 제
뒷논은 누가 심고, 앞 밭은 누가 갈까.

---

17) 창포(菖蒲) 비녀 : 단오절에 부녀자들이 창포잎 삶은 물에 머리 감고, 창포 뿌리를 비녀처럼 머리에 꽂고 다녔다.

鞦韆(츄쳔)은 말녀니와 靑紅裳(청홍샹) 菖蒲(챵포)빈
혀 佳節(가졀)을 虛送(허송)마라 노는 틈의 ᄒᆞ올
일이 藥(약)ᄡᅮᆨ이나 븨여두소 上天(샹텬)은 至
仁(지인)ᄒᆞ사 油然(유연)이 作雲(작운)ᄒᆞ니 ᄯᅢ 미처
오는 비를 뉘 能(능)히 막을소냐 처엄의 부
슬〃〃 몬지를 적신 後(후)의 밤드러 오는
소릐 沛然(ᄑᆡ연)이 두리운다 관솔불 둘너 안
자 ᄂᆡ일〃 磨鍊(마련)ᄒᆞ니 뒤 논은 뉘 심으며

도롱이, 졉사리[18]며, 삿갓은 몇 벌인고
모찌기는 자네 하소, 논 삶기는 내가 함세.
들깻모 담뱃모는, 머슴아이 맡아 내고
가짓모 고춧모는, 아기 딸이 하려니와
맨드라미 봉선화는, 네 사천[19] 너무 마라.
아기 어멈 방아 찧어, 들바라지 점심 하소.
보리밥 파 찬국에, 고추장 상추쌈을
식구를 헤아리되, 넉넉히 능을 두소[20].

---

18) 졉사리 : 짚이나 띠로 엮은 우장. 주로 어깨에 두름. 우장과 삿갓은 상비용 농촌의 우비로 삿갓은 머리에 씀.
19) 사천 : 개인 미천 돈. 여기서는 사치스런 돈.
20) 능을 두다 : 여유 있게 하다.

앏밧츤 뉘가 갈고 되롱이 졉ᄉᆞ리며 簑
笠사립은 몃벌인고 모ᄡᅵ기는 자내ᄒᆞ소 논
삼기는 내가 ᄒᆞᆷ세 들새모 담ᄇᆡ모는 머흠
아ᄒᆡ 맛타내고 茄子가ᄌᆞ모 苦椒고쵸모는 아
기ᄯᆞᆯ이 ᄒᆞ려니와 민도람 鳳仙花봉션화는
네사쳔 너모마라 아기어멈 방ᄋᆞᄡᅵ어 들
바라지 點心졈심ᄒᆞ소 보리밥 파ᄎᆞᆫ국의 苦
椒醬고쵸쟝 샹치ᄡᅡᆷ은 食口식구를 헤아려서

샐 때[21]에 문에 나니, 개울에 물 넘는다.

며나리[22] 화답하니, 격양가(擊壤歌)[23] 아니런가.

유월(六月) 장

유월은 계하(季夏)이니, 소서(小暑), 대서(大暑) 절기라네.

큰 비도 때로 오고, 더위도 극심하다.

초목이 무성하니, 파리 · 모기 모여들고

평지에 물이 괴니, 악머구리[1] 소리 난다.

봄보리 · 밀 · 귀리를, 차례로 베어 내고

21) 샐 때 : 날 샐 녘. 첫 새벽.

22) 며나리 : 농가의 일종. 농가의 풍악. 일명 '메나리(山歌)'.

23) 격양가(擊壤歌) : 원래는 농부가 막대로 땅을 두드리며 즐거워했던 노래인데, 풍년가로 와전됨.

※『시경』 7월시에서는 5월에 '매미 울고(鳴蜩), 여치 운다(斯螽同股)' 라 했으니, 위도(緯度)가 다르므로 한 달 차이가 난다.

1) 악머구리 : 시끄럽게 울어대는 개구리. 『시경』 7월시에서는 "6월에 베짱이 운다(莎雞振羽)"라 했다.

넉〻히 능을두소 샐ᄯᅢ예팩문의나니 개
올의물넘는다 며느리和答(답화)ᄒᆞ니 擊壤
歌(가격양) 아니런가
六月(월륙)이라 季夏(하계)되니 小暑(서쇼) 大暑(서대)節
氣(긔절)로다 大雨(우대)도 時行(힝시)ᄒᆞ고 더위도
極深(심극)ᄒᆞ다 草木(목초)이 茂盛(셩무)ᄒᆞ니 프리
모긔모혀들고 平地(디평)예물이괴니 악머
구리소리로다 봄보리밀구우리 次例(례ᄎᆞ)

늦은 콩 · 조 · 기장을, 베기 전 대우 들여[2)]
지력을 쉬지 말고, 극진히 다스리소.
젊은이 하는 일이, 김매기뿐이로다.
논밭을 갈마 들여[3)], 3,4차 돌려맬 제
그 중에 면화 밭은, 인공이 더 드는 법
틈틈이 나물 밭도, 북돋아 매 가꾸소.
집터, 울 밑 돌아가며, 잡풀을 없게 하오
날 새면 호미 들고, 긴긴 해 쉴 새 없이

---

2) 대우 들이나 : 곡식 이랑에 드믄드믄 콩이나 밭을 곁들여 심는 일. 간식(間植).
3) 갈마 들다 : 이것저것 번갈아 들면서 일하다.

로븨여내고 느즌콩조기장을 븨기前전
代于우뎌드려 地力력디을쉬디말고 極盡진극
이다ᄉᆞ리소 졂우니ᄒᆞᄂᆞᆫ일이 기음미기
샛분이로다 논밧츨ᄀᆞᆯ마드려 三四次ᄎᆞ삼ᄉᆞ,
돌녀밀제 그中듕의綿花화면 밧츤 人力력인
이더드ᄂᆞ니 틈틈이 ᄂᆞ물밧도 븟도ᄃᆞ와
미갓구소 집터를밋도라가며 雜잡 풀을
업게ᄒᆞ소。 날새면호믜들고 긴긴히쉴새

땀 흘려 흙이 젖고, 숨 막혀 기진할 듯
때마침 점심밥이, 반갑고 신기하다.
정자나무 그늘 밑에, 앉는 자리 정한 뒤에
점심그릇 열어 놓고, 보리단술 먼저 먹세.
반찬이야 있고 없고, 주린 창자 메운 후에
청풍에 마시고 배부르니, 잠시 동안 낙이로세.
농부야 근심마라, 수고하는 값이 있네.
오조이삭 청태콩[4]이, 어느 사이 익었구나.

---

4) 청태콩 : 콩의 한 가지. 즉 '푸르대콩', 푸른빛이 어리는 콩.

업시 ᄯᆞᆷ흘너흙이젓고 숨막혀氣盡긔진ᄒᆞᆯ
듯 ᄯᅢ마ᄎᆞᆷ點心뎜심밥이 반갑고神奇신긔ᄒᆞᆫ
다 뎡ᄌᆞ나모그늘밋희 坐次좌ᄎᆞ를定뎡ᄒᆞᆫ
後후의 點心뎜심그릇여러노코 보리ᄃᆞᆫ술
몬져먹세 飯饌반찬이야잇고업고 주린샹
ᄌᆞ메인後후의 淸風쳥풍의醉飽취포ᄒᆞ니 暫
時間잠시간 樂락이로다 農夫농부야근심마라
受苦슈고ᄒᆞᆫ ᄂᆞᆫ갑시잇ᄂᆡ 오조이삭쳥대콩

이로 보아 짐작하면, 양식 걱정 오랠쏘냐.
해진 뒤 돌아올 제, 노래 끝에 웃음이라
자욱한 저녁 연기, 산촌에 잠겨있고
월색은 몽롱하여, 밭길에 비추었네.
늙은이 하는 일도, 바이야 없다 하랴
이슬아침 외따기와, 뙤약볕에 보리 널기
그늘 곁에 누역 치기[5], 창문 앞에 노 꼬기라.
하다가 고달프면, 목침 베고 허리 쉬움

5) 누역 치기 : 누역 엮는 일. 누역은 삿갓 밑에 어깨에 두르는 우장.

어느ᄉᆞ 이닉엇도다 일노보와 斟酌(짐쟉)ᄒᆞ
면 糧食(식량) 거졍 오랠소냐 ᄒᆡ던 後(후) 도라
올제 노래긋희 우숨이라 謳謳(의의)ᄒᆞᆫ 져녁
니ᄂᆞᆫ 山村(산촌)의 즘겨잇고 朦朦(몽몽)ᄒᆞᆫ 밤들
빗ᄎᆞᆫ 빗길의 비최엿다 늙으니 ᄒᆞᄂᆞᆫ 일도
바히야 업다ᄒᆞ랴 이슬아젹의 ᄯᆞ기와
되약볏희 보리널기 ᄀᆞᄂᆞᆯ겻희 누역치기
窓門(창문) 앏희 노ᄭᅩ기라 ᄒᆞ다가 고ᄃᆞᆲᄒᆞ면

북창풍(北窓風)에 잠이 드니, 희황씨(羲皇氏) 적[6] 백성이라.

잠 깨어 바라보니, 급한 비 지나가고

먼 나무에 쓰르라미, 석양을 재촉한다.

노파의 하는 일은, 여러 가지 못 하여도

묵은 솜 틀고 앉아, 알뜰히 피워내니[7]

장마 속의 소일이요, 낮잠 자기 잊었구나.

삼복(三伏)은 속절(俗節)[8]이요, 유두(流頭)는 가일(佳日)[9]이라.

---

6) 희황씨(羲皇氏) 적 : 희황은 중국 고대 전설적 임금. 태평세월의 상징.

7) 피워내다 : 솜을 얇게 펴는 일. 월동 준비용.

8) 속절(俗節) : 세속의 명절. 즉 초복, 중복, 말복에 사당이나 선영에 차례 지내는 명절.

9) 가일(佳日) : 또는 가절(佳節). 좋은 날. 곧 반가운 명일.

木枕(목침) 베고 허리 쉬움 北窓風(북창풍)의 잠을 드니 羲皇氏(희황씨) 적 百姓(백셩)이라 잠ㅅ개야 ᄇᆞ라보나 急(급)ᄒᆞᆫ 비 디나가고 먼 나모의 ᄡᆞ르럭이 夕陽(석양)을 催促(최촉)ᄒᆞᆫ다 老婆(로파)의 ᄒᆞᄂᆞᆫ 일은 여러 가지 못ᄒᆞ여도 묵은 솜 들고 안자 알ᄯᅳᆯ이 픠여(워)내니 댱마 속의 消日(소일)이오 낫잠 자기 니젓도다 三伏(삼복)은 俗節(속절)이오 流頭(류두)ᄂᆞᆫ 佳日(가일)이라 園

원두밭에 참외 따고, 밀 갈아 국수하여
가묘(家廟)[10]에 천신(薦新)[11]하고, 한 때 음식 즐겨보세.
부녀는 헤프게 하지 마라
밀기울 한데 모아 누룩을 디디어라[12]
유두국(流頭麴)[13]을 혀느니라[14].
호박 나물, 가지 김치, 풋고추 양념하고
옥수수 새 맛으로, 일 없는 이 먹어보소.
장독을 살펴보아, 제 맛을 잃게 마오.
맑은 장 따로 모아, 익는 족족 떠내어라.

---

10) 가묘(家廟) : 개인 가정의 사당.
11) 천신(薦新) : 햇곡식을 사당에 바치고 제사지내는 일. 추수감사의 의례.
12) 누룩을 디디다 : 찐 밀을 밟아 이겨서 누룩을 빚어 만드는 일.
13) 유두국(流頭麴) : 유두 누룩, 유두날에 빚는 누룩.
14) 혀느니라 : 쳐준다는 뜻. 혀는 셈한다. → 일러준다.

頭두원 밧희츰외ᄯᆞ고 밀ᄀᆞ라국슈ᄒᆞ야 家
廟묘가의薦新신쳔ᄒᆞ고 ᄒᆞᆫ대飮食식음즐겨보세
婦女녀부ᄂᆞᆫ헙히마라 밀기울ᄒᆞᆫ듸모와
누룩을드듸여라 流頭麴국류두을혜ᄂᆞ니라
호박나물가지김치 픗苦椒쵸고양념ᄒᆞ고
玉옥슈〻새마스로 일업ᄂᆞ니먹어보소
醬장독을ᄉᆞᆲ혀보와 제마슬일ᄅᆞᆫ티마소
ᄆᆞᆰ은醬장ᄯᆞ로모화 ᄂᆞᆨ은죡〻ᄣᅥ내야라

비 오면 덮기 신칙(申飭)[15], 독전을 깨끗히 하소.

남북 촌이 합력하여, 삼구덩이 하여보세.

삼대를 베어 묶어, 익게 쪄 벗기어라.

고운 삼 길쌈하고, 굵은 삼 바[16] 드리소.

농가에 요긴하기, 곡식과 같이 치네.

산전(山田) 메밀 먼저 갈고, 포전(浦田)은 나중 가소[17].

칠월(七月) 장

칠월은 맹추(孟秋)이니, 입추(立秋), 처서(處暑) 절기라네.

화성(火星)[1]은 서류(西流)하고, 미성(尾星)[2]은 중천에 떠

---

15) 신칙(申飭) : 타일러 경계하는 일.

16) 바 : 밧줄. 농촌에서 짐 묶는 밧줄.

17) 포전(浦田)은 나중 : 물기 있는 밭은 늦게 심어도 된다.

1) 화성(火星) : 혹성(惑星)의 하나로 지구에서 가장 가까운 별. 가을에 서쪽으로 기운다. 『시경』의 7월시에서는 "7월에 화싱이 서쪽으로 간다(七月流火)"고 했다.

2) 미성(尾星) : 살 별. 28숙의 하나. 일명 미숙(尾宿).

비오면덥기申飭(신칙) 독젼을淨(졍)이ᄒᆞ소

南北村(남북촌)合力(합력)ᄒᆞ야 삼구덩이ᄒᆞ야보

시 삼ᄯᅢ를븨여묵거 닉게ᄧᅧ벗기리라

고온삼길삼ᄒᆞ고 굵은삼바드리세 農家(농가)

의要緊(요긴)키가 穀食(곡식)과굿치니 山

田(산뎐)모밀몬져갈고 浦田(포뎐)은나죵갈소

七月(칠월)이라孟秋(뮝츄)되니 立秋(립츄)處暑(처셔)節

氣(졀긔)로다 火星(화셩)은西流(셔류)ᄒᆞ고 尾星(미셩)

늦더위 있다 한들, 계절 순서 속일쏘냐.
비 밑[3]도 가벼웁고, 바람 끝도 다르구나.
가지 위의 저 매아미, 무엇으로 배를 불려
공중에 맑은 소리, 다투어 자랑는가
칠석(七夕)에 견우(牽牛) · 직녀(織女), 이별 눈물비가
되어
섞인 비[4] 새로 개고, 오동잎 떨어질 때
눈썹 같은 초승달은, 서천에 걸렸구나.
슬프다 농부들아, 우리 일 거의라네.

---

3) 비 밑 : 비 끝. 비 온 뒤끝. 초 가을비 끝은 바로 개어서 산뜻하다.
4) 섞인 비 : 견우 · 직녀가 이별 눈물 섞인 비. 칠석(七夕)날 밤엔 으레히 살짝 비가 내린다 함.

이中天(듕텬)이라 늣더위잇다ᄒᆞᆫ들 節序(졀셔)
야속일소냐 비밋도가ᄇᆡ얍고 ᄇᆞ름ᄭᅳᆺ도
다루도다 가지우희뎌미얌이 무어스로
ᄇᆡ를불녀 空中(공듕)의묽은소리 ᄃᆞ토아쟈
랑ᄂᆞᆫ고 七夕(칠셕)은牽牛(견우)織女(직녀) 離別淚(리별루)
비가되야 셕근비새로개고 梧桐(오동)
닙버러딜제 蛾眉(아미)ᄀᆞᆺᄒᆞᆫ初生(초싱)ᄃᆞᆯ은 西
天(셔텬)의셔디거다 슯ᄒᆞ다農夫(농부)들아 우

얼마나 남았으며, 어떻게 되었던가.[5]
마음을 놓지 마소, 아직도 멀고 멀다.
골 거두어[6] 김매기, 벼 포기에 피 고르기[7]
낫 벼려 두렁 깎기[8], 선산에 벌초하기
거름 풀 많이 베어, 더미 지어[9] 모아 놓고
자채 논[10]에 새 보기와, 오조 밭에 정의아비[11]
밭 가엔 길도 닦고, 복사(覆沙) 모래[12] 쳐올리소.
살지고 연한 밭[13]에, 거름하고 익게 갈아[14]

---

5) 어떻게 되었던가 : 초가을에 농사 현황과 앞일을 헤아려 보는 농가의 중간 정리.
6) 골 거두어 : 이삭 패인 밭두렁을 흙 걷어올리기. 끝벌 김매기.
7) 피 고르기 : 이삭 패인 논에 기생한 잡초인 피뽑기.
8) 두렁 깎기 : 논두렁에 무성한 잡초 깎기. 베어서 소도 먹이고 퇴비로도 씀.
9) 더미 지어 : 퇴비 더미를 만드는 일. 농가의 풀, 퇴비는 농사일의 기본이다.
10) 자채 논 : 상등 논. 『월여농가』에서는 "水田曰 논. 乾播曰 보배논. 上等曰 자취"라고 했다. 그러나 여기서는 일찍 익은 벼의 논을 뜻했다.
11) 정의아비 : 허수아비.
12) 복사(覆沙) 모래 : 여름 장마에 흘러와서 논에 쌓인 모래.
13) 살지고 연한 밭 : 기름지고 부드러운 밭. 비옥한 밭.
14) 익게 갈다 : 깊게 흙 많이 돋우어 갈다.

리일거의로다 언마나남아시며 엇더케
되다ᄒᆞ노 ᄆᆞ음을노티말소 아직도멀고
머다 골거두어기음ᄆᆡ기 벼피귀의피고
로기 낫벼러드렁ᄊᆞᆨ기 先山산션의伐草초벌
ᄒᆞ기 거름풀만히븨여 덤이지어모하노
코 自蔡채ᄌᆞ논의새보기와 오조밧희정의
아비 밧ᄀᆞ의길도닥고 覆沙새복도처올니
소 ᄉᆞᆯ지고연ᄒᆞᆫ밧희 거름ᄒᆞ고닉게가라

김장할 무우 · 배추, 남 먼저 심어 놓고

가시 울[15] 진작 막아, 서실(闕失)[16]함이 없게 하소.

부녀들도 헴[17]이 있어, 앞일을 생각하소.

베짱이 우는 소리[18], 자네를 위함이라

저 소리 깨쳐 듣고, 놀라 쳐 다스리소.[19]

장마를 겪었으니, 집안을 돌아 보아

곡식도 거풍하고, 의복도 포쇄(曝曬)[20]하소.

명주오리 이어 뭉쳐, 생량 전(生凉 前)[21] 짜아 내고

---

15) 가시 울 : 가시나무로 텃밭에 두른 울타리. 즉 개바자.

16) 서실(闕失) : 흐지부지 잃어버리다. 허실.

17) 헴 : 셈. 궁량. 판단력.

18) 베짱이 우는 소리 : 여름에 노래만 부르다가 겨울에 개미에게 구걸하는 베짱이 우화.

19) 놀라 쳐 다스리다 : 놀라 깨어 다스리다. 경종 삼다.

20) 포쇄(曝曬) : 장미에 습기 든 책이나 의복 등을 햇볕에 말리는 일.

21) 생량 전(生凉 前) : 찬 기운이 들기 전.

김쟝ᄒᆞᆯ무우ᄇᆡᄎᆞ 놈몬져심어노코 가
싀울진작막아 閪失서실ᄒᆞᆷ도업게ᄒᆞ소 婦
女부녀들도혬이업다 앏일을ᄉᆡᆼ각ᄒᆞ소 뵈
ᄧᅡᆼ이우ᄂᆞᆫ소ᄅᆡ 자내를爲위ᄒᆞ미라 뎌소
ᄅᆡ새쳐듯고 놀내쳐다ᄉᆞ리소 댱마를격
거시니 집안을돌나보와 穀食곡식도擧風거풍
ᄒᆞ고 衣服의복도曝灑포쇄ᄒᆞ소 명지오리
어셔뭉쳐 生凉前생량전의ᄇᆞᆺ아내소 늙으

늙으신 네 기쇠하니, 환절 때를 조심하여
찬 기운이 가까우니, 의복을 유의하소.
빨래하여 바래이고, 풀 먹여 다듬을 때
달 밑에 방치소리[22], 소리마다 바쁜 마음
실가(室家)[23]의 골몰함이, 한편으론 재미라네.
채소 과일 흔할 적에, 저장을 생각하여
박 호박 고지 켜고, 외 가지 짜게 절여[24]
겨울에 먹어보소, 귀물이 아니 되랴.

---

22) 방치소리 : 다듬이 소리.
23) 실가(室家) : 주부. 집안 사람.
24) 짜게 절여 : 소금에 짜게 절이다. 장아찌.

신내氣衰쇠긔ᄒᆞᆫ매 換節졀환ᄯᅢ를조심ᄒᆞ소
秋凉량츄이갓가오니 衣服복의을有意의유ᄒᆞ소
ᄲᆞᆯ내ᄒᆞ야ᄇᆞ라오고 풀먹여다듬을제
月下하월의방츄소리 소리마다ᄇᆞᆺ분ᄆᆞ음
室家가실의汨沒몰골ᄒᆞ미 一邊변일은滋味미ᄌᆞ로
다 蔬菜최소果實실과흔ᄒᆞᆯ적의 儲蓄츅져ᄒᆞ믈
싱각ᄒᆞ야 박호박고지켜고 외가지ᄇᆞᆺ게
저려 겨울의먹어보소 貴物물귀이아니될

면화 밭 자주 살펴, 올 다래[25] 피었는가.
가꾸기도 하려니와, 거두기도 달렸다네.

팔월(八月) 장

팔월은 중추(仲秋)이니, 백로(白露), 추분(秋分) 절기라네.

북두칠성 자루 돌아[1], 서쪽 하늘 가리키니
선선한 조석 기운, 가을 기분 완연하다.
귀뚜라미 맑은 소리, 벽 사이[2]서 들리누나.
아침엔 안개 끼고, 밤이면 이슬 내려
백곡을 영글이고, 만물을 재촉하니

---

25) 올 다래 : 목화 꽃봉오리. 다래는 목화 꽃 피기 전에 달리는 열매.

1) 자루 돌다 : 북두칠성이 국자 모양으로 생겼고, 그 자루 부분이 봄에는 동쪽, 여름엔 남쪽, 가을에 서쪽, 겨울엔 북쪽으로 한바퀴 돈다.
2) 귀뚜라미…벽 사이 : 『시경』 7월시에서는 "귀뚜라미((蟋蟀)는 7월 재야(在野)요, 8월 재우(在宇), 9월 재호(在戶), 10월 상하(牀下)"라고 했다.

까 綿花(면화)밧ᄎᆞ로 ᄉᆞᆲ허 올다래 픠엿ᄂᆞᆫ가
각구기도ᄒᆞ려니와 거두기의 들녓ᄂᆞ니
八月(팔월)이라 仲秋(중추)되니 白露(백로) 秋分(추분) 節
氣(절긔)로다 北斗星(북두셩) ᄌᆞ로도라 西天(셔텬)
을ᄀᆞᄅᆞ치니 선〻ᄒᆞᆫ 朝夕(됴셕) 氣運(긔운) 秋意
(츄의)가 宛然(완연)ᄒᆞ다 귀ᄯᅩ람이 묽은소리 壁
間(벽간)의 들니거다 아ᄎᆞᆷ의 안개세고 밤이
면 이슬ᄂᆞ려 百穀(백곡)을 成實(셩실)ᄒᆞ고 萬物

들 구경 돌아볼 때, 힘든 일 공이 난다.
백곡은 이삭 패고, 여물 들어[3] 고개 숙여
서풍에 익은 곡식, 황운 빛[4]이 일어난다.
백설 같은 명화 송이, 산호 같은 고추 다래[5]
처마에 널었으니, 가을볕에 명랑하다.
안팎 마당 닦아 놓고, 발채[6] 망구[7] 장마하세.
면화 따는 다래끼에, 수수이삭, 콩가지요.
나무꾼 돌아올 때, 머루 · 다래 · 산과일이네.

---

3) 여물 들다 : 곡식이나 과일이 처음 맺혀 생기는 열매 형태가 되어가는 것.
4) 황운 빛 : 누런 구름 빛. 가을 들판의 누런빛.
5) 고추 다래 : 고추를 짚으로 엮어 매단 엮음줄.
6) 발채 : 씨리로 엮어 지게 위에 놓고 물건을 운반하는 삼태기.
7) 망구 : 망태기로서 가르마 양쪽에 달린 것. 표준말은 '온구'. 물건 운반용.

(만물)을催促(지촉)ᄒᆞ니 들구경돌나보니 힘드
린일功成(공셩)ᄒᆞ다 百穀(ᄇᆡᆨ곡)이〻삭픠고 여
믈드러고개숙여 西風(셔풍)의닉은빗ᄎᆞᆫ 黃
雲(황운)이니러난다 白雪(ᄇᆡᆨ셜)ᄀᆞᆺᄒᆞᆫ綿花(면화)송이
珊瑚(산호)ᄀᆞᆺᄒᆞᆫ苦椒(고쵸)다래 落下(락하)의너러
시니 ᄀᆞ을볏明朗(명랑)ᄒᆞ다 안팟마당닥가
노코 발채망구쟝만ᄒᆞ고 綿花(면화)ᄯᆞ는다
락기예 슈〻 이삭콩가지우 나모軍(군)도

뒷동산 밤 · 대추는, 아희들 세상이라.
알암 모아 말리어서, 철 대어 쓰게 하소.
명주를 끊어 내어, 가을볕에 마전[8]하고
쪽[9] 들이고 잇[10]들이니, 청홍이 색색이네.
부모님 연만하니, 수의(壽衣)를 유의하고
그나마 마르재어[11], 자녀의 혼수하세.
집 위의 굳은 박은, 요긴한 그릇되고

8) 마전 : 필육 등을 빨아 볕에 바램.
9) 쪽 : 쪽빛. 남색. 명주에 남색 물들여 치마나 저고릿감으로 쓴다.
10) 잇 : 잇 풀로 뽑은 붉은 물감. 붉은빛.
11) 마르재다 : 자로 재어 옷을 마름. '디자인'.

라오니 머루ᄃᆞ래 山果산과ㅣ로다 뒷동산
밤大棗대쵸ᄂᆞᆫ 아ᄒᆡ들世上세샹이라 알밤모
화물니워라 쳘ᄃᆞ여ᄡᅳ게ᄒᆞ소 명지틀셜
어내야 秋陽츄양의磨甎마뎐ᄒᆞ소 ᄲᅩᆨ드리고
닛드리니 靑紅청홍이色ᄉᆡᆨ이라 父母부모
님年滿만년ᄒᆞ니 壽衣슈의를留意류의ᄒᆞ소 그
남아모ᄅᆞ지야 子女ᄌᆞ녀의婚需혼슈ᄒᆞ시 집
우희굿ᄂᆞᆫ박은 要緊요긴ᄒᆞᆫ器皿긔명이라 대접

댑싸리[12] 비를 매여, 마당질[13]에 쓰오리라.
참깨 · 들깨 거둔 후에, 중오려[14] 타작하고
담배 줄, 녹두 말을, 아쉬어 돈 만드랴
장 구경도 하려니와, 흥정할 것 잊지마소.
북어쾌[15] · 젓조기로, 추석 명일 쇠어보세.
신도주[16] 올여 송편[17], 박나물 토란국을
선산에 제물하고, 이웃집과 나눠 먹세.
며느리 말미 받아[18], 본집에 근친 갈 때

---

12) 댑싸리 : 싸리의 일종. 마당가 등에 심어 길러서 비(마당 비, 집안 비) 감으로 쓰는 식물.
13) 마당질 : 마당에 곡식 이삭 등을 펴놓고 도리깨로 두드려 떠는 작업, 또는 타작마당.
14) 중오려 : 중간 올벼. 올벼와 늦벼의 중간 벼.
15) 북어쾌 : 북어 묶음. 북어는 20마리를 꼬챙이에 꿰어서 한 쾌라고 한다. 생태는 한 두름 분.
16) 신도주(新稻酒) : 햅쌀로 빚은 술.
17) 올여 송편 : 올벼 쌀로 빚은 송편.
18) 말미 받다 : 휴가 받다. 여가를 받다.

ᄉᆞ리뷔를미야 마당질의ᄡᅳ오리라 ᄎᆞᆷ새

들새거둔後(후)의 中(즁) 오려打作(작타)ᄒᆞ고

담비줄菉豆(두록)말은 아쇠야作錢(전작)ᄒᆞ랴

場(쟝)구경도ᄒᆞ려니와 興成(셩흥)ᄒᆞᆯ것닛ᄉᆞ디마

소 北魚(어북) 괘젓조긔를 秋夕(셕츄)名日(일명)쇠

야보시 新稻酒(쥬신도) 오려松餠(편숑) 박ᄂᆞ물

土蓮(련토)국을 先山(산션)의祭物(물졔)ᄒᆞ고 이웃

집ᄂᆞᆫ화먹세 며ᄂᆞ리말미바다 本(본)집의

개 잡아 삶아 건져[19], 떡 고리[20]와 술병일세.

초록 장옷 반물 치마[21], 단장하고 다시 보니

여름 지이 지친 얼굴, 소복(蘇復)[22]이 되었구나.

중추야 밝은 달에, 지기 펴고[23] 놀고 오소

금년 할 일 못다 하여, 명년 계획 하여두세.

밀재 베어[24] 더운 갈이[25], 보리는 추경[26]하세.

끝끝이 못 익어도, 급한 대로 걷고 갈소.

---

19) 개 잡아 삶아… : 여기 개 잡아 며느리 근친 보내는 풍속은, 한강 유역의 경기, 충북, 강원지방 일부 농가에서 행해지고 있었던 듯하나 이 『농가월령가』에 나오는 언어나 풍속이 함남 정평(定平), 영흥(永興)에서 1945년대까지 쓰고 있던 말과 농구, 농사 풍경과 일치하던 일을 덧붙여 둔다. 『월여농가』에서는 "떡 고리에 술병과 닭과 개 한마리씩"을 보낸다고 했는데 작자 소당은, 실제로 북쪽은 함남 정평, 동해안, 덕원, 강원도, 포천 등을 답사하고 시를 짓고 있다(嘯堂遺稿).

20) 떡 고리 : 떡을 넣은 고리짝.

21) 반물 치마 : 짙은 남빛 치마.

22) 소복(蘇復) : 되살아나다. 본래대로 회복되다.

23) 지기 펴다 : 지(志)와 기(氣)를 펴다. 마음껏 자유롭게 하다.

24) 밀재 베다 : 멸재. 풀 이름, 일명 즙채(蕺菜).

25) 더운 갈이 : 더울 때 하는 밭갈이. 이모작으로 밀 거두고 다시 갈아 무우, 배추를 심는 일.

26) 보리는 추경 : 보리는 가을에 심는다.

覲親(근친) 갈제 개잡아숣아건져 썩고리와
술甁(병)이라 草綠(초록)장옷반물치마 粧束(장쇽)
호고다시보니 녀름디낸지친얼골 蘇
復(소복)이되엿나냐 中秋夜(즁츄야) 붉은돌의
志氣(지긔)펴고놀고오소 今年(금년)호일못다호
야 明年(명년)計較(계교)호오리라 밀지븨여더
운가리 牟麥(모믹)을秋耕(츄경)호시 끗ː히못
닉어도 急(급)호대로것고갈소 人功(인공)만

인공[27]만 그러할까, 천시(天時)[28]도 이러하니
반 시간도 쉴 새 없이, 마치며 시작하는 법[29]

구월(九月) 장

구월은 계추(季秋)이니, 한로(寒露), 상강(霜降)의 절기라네.

제비는 돌아가고, 떼 기러기 언제 왔나
창공에서 우는 소리, 찬 이슬을 재촉한다.
온 산의 단풍잎은 연지처럼[1] 물들이고
울 밑의 황국화는, 가을빛을 자랑한다.
구월 구일 가절이니, 화전(花煎)[2]하여 천신(薦新)하세.

---

27) 인공(人功) : 사람의 공력. 농부의 애쓴 성과.
28) 천시(天時) : 하늘의 도움을 받을 수 있는 시기.
29) 마치며 시작한다 : 마치고 끝남이 아니고 다시 새 시작이 된다는 뜻. '졸업은 곧 새 출발' 과 같은 말.

1) 연지처럼 : 단풍잎이 빨간 연지 같다. 『예기』 월령에서는 "초목황락(草木黃落)" 등 6후를 들어 중추임을 표현했다.
2) 화전(花煎) : 꽃을 넣어 만든 지짐. 봄에는 봄꽃(진달래)으로, 가을엔 국화로 전 만들어 조산께 천신하고 놀았다.

그러ᄒᆞᆯ까 天時(텬시)도 이러ᄒᆞ니 半刻(반각)도
쉴새업시 ᄆᆞᄎᆞ며 始作(시작)ᄂᆞ니
九月(구월)이라 季秋(계추)되니 寒露(한로) 霜降(상강) 節
氣(절긔)로다 저비ᄂᆞᆫ 도라가고 ᄯᅦ기럭이 언
제왓노 碧空(벽공)의 우ᄂᆞᆫ 소ᄅᆡ 찬이슬 催促
(최촉)ᄒᆞᆫ다 滿山(만산) 楓葉(풍엽)은 臙脂(연지)를 물드
리고 울밋희 黃菊花(황국화)ᄂᆞᆫ 秋光(추광)을 쟈
랑ᄒᆞᆫ다 九月九日(구월구일) 佳節(가절)이라 花煎

절기 순서 따라가며, 추원보본(追遠報本)[3] 잊지 마소.
물색(物色)[4]은 좋다마는, 추수가 시급하다.
들 마당 집 마당[5]에, 개상[6]에 탯돌[7] 놓고
무논 벼는 베어 깔고, 건답 벼는 베 두드리어[8]
오늘은 정금 벼요[9], 내일은 사발 벼[10]와,
밀 다리 대초 벼[11]와, 등트기 경상 벼[12]네.
들에는 조 · 피더미, 집 근처엔 콩 · 팥가리[13]
벼 타작 마친 후에, 틈나면 두드리세.

---

3) 추원보본(追遠報本) : 조상들의 은혜에 보답하는 제사 등을 말함.
4) 물색(物色) : 경치. 물은 산수, 색은 풍광.
5) 들 마당 집 마당 : 들판(논)에서 타작하면 들 마당, 집 마당에서 타작하면 집 마당이라 했다.
6) 개상 : 나무로 엮은 타작기. 탈곡기가 없던 시절, 나무틀이나 큰 바윗 돌에 메어쳐서 곡식알을 털었다.
7) 탯돌 : 알곡 털 때 태쳐서 타작하는 큰 돌.
8) 건답은… 두드리다 : 무논 벼는 베어 말리고, 마른 건답 벼는 베어 바로 두드려 타작함.
9)~12) 모두 벼의 품종. 지금은 없어진 품종.
13) 콩 · 팥가리 : 콩 · 팥을 쌓은 노적가리. 벼나 콩 · 팥 등을 마당에 쌓은 무더기를 '낟가리' 라고 했다.

화젼 ᄒᆞ야 薦新 쳔신 ᄒᆞ올시 節序 졀셔를 ᄯᆞ라가며
追遠 츄원 報恩 보은 닛디 말소 物色 물식 은 됴커니
와 秋收 츄슈 가 時急 시급 ᄒᆞ다 들마당 집마당
의 개샹과 티도리라 무논은 븨여 셜고
乾畓 건답 은 븨두ᄃᆞ려 오ᄂᆞᆯ은 精金 정금 벼오
ᄂᆡ일은 샤발벼라 밀다리 大棗 대쵸 벼와 등
트기 慶尙 경샹 벼라 ᄃᆞᆫ의 ᄂᆞᆫ조피 덤이 집近
處 근쳐 콩 픗가래 벼 打作 타작 ᄆᆞᄎᆞᆫ 後 후 의 틈

비단 차조[14] 이부꾸리[15], 메눈이 콩[16] · 황부대[17]를
이삭으로 먼저 잘라, 후씨[18]로 따로 두소.
젊은이는 태질[19]하고, 계집 사람 낫질하며
아이는 소 몰리고, 늙은이는 섬 우기기[20]
이웃집 운력(運力)[21]하여, 제일 하듯 하는 것이
뒷목 추기[22] 짚 널기와, 마당 끝에 키질하기
한편으로 면화 트니, 씨아[23] 소리 요란하다.
틀 차려 기름 짜기, 이웃끼리 합력하소.

---

14) 비단 차조 : 비단같이 아름다운 차진 조.
15) 이부꾸리 : 동부 콩의 한 가지.
16)~17) 메눈이 콩 · 황부대 : 콩의 품종 이름들.
18) 후씨 : 뒷날 쓸 씨앗. 내년의 종자 씨앗.
19) 태질 : 곡식을 태 쳐서 털다. 태치다는 메어치다.
20) 섬 우기기 : 나락을 섬에 넣어 채우며 우겨넣기.
21) 운력(運力) : 힘을 옮겨 도움. 일본(一本)에는 '울력' 즉 여럿이 힘을 합침이라는 뜻.
22) 뒷목 추기 : 다작하고 난 뒷 거두매.
23) 씨아 : 목화에서 솜실을 감아내는 틀. 『시경』 7월시에서는 "9월에 겹옷준비(九月授衣)"라 했다.

나거든 두ᄃᆞ리소 비단츌니 북구리 믜눈
이 콩黃(황) 부ᄃᆡ를 이삭으로 ᄲᅩᆸ져 ᄌᆞᆯ나 後
후ᄉ ᄡᅵ를 ᄯᆞ로두고 졂으니ᄂᆞᆫ ᄐᆡ질이오
겨집사ᄅᆞᆷ 낫질이라 아ᄒᆡᄂᆞᆫ 쇼몰니고 늙
으니ᄂᆞᆫ 셤우기〻 이웃집運力(운력)ᄒᆞ야 제
일ᄒᆞᆫ듯ᄒᆞᄂᆞᆫ거시 뒤목치기 집널기와 마
당ᄭᅳᆺ 회기질이라 一邊(일변)으로 綿花(면화)트니
ᄡᅵ아소ᄅᆡ 擾亂(요란)ᄒᆞ다 틀ᄎᆞ려 기름ᄧᆞᆺ기

등유[24]도 하려니와, 음식도 맛이 나네.

밤에는 방아 찧어, 밥쌀을 장만할 때

찬 서리 긴긴 밤에, 우는 아기 돌아보랴.

타작 점심 하오리라, 황계(黃鷄) · 백주(白酒)[25] 부족 할까.

새우젓 계란찌개, 상찬으로 차려 놓고

배춧국, 무나물에, 고춧잎 장아찌요.

큰 가마에 앉힌 밥이, 태반이나 부족하네.

---

24) 등유(燈油) : 곡식 기름으로 등불 기름도 짜서 썼다.
25) 백주(白酒) : 흰 술, 즉 막걸리.

이웃셰리合力합력ᄒᆞ시 燈油등유도ᄒᆞ려니
와 飮食음식도마시나니 밤의는방으ᄡᅵ어
밥ᄡᆞᆯ을장만ᄒᆞᆯ제 ᄎᆞᆫ서리긴 밤의 우
는아가도라볼까 打作點心타작뎜심ᄒᆞ오리다
黃鷄황계白酒ᄇᆡᆨ쥬不足부죡ᄒᆞ다 새오젓鷄卵
계란ᄡᅵ기 上饌샹찬으로ᄎᆞ려노코 ᄇᆡᄎᆞ국무
우ᄂᆞ물 苦椒고쵸닙醬쟝으ᄡᅵ라 큰가마의
안친밥이 大半대반이나不足부죡ᄒᆞ다 한ᄀᆞ

한가을 흔할 적에, 길손도 청해 먹소.
한 동네 이웃하여, 한 들에서 농사하니
수고도 나눠 하고, 없는 것도 서로 도와
이때를 만났으니, 즐기기도 같이 하세.
아무리 다사하나, 농우를 보살피소.
핏대[26]로 살을 찌워, 제 공[27]을 갚아주세.

시월(十月) 장

시월은 맹동(孟冬)이니, 입동(立冬), 소설(小雪) 절기라네.
나뭇잎 떨어지고, 고니 소리 높이 난다[1].

---

26) 핏대 : 곡식 대궁. 소 여물감.
27) 제 공 : 소의 공력. 소는 농가의 큰 힘.

1) 고니 소리 높이 난다 : 『시경』 7월시에서는 "10월에 낙엽진다(隕蘀)"라 했고, 『예기』 월령에서는 육후(六候)의 한가지로 "9월에 고니새 온다(鴻雁來賓)"라고 했다. 『예기』가 한 달 빠르다.

을흔홀적의 過客(과긱)도 請(쳥)ᄒᆞᄂᆞ니 ᄒᆞᆫ洞
內(동ᄂᆡ) 이웃ᄒᆞ야 ᄒᆞᆫ들의 農事(농ᄉᆞ)ᄒᆞ니 受苦
(슈고)도 ᄂᆞᆫ화ᄒᆞ고 업ᄂᆞᆫ것도 서로도아 이ᄯᆡ
를 맛나시니 즐기〻도ᄀᆞᆺ히ᄒᆞ시 아모리
多事(다ᄉᆞ)ᄒᆞ나 農牛(농우)를 보ᄉᆞᆲ허라 피ᄯᆡ에
ᄉᆞᆯ을지워 제功(공)을 갑흘디라
十月(십월)은 孟冬(ᄆᆡᆼ동)이라 立冬(닙동) 小雪(쇼셜) 節
氣(졀긔)로다 나모닙버러디고 鵾伊(곤이) 소릐놉

듣거라 아희들아! 농공을 필했구나.

남은 일을 생각하여, 집안일 마저 하세.

무우 · 배추 캐어 들여, 김장을 하오리니

앞 내 물에 정히 씻어, 짠맛을 맞게 하오.

고추 · 마늘 · 생강 · 파에, 젓국지[2] 장아찌를

독 곁에 중두리[3]요, 바탕이 항아리[4]라

양지에 가가(假家)[5] 짓고, 짚에 싸 깊이 묻소.

박이무우[6] 알 암말[7]도, 얼지 않게 간수하오.

---

2) 젓국지 : 젓국 물로 담근 김치.

3) 중두리 : 독보다 작고, 항아리보다 큰 오지그릇.

4) 바탕이 항아리 : 중두리보다 콩이 크고 아가리가 좁은 오지그릇.

5) 가가(假家) : 임시로 지은 집. 가 건물. 헛간.

6) 박이무우 : 구덩이에 묻어 저장할 무우의 한 말 분량.

7) 알 암말 : 움 구덩이에 저장할 밤.

히난다 듯거라아ᄒᆡ들아 農功농공을畢필
ᄒᆞ도다 남은일ᄉᆡᆼ각ᄒᆞ쟈 집안일마자ᄒᆞ
ᄉᆡ 무우ᄇᆡᄎᆞᄏᆡ야드려 김장을ᄒᆞ오리라
앏내물의淨졍히ᄊᆡ서 塩淡염담을맛계ᄒᆞ
소 苦椒고쵸마늘生薑ᄉᆡᆼ강파의 젓국지醬쟝
ᄋᆞᄞᅵ를 독겻희듕두리오ᄋᆞ 바탕이항ᄋᆞ리
라 陽地양디예假家가ː짓고 집희ᄡᅡ깁히뭇
고 박이무우아람말도 얼다니게간슈ᄒᆞ

방고래 구두질[8]과, 바람벽 매질하기[9]
창호지[10]도 발라 놓고, 쥐구멍도 막아두오[11].
수숫대로 덧 울[12]하고, 외양간에 떼 적[13]치고
깍지 통[14] 묶어 세고, 겨울 땔감[15] 쌓아놓세.
우리 집 부녀들아, 겨울 옷은 지었는고
술 빚고 떡 하여라, 강신(講信)날[16] 가까웠네.
꿀 설기[17] 단자(團子)[18]하고, 메밀 앗아 국수 하소.
소 잡고, 돗 잡으니, 음식이 풍비하다.

---

8) 구두질 : 방구들 고래 속에 차 있는 재를 구두대로 긁어내는 일.
9) 바람벽 매질하다 : 촌가의 흙벽을 찰흙 반죽으로 겉 칠하는 일.
10) 창호지 : 창문에 바르는 한지. 한지를 창호지라고도 하며, 여기서는 문풍지를 말함.
11) 쥐구멍 막다: 쥐를 쫓다. 『시경』 7월시에서는 "10월 쥐구멍 막고 불로 쫓는다(穹窒熏鼠)"라 했다.
12) 덧 울 : 덧씌운 울타리. 이중 울타리.
13) 떼 적 : 떼 풀이나 짚으로 엮은 방풍용 거저기.
14) 깍지 통 : 콩깍지는 소 여물의 중요 사료이므로, 이를 수수깡이로 엮어 두른 통에 넣어 보관한다.
15) 겨울 땔감 : 겨울에 땔 나무. 원문에서는 '과동시(過冬柴)' 라 했음.
16) 강신(講信)날 : 마을 사람들이 모여서 성조신에게 제사지내고 동네 일을 의논하는 날.
17) 꿀 설기 : 떡에 꿀을 바른 음식.
18) 단자(團子) : 잘고 동그란 떡. 일본에서는 단고(タンゴ)라 했음. 신라 때 음식.

소 房방 고릐구루질과 ᄇᆞᄅᆞᆷ壁벽 ᄇᆡᆨ질ᄒᆞ
기 窓戶호창 도볼나노코 쥐구멍도막으리
라 슈ː ᄯᅢ로덧울ᄒᆞ고 喂養間간외 양 의ᄶᅥᆨ
격치고 각지동묵거세고 過冬柴싀과 동 ᄡᅡ
아노코 우리집婦女녀부 들아 겨을옷지엇
ᄂᆞ냐 술빗고ᄯᅧᆨᄒᆞ여라 講信신강 날갓가왓
ᄂᆡ ᄭᅮᆯ셕거團子ᄌᆞ단 ᄒᆞ고 모밀아셔국슈ᄒᆞ
고 쇼잡고돗잡으니 飮食식음 이豊備비풍 ᄒᆞ

들 마당에 차일 치고, 동네 모아 자리 포진(鋪陳)[19]
노소차례 틀릴세라[20], 남녀분별 각각[21] 하오
삼현(三絃) 한 패[22] 얻어 오소, 화랑이[23]와 줄모지[24] 요.
북 치고 피리 부니, 여민락(與民樂)[25]이 제법이네.
이풍헌[26] 김첨지[27]는, 잔말 끝에 취도 하고
최권농(崔勸農)[28] 강약정(姜約正)[29]은, 체괄이[30] 춤을 춘다.
술잔을 올릴 적에, 동장님 상좌[31]하여

---

19) 포진(鋪陳) : 자리 깔고 모여 앉아 잔치하다.
20) 노소차례 틀릴세라 : 오륜에 '장유유서(長幼有序)' 가 있으니, 지키라는 뜻.
21) 남녀분별 각각 : 오륜의 '남녀유별(男女有別)' 을 지키라는 말.
22) 삼현(三絃) 한 패 : 삼현은 거문고, 가야금, 비파인데, 여기서는 풍각쟁이 놀이패를 말함. 떠돌이 놀이패.
23) 화랑이 : 무당을 뜻함. 신라의 화랑은 조선조에 와서 무당 또는 놀이패 등으로 뜻이 변질되었다.
24) 줄모지 : 줄무지. 기생이나 놀이꾼의 행상(行喪)놀이. 상여를 메고 돌며 풍악을 울리는 놀이가 있었다.
25) 여민락(與民樂) : 아악(雅樂)의 한 가지로 '백성과 함께 즐긴다는 음악' . 나라의 잔치나 임금의 거동 때 악대가 연주했다.
26) 풍헌(風憲) : 지방의 벼슬. 즉 면이나 동리의 일을 보는 직책, 나중에는 일을 맡지 않아도 말마디나 하면 풍헌이라 했다.
27) 첨지(僉知) : 첨지는 '첨지중추부사(僉知中樞府事:정3품)' 의 준말. 그러나 후대에 와서 벼슬이 없어도 존칭으로 썼다.

다 들마당의 遮日(챠일) 티고 洞內(동내) 모화자
리 鋪陳(포진) 老少次例(로쇼ᄎᆞ례) 틀닐세라 男女
分別(남녀분별) 各各(각각) ᄒᆞ소 三絃(삼현) ᄒᆞᆫ 牌(ᄑᆡ) 어더
오니 花郞(화랑)이 즘모지라 북티고 觱篥(뢰리)
부니 與民樂(여민락) 이제법이라 李風憲(리풍
헌) 金僉知(김쳠지)는 ᄌᆞᆫ말ᄉᆞᆺ희 醉倒(취도)ᄒᆞ고
崔勸農(최권농) 姜約正(강약정)은 체궐이춤을춘
다 盞進支(잔진지)ᄒᆞ올적의 洞長(동댱)님 上座

28) 권농(勸農) : 지방에서 농사를 권장하던 벼슬. 한번 권농 벼슬 하면 죽을 때까지 불러주었다. 『시경』 7월시에서는 "전준(田畯)"이라 했다.

29) 약정(約正) : 지방자치제인 향약(鄕約)의 우두머리.

30) 체괄이 : '만석중' 의 옛 이름. 나무 탈을 씌우고 끈으로 춤추게 하는 놀이.

31) 동장님 상좌 : 동네잔치에서는 동장(洞長)이 윗자리에 앉다.

잔 받고 하는 말씀, 자세히 들어 보소

어와! 오늘 놀음, 이 놀음이 뉘 덕인고.

천은(天恩)도 그지 없고, 국은(國恩)도 망극하다.

다행히 풍년 만나 기한(飢寒)을 면하였네.

향약(鄕約)[32]은 못하여도, 동헌(洞憲)[33]이야 없을쏘냐.

효제충신(孝悌忠信)[34] 대강 알아, 도리를 잃지 마소.

사람의 자식 되어, 부모 은혜 모를쏘냐.

32) 향약(鄕約) : 옛 지방자치단체의 규약.

33) 동헌(洞憲) : 마을의 규약. 조선시대 향약은 크고, 모범적 고을에만 있었고 어지간한 동네에는 자치직인 규약이 있었다.

34) 효제충신(孝悌忠信) : 어버이에게 효도하고, 형제간 우애 있고, 임금께 충성하고, 벗 사이에 믿음 있는 윤리규범.

(상좌)ᄒᆞ야 盞(잔) 밧고ᄒᆞᄂᆞᆫ말이 仔細(ᄌᆞ세)히드
러보소 어와오ᄂᆞᆯ노롬 이노롬이뉘德(덕)
인고 天恩(텬은)도그지업고 國恩(국은)도罔極
(망극)ᄒᆞ다 多幸(다ᄒᆡᆼ)이豐年(풍년)맛나 飢寒(긔한)을
免(면)ᄒᆞ도다 鄕約(향약)은못ᄒᆞ여도 洞憲(동헌)
이야업슬소냐 孝悌(효뎨)忠信(튱신)大綱(대강)아라
道理(도리)를일티마소 사ᄅᆞᆷ의子息(ᄌᆞ식)되야
父母(부모)恩惠(은혜)모ᄅᆞᆯ소냐 子息(ᄌᆞ식)을길너

자식을 길러보니, 그제야 깨달으리.

천신만고(千辛萬苦)[35] 길러내어, 남혼여혼(男婚女婚)[36] 필 하오면

각각 제 몸만 알아[37], 부모 봉양 잊을건가.

기운이 쇠패(衰敗)[38]하면, 바라느니 젊은이니

의복 음식 잠자리를, 각별히 살펴드려

행여나 병 나실까, 밤낮으로 잊지 마소.

고까우신 마음으로, 걱정을 하실 때엔

중중거려[39] 대답 말고, 화기로 풀어내오.

---

35) 천신만고(千辛萬苦) : 천 가지 매운맛, 만 가지 쓴맛을 보는 고생. 온갖 고생을 겪음.

36) 남혼여혼(男婚女婚) : 장가보내고, 시집보냄.

37) 각각 제 몸만 알아 : 자식들이 제 몸, 제 배우자만 생각하고, 부모를 잊는다는 말.

38) 쇠패(衰敗) : 쇠약하고 기력이 없어짐.

39) 중중거려 : 불만스럽게 중얼거려. 거슬려 말함.

보면 그제야 셴드르니 千辛萬苦(쳔신만고) 길

너내야 男婚女嫁(남혼녀가) 畢(필)ᄒᆞ오면 저各

〻(각각) 몸만아라 父母(부모) 奉養(봉양) 니즐소냐

氣運(긔운)이 衰敗(쇠패)ᄒᆞ면 보라ᄂᆞ니 졈으니라

衣服(의복) 飮食(음식) 잠자리를 各別(각별)이 ᄉᆞᆲ혀

드려 힝혀나 病(병) 나실가 밤나 ᄌᆞ로 닛ᄉᆞ디

마소 곡가오신 ᄆᆞ음으로 걱졍을 ᄒᆞ실적

의 죵〻 그려 對答(ᄃᆡ답) 말고 和氣(화긔)로 프러

들어온 지어미는[40]는, 남편의 거동 보고
그대로 본을 뜨니, 보는 데에 조심하소.
형제는 한 기운이, 두 몸에 나눴으니
귀중하고 사랑함이, 부모의 마음이라.
간격 없는 한 통치[41]요, 네 것 내 것 계교(計較)[42]마소.
남남끼리 모인 동서, 틈이 생겨[43] 하는 말을
귀에 담아 듣지 마소, 자연히 귀중하리.
처신에 먼저 할 일, 공순이 제일일세.

40) 들어온 지어미 : 시집온 아내. 남의 집에 온 지어미.
41) 한 통치 : 구별 없는 한 통속. 한 배에서 난 피붙이.
42) 계교(計較) : 따져보고 비교해봄. 즉 이해득실을 따져보는 일.
43) 틈이 생겨 : 사이가 벌어져. 반목이 생겨.

내소 드러오ᄂᆞᆫ지어미ᄂᆞᆫ 남편의擧動거동
보와 그대로本본을ᄡᅳ니 보ᄂᆞᆫ듸조심ᄒᆞ
소 兄弟형뎨ᄂᆞᆫᄒᆞᆫ氣運긔운이 두몸이ᄂᆞᆫ화시
니 貴重귀즁ᄒᆞ고ᄉᆞ랑ᄒᆞ미 父母부모의다음
이라 間隔간격업시ᄒᆞᆫ동치고 네것내것計
較계교마소 ᄂᆞᆷᄂᆞᆷ세리모힌同壻동셔 틈나셔
ᄒᆞᄂᆞᆫ말ᄉᆞᆯ을 귀예담아듯디마소 自然ᄌᆞ연이
貴重귀즁ᄒᆞ리 行身ᄒᆡᆼ신의몬져ᄒᆞᆯ일 恭順공슌

내 늙은이 공경할 때, 남의 어른 다르겠나

말씀을 조심하여, 인사를 잃지 마오.

하물며 상하분의(上下分義)[44], 존비(尊卑)[45]가 엄격하다.

내 도리 극진하면, 죄책을 아니 보리.

임금의 백성 되어, 은덕으로 살아가니

거미 같은 우리 백성[46], 무엇으로 갚아볼까

일 년의 환자(還子)[47] 신역(身役)[48], 그 무엇 많다 할까

기한 전에 완납함이, 분의(分義)[49]에 마땅하다.

---

44) 상하분의(上下分義) : 윗사람과 아랫사람의 의리가 분명히 다르다.

45) 존비현격(尊卑懸隔) : 신분(身分)의 구별이 엄격하던 사회에서 양반과 상민의 구별이 엄격했다.

46) 거미 같은 우리 백성 : 보잘 것 없는 백성.

47) 환자(還子) : 나라에서 봄에 양곡을 빌려주고 가을에 이자 붙여 걷어가는 제도.

48) 신역(身役) : 몸으로 바치는 부역. 군역.

49) 분의(分義) : 본분과 의리. 군민 된 의무.

이第一(뎨일)이라 내늙으니恭敬(공경)홀제 놈
의어룬다룰소냐 말숨을조심ᄒᆞ야 人事(인ᄉᆞ)
들일티마소 ᄒᆞ물며上下分義(샹하분의) 尊
卑(존비)가懸隔(현격)ᄒᆞ다 내道理(도리)極盡(극진)ᄒᆞ면
罪責(죄칙)을아니보리 님군의百姓(빅셩)되야
恩德(은덕)으로사라가니 거믜ᄀᆞᆺ흔우리百
姓(빅셩)무어스로갑하볼고 一年(일년)의還上(환샹)
身役(신역)그무엇만타홀고 限前(한젼)의畢

하물며 전답 구실[50], 토지로 분등하니
소출을 생각하면, 십일세[51]도 못되나니
그래도 못 먹으면[52], 재 주어[53] 탕감하니
이런 일을 자세 알면, 왕세[54]를 거납[55]할까
한동네 몇 호수에, 각성이 섞여 살며
신의를 안 한다면, 화목을 어찌할까
혼인 대사 부조하고, 상장(喪葬), 우환(憂患)[56] 보살피며

50) 구실 : 세금의 토박이 말. 부세(賦稅).
51) 십일세(什一稅) : 열 몫의 하나를 바치는 부세. 십일조(十一租)라고도 함.
52) 못 먹으면 : 흉년들면, 가을걷이 없어서 먹을 것이 없으면.
53) 재 주다 : 재난으로 간주하다. 재난 농가로 쳐주다.
54) 왕세(王稅) : 국세. 국가 세금.
55) 거납(拒納) : 세금납부를 거부함. 세금 안냄.
56) 상장(喪葬), 우환(憂患) : 상장은 초상, 우환은 병환. 도적, 천재지변 등.

納(폐납)ᄒᆞ미 分義(분의)에 맛당ᄒᆞ다 ᄒᆞ믈며 田
畓(뎐답) 구실 土地(토디)로 分等(분등)ᄒᆞ니 所出(소츌)
을 싱각ᄒᆞ면 什一稅(십일세)도 못되ᄂᆞ니 그
러나 못먹으면 災(지) 주어 蕩減(탕감)ᄒᆞ니 이
런일 仔細(ᄌᆞ세) 알면 王稅(왕세)를 拒納(거납)ᄒᆞᆯ가
ᄒᆞᆫ 洞內(동ᄂᆡ) 몃 戶首(호슈)의 各姓(각셩)이 居生(거싱)ᄒᆞ
야 信義(신의)를 아니ᄒᆞ면 和睦(화목)을 엇디ᄒᆞᆯ
꼬 婚姻(혼인) 大事(대ᄉᆞ) 扶助(부조)ᄒᆞ고 喪葬(상장) 憂

수재 · 화재 · 도적 구원하며, 유무칭대(有無称貸)[57]
서로 하여

나보다 넉넉함을, 용심(用心)[58]내어 시비 말고

그중에 환과고독(鰥寡孤獨)[59], 각별히 구제하오.

제 각각 정한 분복(分福)[60], 억지로 못하느니

자네들 헤아려서, 내 말을 잊지 마오.

이대로 하여가면, 잡생각 아니 나리.

주색잡기(酒色雜技)[61] 하는 사람, 처음부터 그러할까

---

57) 유무칭대(有無称貸) : 가진 것 있고, 없이 사는 처지에서 빌리고 빌려주는 일.

58) 용심(用心) : 심보. 욕심. 마음씀이.

59) 환과고독(鰥寡孤獨) : 홀아비, 과부, 고아, 자식 없는 늙은이. 옛적 임금은 즉위하자 먼저 환과고독을 찾아 보살폈다.

60) 분복(分福) : 하늘이 준 복. 천복.

61) 주색잡기(酒色雜技) : 술 먹고, 계집질하고, 도박하고, 놀이에 빠지는 것.

患보ᄉᆞᆲ히며 水火(슈화)盜賊(도적)救援(구원)ᄒᆞ고
有無(유무)稱貸(칭ᄃᆡ)서로ᄒᆞ야 날보다饒富(요부)ᄒᆞ고
ᄒᆞ니 用心(용심)내야是非(시비)말고 그中(즁)의
鰥寡孤獨(환과고독) 自別(ᄌᆞ별)이救恤(구휼)ᄒᆞ소 제
各各(각각)定(뎡)ᄒᆞᆫ分福(분복) 抑地(억디)로못ᄒᆞᄂᆞ니
자내들헤여보와 내말을닛디마소 이
대로ᄒᆞ야가면 雜(잡)싱각아니나리 酒色
雜技(잡기)ᄒᆞᄂᆞᆫ사ᄅᆞᆷ 初頭(초두)부터그러ᄒᆞᆯ까

우연히 그릇 들어, 한 번 하고 두 번 하면
마음이 방탕해져, 그칠 줄 모르게 돼
자네들은 조심하여, 작은 허물[62] 짓지 마오.

십일월(十一月) 장

십일월은 중동(仲冬)이니, 대설(大雪), 동지(冬至) 절기라네.

바람 불고 서리 치며[1], 눈 오고 얼음 언다.

가을에 거둔 곡식, 얼마나 되었던가.

몇 섬은 왕세[2]내고, 얼마는 제반미(祭飯米)[3]요.

얼마는 씨앗이며 도지[4]도 되어 내고, 품값도 갚으리라.

---

62) 작은 허물 : 무심코 저지르는 허물. 사소한 허물.

1) 서리 치다: 서리가 매섭게 내리다. 『시경』 7월시에서는 "찬바람 터져 나온다(觱發)"고 했고, 『예기』 월령에서는 "천기는 오르고 지기는 내려온다(天氣騰地氣降)"라고 했다.
2) 왕세(王稅) : 임금께 바치는 조세. 즉 국세(國稅).
3) 제반미(祭飯米) : 제사 때 쓰는 쌀. 제수 쌀.
4) 도지(賭地) : 소작인(小作人)이 지주에게 바치는 토지세.

偶然(우연)이 그릇ᄒᆞ야 ᄒᆞᆫ번ᄒᆞ고 두번ᄒᆞ면
ᄆᆞ음이 放蕩(방탕)ᄒᆞ야 그칠줄모로ᄂᆞ니
ᄌᆞ내들조심ᄒᆞ야 적은허물짓디마소
十一月(십일월)은 仲冬(중동)이라 大雪(대설)冬至(동지)
節氣(절긔)로다 ᄇᆞᄅᆞᆷ불고서리치고 눈오고
어름언다 ᄀᆞ을의거든穀食(곡식) 엇마나ᄒᆞᆫ
엇ᄂᆞᆫ고 몃섬은還上(환샹)ᄒᆞ고 몃섬은王稅(왕세)
ᄒᆞ고 엇마ᄂᆞᆫ祭飯米(졔반미) 오 엇마ᄂᆞᆫᄡᅵ

시곗돈[5] 장리변[6]를, 낱낱이 수쇄(收刷)[7]하니
엄부렁[8] 하던 것이, 남저지 전혀 없다.
그러한들 어찌하랴, 농량이나 여투리라[9].
콩나물[10] · 우거지로, 조반 석죽 다행하다.
부녀야 네가 할, 메주 쑬 일 남았구나.
익게 삶고 매우 찧어, 띄워서 재워두소[11].
동지는 명일이라, 일양(一陽)이 생하는 때[12]

---

5) 시곗(市契)돈 : 사장 상인들이 빌려주는 곗돈으로 고리대금.
6) 장리(長利)변 : 봄에 꿔주고 5할의 이자를 더 붙여 가을에 갚는 고리대 이자.
7) 수쇄(收刷) : 수습하여 계산함. 청산함.
8) 엄부렁 : 엄벙부렁하다. 속은 텅 비고 겉으로만 그럴듯하게 커 보인다.
9) 여투리다 : 여투다. 아껴 쓰고 나머지를 저축하다.
10) 콩나물: 원문에서는 '콩기름' 으로 되어 있으니 '콩길음' 즉 콩으로 길러낸 것이란 뜻으로 썼다.
11) 재워두다 : 잘 뜨도록 차곡차곡 배열하다.
12) 일양(一陽) 이 생하다: 새로 시작하는 해. 동지(冬至)로부터 해가 길어지기 시작함으로 일양이 다시 새로 난다[一陽來復]이라고 함. 주력(周曆)에서는 자월(子月), 즉 동짓달이 새해가 된다 하여 『시경』 7월시에서는 "일지일(一之日)"로 표기했다.

아시며 賭地(도디) 도되야내고 픔갑도갑흐
리라 시겟돈場邊利(장변리)를 낫ᄂᆞ히 妝刷(슈쇄)
ᄒᆞ니 엄브령ᄒᆞ던거시 남저지바히업
다 그러ᄒᆞᆫ들엇디ᄒᆞᆯ고 農糧(농량)이나 엿ᄉ두
어라 콩기름우거지로 朝飯(됴반) 夕粥(석죽) 多
幸(다힝)ᄒᆞ다 婦女(부녀)야 너ᄒᆞᆯ일이 며조ᄲᆞᆯ일
남잇ᄉᆞ도다 닉게ᄉᆞᆱ고 만히ᄡᅵ어 ᄯᅴ워서재
와두소 冬至(동지)ᄂᆞᆫ 名日(명일)이라 一陽(일양)이

시식(時食)[13]으로 팥죽 쒀서, 이웃과 즐기리라
새 책력 반포하니, 내년 절후 어떠한가.
해 짧아 덧이 없고, 밤 길기 지루하다.
공채 · 사채 · 요당(了堂)[14]하니, 관리 면임(面任)[15] 아니 온다.
시비[16]를 닫았으니, 초가집이 한가하다.
짜른 해[17]에 조석 하니, 자연히 틈이 없어
등잔불 긴긴 밤에, 길쌈이나 힘써 하소.
베틀 곁에 물레 놓고, 틀고 타고 잣고 짜니[18]

---

13) 시식(時食) : 명절 등을 보람하는 음식. 계절, 명절 때 해먹는 음식.
14) 공채(公債) · 사채(私債) · 요당(了當) : 공채는 나랏빚, 사채는 개인에게 빌린 빚, 요당은 해결지어 끝냄. 빚 갚음.
15) 면임(面任) : 면사무소 직원. 면서기.
16) 시비(柴扉) : 싸리로 엮은 문. 농가의 대문.
17) 짜른 해 : 짧은 해. 겨울 해. 원문은 '단귀(短晷)' 라 했다.
18) 틀고 타고 잣고 짜다 : 씨아 틀고, 솜을 타고, 물레질 하고, 베를 짠다. 일본에서는 "틀로 짜고 타고 짠다"로 되어 있다.

生성 ᄒᆞ도다 時食식시으로 ᄑᆞᆺ쥭ᄡᅮ어 隣里

리린 와즐기리라 새冊曆력칙 頒布포반ᄒᆞ니 来

年년ᄅᆡ 節候후졀 엇더ᄒᆞᆫ고 ᄒᆡ졀너 덧시업서

밤길기 支離리지ᄒᆞ다 公債ᄎᆡ공 私債ᄎᆡᄉᆞ 了當당료

ᄒᆞ니 官吏리관 面任임면 아니온다 柴扉비싀를

다〻시니 草屋옥초이 閑暇가한ᄒᆞ다 短晷구단

의 朝夕셕됴ᄒᆞ니 自然연ᄌᆞ이 ᄌᆞᆷ업ᄂᆞ니 燈盞

잔등 불긴〻 밤의 길삼을힘써ᄒᆞ소 뵈틀겻ᄉ

자란 아이 글 배우고, 어린 아이 노는 소리
여러 소리 지껄이니, 실가(室家)의 재미라네.
늙은이 일 없으니, 거적[19]이나 매어보세.
외양간 살펴 보아, 여물[20]을 가끔 주오.
깃 주어[21] 받은 거름, 자주 쳐야[22] 모인다네.

십이월(十二月) 장

십이월은 계동(季冬)이니, 소한(小寒), 대한(大寒) 절기라네.
눈 속의 산봉우리[1], 해 저문 빛[2]이구나.

---

19) 거적 : 원문에는 '기즑' 즉 거적. 왕골 등으로 짠 돗자리.
20) 여물 : 소여물. 짚과 콩깍지 등으로 끓여서 먹이는 소의 먹이.
21) 깃 주다 : 외양간에 짚 등을 깔아서 소의 잠자리도 할겸 거름, 즉 두엄도 만든다.
22) 치다 : 외양간 소 오줌, 똥에 젖은 깔개짚을 거리대로 밀어내어 두엄에 쌓는 일.

1) 눈 속의 산봉우리 : 원문은 '설중(雪中)의 봉민(峰巒)'으로 되어 있다. 겨울 저믄해의 상징.
2) 해 저믄 빛 : 섣달 그믐의 저믄 햇빛. 모색(暮色).

희물네노코 틀고타고잣고ᄧᆞᄂᆡ ᄌᆞ란아
ᄒᆡ글ᄇᆡ호고 어린아ᄒᆡ노ᄂᆞᆫ소ᄅᆡ 여러소
ᄅᆡ짓거리니 室家(실가)의滋味(ᄌᆞ미)로다 늙으
니일업스니 기ᄌᆞᆰ이나ᄆᆡ야보ᄉᆡ 喂養間(외양간)
ᄉᆞᆲ혀보와 여믈을갓금주소 깃주어
바ᄃᆞᆫ거름 ᄌᆞ로쳐야모히ᄂᆞ니
十二月(십이월)은季冬(계동)이라 小寒(쇼한)大寒(대한)
節候(졀후)로다 雪中(셜즁)의峯巒(봉만)들은 ᄒᆡ졈

세전에 남은 날이, 얼마나 걸렸는가.
집안의 여인들은, 설빔 의복 장만한다.
무명 · 명주 끊어 내어, 온갖 물색 들여내니
자주 · 보라 · 송화색[3]에, 청화[4] · 갈매[5] · 옥색[6]이네.
한편으로 다듬으며, 한편으로 지어내어
상자에도 가득하고, 횃대[7]에도 걸었다네.
입을 옷 그만하고, 음식 장만 하오리라.

---

3) 송화색(松花色) : 노랑. 솔꽃 빛으로 연노란 빛.
4) 청화(靑華) : 파랑. 파란 물감.
5) 갈매 : 짙은 초록빛. 갈매나무 열매 빛.
6) 옥색(玉色) : 옥빛. 약간 파르스름 한 빛깔.
7) 횃대 : 벽에 옷을 걸기 위해 가로 매단 장대.

은빗치로다 歲前(셰젼)의남은날이 엇마나
걸녓ᄂᆞᆫ고 집안의女人(녀인)들은 歲時(셰시)衣
服(의복)장만ᄒᆞᆫ다 무명〻지어내야 온갓
물色(석)드려내니 紫的(ᄌᆞ디)南羅(보라)松花色(송화
석)의 靑華(청화)葛梅(갈미)玉色(옥석)이라 一邊(일변)
으로다듬으며 一邊(일변)으로지어내니 箱
子(샹ᄌᆞ)의도ᄀᆞ득ᄒᆞ고 횃대에도거럿도다
닙을것그만ᄒᆞ고 飮食(음식)장만ᄒᆞ오리다

떡 쌀은 몇 말이며, 술 쌀은 몇 말인가

콩 갈아 두부하고, 메밀 쌀로 만두 빚세

세육(歲肉)은 계를 믿고[8], 북어는 장에 사세

납일[9]에 창애[10] 묻어, 잡은 꿩 몇 마리뇨

아이들은 그물 쳐서, 참새로 지져 먹세

깨 강정[11] · 콩 강정에, 곶감 · 대추 · 생률이요.

술통에 술 빚으니, 돌 틈에선 샘물 소리

앞 뒷집 떡메 소리, 타병성(打餠聲)[12]이 예도 나고 제도 난다.

---

8) 세육(歲肉)은 계(契) 믿다 : 설에 쓸 고기나 술을 장만하려고 '세찬계'를 들어서 준비하는 풍속이 있었다.

9) 납일(臘日) : 원문엔 '납평일(臘平日)'. 동지(冬至) 지나 세 번째 미일(未日)인 양의 날에는 집안 곳곳에 등불을 켜 놓고 밤을 새운다 했고, 또 덫을 놓아 꿩을 잡는다고 했다. 『시경』 7월시에서는 "11월에는 짐승 사냥하는데 여우와 이리를 잡는다(于貉, 取彼狐狸)"라 했으나 납일은 음력 12월 8일이다.

10) 창애 : 덫. 꿩이나 짐승 잡는 기구.

11) 강정 : 엿을 빚어 뽑기 전의 묽은 조청. 곧 엿을 말하며, 또는 쌀가루를 반죽하여 만든 한과류.

12) 타병성(打餠聲) : 떡치는 소리, 섣달 그믐의 정경임.

셕ᄡᆞᆯ은몃말이며 술ᄡᆞᆯ은몃말인고 콩ᄀᆞ
라豆腐(두부)ᄒᆞ고 모밀ᄡᆞᆯ饅頭(만두)ᄒᆞ고 歲肉
(세육)은稧(계)를밋고 北魚(북어)ᄂᆞᆫ場(장)의사셰
臘平(납평)날창아무더 잡은ᄭᅯᆼ몃마린고 아
희들그물쳐셔 참새도지져먹시 ᄭᆡ江丁
(강뎡)콩江丁(강뎡)의 곳감大棗(대조)生栗(생률)이라
酒罇(쥬준)의술드리니 돌틈의시암소릐 앏
뒤집打餠聲(타병셩)은 예도나고뎨도난다

새 등잔 새발 심지[13], 밤새 켜고 새울 적에
윗방 봉당[14] 부엌까지, 곳곳이 명랑하다.
초롱불 오락가락, 묵은 세배[15]하는구나
어와! 내말 들어 보소, 농업이 어떠한고
일 년 내내 근고지만, 그중에 낙이 있네.
위로는 국가 보용(補用)[16], 사사로는 제선(祭先)[17] 봉친(奉親)[18]
형제 · 처자 혼사 · 초상 먹고 입고 쓰는 것이

---

13) 새발 심지 : 등불 심지. 한지로 가늘게 새발처럼 꼬아서 기름 등잔에 넣어서 불을 켰음.
14) 봉당 : 안방과 건넛방 사이의 흙바닥 공간.
15) 묵은 세배 : 정초에 미쳐 못한 세배. 설에 못해서 밀린 세배를 그 해 섣달 그믐에 해야 마음이 개운한 풍습이 있었다.
16) 보용(補用) : 보태서 쓰는 일. 나라에 보탬이 되는 일. 다른 책에는 봉용(奉用)으로 되어 있음.
17) 제선(祭先) : 선대의 조상님께 제사 모시는 일. 과거 우리 풍속은 제사가 먼저 할 일로 인식하고 있었다.
18) 봉친(奉親) : 어버이를 받들어 모시는 일. 과거의 우리 사회는 부모를 반드시 편안케 모셔야 할 의무가 있었다.

새燈盞(등잔) 새발심지 長燈(댱등)ᄒᆞ야 새올적의
웃방봉방부억석지 곳〻이 明朗(명랑)ᄒᆞ다
燭籠(쵹롱)불오락가락 묵은歲拜(셰ᄇᆡ)ᄒᆞᄂᆞᆫ고
나
어와내말듯소 農業(농업)이엇더ᄒᆞᆫ고 終年(죵년)
勤苦(근고)ᄒᆞᆫ다ᄒᆞ나 그中(즁)의樂(락)이잇ᄂᆞ니
우흐로國家(국가)補用(보용) 私計(ᄉᆞ계)로祭先(졔션)
奉親(봉친) 兄弟(형뎨)妻子(쳐ᄌᆞ)婚喪(혼상)大事(대ᄉᆞ) 먹

토지 소출 아니더면, 돈 지탱을 누가 할까
예로부터 이른 말이, 농업이 근본이라.
배 부려서 선업[19]하기, 말 부려서 장사하기
저당잡고 빚 주기와, 장터에서 일수놀이[20]
술장사 떡장사, 주막집 가게 보기
아직은 흔전하나, 한 번만 뒤뜩하면
파락호(破落戶)[21]에 빚꾸러기, 살던 곳 터도 없다.
농사는 믿는 것이, 내 몸에 달렸으니

19) 선업(船業) : 고기잡이업과 해운업.
20) 일수놀이 : 대금업(貸金業)의 한 가지. 매일매일 돈 빌려주고 이자 받는 고리대금업. 원문에서는 "장판에 처계(髢褉; 處計) 놓기" 즉 '상제계'로 장날마나 돈을 빌려주고 고리로 받는 고리대금업.
21) 파락호(破落戶) : 집안 살림이 거덜나서 망한 집.

고닙고ᄡᅳᄂᆞᆫ거시 土地所出(토디소츌) 아니러면
돈支當(지당)을뉘가ᄒᆞᆯᄭᅩ 녜로부터니른말
이 農業(농업)이根本(근본)이라 ᄇᆡ부려船業(션업)
ᄒᆞ고 말부려쟝ᄉᆞᄒᆞ기 典當(뎐당)잡고빗주
기와 場(쟝)판의髢褉(체계)노키 술쟝ᄉᆞ셕쟝
ᄉᆞ며 술幕(막)질가〻보기 아직은흔젼ᄒᆞ
나 ᄒᆞᆫ번을뒤ᄶᅮᆨᄒᆞ면 破落戶(파락호) 빗구럭
이 사던곳더이업다 農事(농ᄉᆞ)ᄂᆞᆫ밋ᄂᆞᆫ거시

절기도 진퇴 있고[22], 농사도 풍흉[23] 있어
홍수 · 가뭄 · 폭풍 · 우박, 잠시 재앙 없으리만
극진히 힘을 들여, 가솔들이 일심하면
제 고장 제 지키어, 소동[24]할 뜻 두지 마오.
자네도 헤어보소[25], 10년을 가정하여

22) 절기도 진퇴 있다 : 사절기의 기후가 오락가락 일정하지 않다.
23) 풍흉(豊凶) : 풍년과 흉년.
24) 소동(騷動) : 웅성거려 떠드는 일. 여기서는 이농(離農)하며 고장을 떠나가는 소동.
25) 헤어보다 : 헤아려 보다. 생각해 보다.

내몸의돌녀ᄂᆞ니 節氣(졀긔)도進退(진퇴)잇고
年事(년ᄉᆞ)도豊凶(풍흉)이셔 水旱(슈한)風雹(풍박)暫
時災殃(잠시ᄌᆡ앙) 업다야ᄒᆞ랴마ᄂᆞᆫ 極盡(극진)이
힘을드려 家率(가솔)이一心(일심)ᄒᆞ면 아모리
殺年(살년)의도 餓死(아ᄉᆞ)를免(면)ᄒᆞᄂᆞ니 제시
골제득희여 騷動(쇼동)ᄒᆞᆯᄠᅳᆺ두디마소 皇天
(황텬)이仁慈(인ᄌᆞ)ᄒᆞ샤 怒(노)ᄒᆞ심도一時(일시)로다
ᄌᆞ(자)내도혜여보소 十年(십년)을假量(가량)ᄒᆞ면

풍년은 이분[26]이요, 흉년이 일분[27]이라
천만 가지 생각 말고, 내말을 곧이 듣소.
농업을 전심하소, 하소정(夏小正)과 빈풍시(豳風詩)[28]를 성인이 지었으니
지극한 뜻 받아서, 대강을 기록하니
이 글을 자세 보아, 힘쓰기를 바라노라.

---

26) 풍년은 이분 : 풍년은 3분의 2.
27) 흉년이 일분 : 흉년은 3분의 1. 어떤 책엔 풍년이 7분, 흉년이 3분으로 되어 있다. 이는 10년을 가정하고 하는 말이다. 즉 풍년된 해가 더 많다는 뜻이다.
28) 하소정(夏小正)과 빈풍시(豳風詩) : 하소정은 중국 고대 하후(夏后)때의 월령(月令)을 기술한 책이고, 빈풍시는 주(周)나라 선대에서 나라를 잘 다스린 업적을 노래한 시경(詩經)의 편명. 즉 『시경』의 국풍(國風) 제15 빈풍(豳風)편 7월장을 말함.

豐年(풍년)은 二分(이분)이오 凶年(흉년)은 一分(일분)
이라 千萬(쳔만)가지 싱각 말고 내 말을 곳이
듯소 夏小正(하쇼졍) 豳風詩(빈풍시)를 聖人(셩인)
이지 엇ᄂᆞ니 至極(지극)ᄒᆞᆫ ᄠᅳᆺ 本(본) 바다서 大
綱(대강)을 記錄(긔록)ᄂᆞ니 이 글을 仔細(ᄌᆞ셰)보와
힘ᄡᅳ기를 ᄇᆞ라노라

월여농가(月餘農歌) 역주

월여농가(月餘農歌)①

| 별제(別題) : 농가십이월속시(農家十二月俗詩) |

洌上②
열 상

嘯堂金迥洙譯著
소 당 김 형 수 역 저

淸潭韓應河叅訂
청 담 한 응 하 참 정

정월(正月)

時維孟春爲陬月
시 유 맹 춘 위 추 월

때는 바로[1] 맹춘[2]이니, 추월[3]이라 일러오며

立春雨水是二節
입 춘 우 수 시 이 절

입춘과 우수[4]가, 이달의 두 절기라.

六候東風始解凍
육 후 동 풍 시 해 동

육후[5]의 현상으로, 동풍 불고, 비로소 얼음 풀

蟲振魚陟獺祭設
충 진 어 척 달 제 설

벌레 날고, 고기 뛰고, 수달은 젯상[6] 차리고

鴻雁北翔草木萌
홍 안 북 상 초 목 맹

기러기[7]는 북으로 날고, 초목들은 움튼다.

東作將興談農材
동 작 장 흥 담 농 재

농사철 되있으니, 그 애기 한창이네.

山水火田③多少中
산 수 화 전 다 소 중

산 밭, 물 논, 개간 밭[8]을, 얼마간은 가졌으니

各自隨意盡其才
각 자 수 의 진 기 재

각자가 뜻을 품고, 재주 것 가꾼다면

今雖豊凶逆難覩
금 수 풍 흉 역 난 도

천재지변 그 비록, 미리 알지 못한대도

能積人功弭天災
능 적 인 공 미 천 재

공들여 쌓는다면, 재난 역시 막으리라.

旣諶此理相勸勉
기 심 차 리 상 권 면

이 진실 알거들랑, 서로서로 권면하여

只須服勤不憚劬
지 수 복 근 불 탄 구

오로지 근로하여, 힘들임을 꺼리끼랴.

一年之計在於春
일 년 지 계 재 어 춘

일 년간의 모든 계획, 봄부터 세운다니

事事莫如早爲圖
사 사 막 여 조 위 도

농사의 온갖 일들, 빠를수록 좋은 법

料理鎡基審飼牛
요 리 자 기 심 사 우

농기구를 요량하고, 소먹이를 보살피세.

聚窖灰糞載車出
취 교 회 분 재 거 출

구들 골 재를 모아[9], 똥 거름도 실어내며

④
瓦瓨溺頻灌麥畈
와 강 익 빈 관 맥 판

질항[10]에 오줌 퍼서, 보리 밭에 자주 주고

穀種置地是大率
곡 종 치 지 시 대 율

씨 종자 땅에 놓고, 대체로 골라내세.

雖其年衰氣弱人
수 기 연 쇠 기 약 인

늙은 이 연만하여, 기력이 약하지만

亦有所幹不知苦 역 유 소 간 부 지 고	그 역시 해온 일엔, 고된 것 모르시니
⑤ 晝爾編茅宵索綯 주 이 편 모 소 색 도	낮에는 이엉 엮고[11], 밤에는 새끼 꼬아
趂時乘屋日避午 진 시 승 옥 일 피 오	때 맞춰 지붕 올라, 햇볕을 가리우소.
菓樹培土枝着石 과 수 배 토 지 착 석	과일 나무 북돋우고, 가지 사이 돌 끼우기[12]
初吉昧爽嫁勿怠 초 길 매 상 가 물 태	정월달 첫 길일[13]에, 주부는 부지런히
祠堂行祭陳何饌 사 당 행 제 진 하 찬	사당에 차례 준비, 제찬 차림 무엇일꼬
⑥ 餈湯酒果臛脯醢 자 탕 주 과 확 포 해	떡국[14]에 술과 과일, 곰국에 포와 젓갈
⑦ 菁筍筍蔥雜芹菹 청 순 순 총 잡 근 저	무채 · 죽순 · 파에, 미나리 야채저림
生新不必羨五辛 생 신 불 필 선 오 신	싱싱한 맛 먹다 보면, 오신채[15] 부럽찮다.
拜年自是恂厚風 배 년 자 시 순 후 풍	세배 풍속 옛날부터, 도타운 미풍양속
各振新衣訪親隣 각 진 신 의 방 친 린	사람마다 새 옷 입고, 친척 이웃 찾아뵈니

紛紜老少男女兒 분 운 노 소 남 녀 아	떠들썩한 노인 청년, 사내 계집 아이까지
三三五五結隊行 삼 삼 오 오 결 대 행	삼삼오오 떼를 지어, 세배를 다니는데
淡袍青衫間紅裳 담 포 청 삼 간 홍 상	담색 도포 푸른 치마와, 간간이 붉은 치마
鄕村物色堪擬京⑧ 향 촌 물 색 감 의 경	농촌의 정경들이, 서울과 진배없네.
男放風箏⑨女蹋踘⑩ 남 방 풍 쟁 여 탑 국	남자는 연 날리고, 여자는 널 뛰기요
擲柶⑪猜枚⑫少年戱 척 사 시 매 소 년 희	윷놀이와 놀음[16]하긴, 소년의 장난이요
闔室暗祝把錢抛 합 실 암 축 파 전 포	방문 닫고 복을 비는, 여자의 돈 던지기
判卦五行吉凶示 판 괘 오 행 길 흉 시	음양오행 괘를 뽑고, 길흉을 점쳐 보고
薄暵爇髮起膻⑬烟 박 모 열 발 기 단 연	초저녁 털을 태워, 휘두르는 횃불 놀이
爲夜雨降⑭履藏置 위 야 우 강 이 장 치	야우강[17] 귀신 몰래, 신발을 감춰 두기
鷄狗日過春又立 계 구 일 과 춘 우 립	닭띠 · 개띠 일진 지나[18], 입춘날 돌아오니

板扉幾貼神荼字 판 비 기 첩 신 도 자	대문 사립 입춘방을, 몇번이나 붙였던고
初五蠶婦祈蠶神 초 오 잠 부 기 잠 신	초닷새는 누에 날[19], 아낙네는 누에신께 빌었으니
室當午處荼兼餌 실 당 오 처 도 겸 이	잠실방 남쪽에다, 차와 떡을 차려 놓네[20]
小望爭喚草偶⑮出 소 망 쟁 환 초 우 출	보름 전날밤엔 아희들이, 제용 불러[21] 순례도니
云代直星主禍崇 운 대 직 성 주 화 숭	직성[22]을 대신하여, 액을 쫓는 소리라네.
上元餙嬉⑯盛蜜⑰飯 상 원 희 희 성 밀 반	대보름날 놀이에는, 약밥[23]이 풍성하니
傳自新羅祭烏事 전 자 신 라 제 오 사	신라 때에 전하는, 까마귀를 제사하는 밥[24]
幾人踏盡遠近橋 기 인 답 진 원 근 교	답교하는 인파들이, 원근 다리 다 밟으니[25]
出於高麗除厄意 출 어 고 려 제 액 의	고려 때에 시작된, 장수한단 액막이라.
爛⑱炸各種枯陳菜 난 작 각 종 고 진 채	갖가지 마른나물, 묵은 나물 데쳐 내니
淡味豈可鱐腊比 담 미 개 가 숙 석 비	담백한 그 맛이야, 어포 · 육포 비길손가.

社翁相屬治聾酒	사 옹 상 속 치 농 주	마을 노인 모여 앉아, 귀밝이 술[26] 주고받고
邨兒爭嚼消瘍⑲栗	촌 아 쟁 작 소 양 율	농촌 애들 재빠르게, 부럼 밤[27]을 깨문다네.
對人買暑先呼聲	대 인 매 서 선 호 성	어리석음 더위 판다[28], 먼저 외쳐 웃는 놀음
迎月燃炬亦不失	영 월 연 거 역 부 실	달 뜨면 횃불 놀이, 잊지를 않았구나
候月雖未著古記	후 월 수 미 저 고 기	농법 보는 풍습이, 옛 기록에 없을소냐
車滄洲詩明有理	차 창 주 시 명 유 리	차창주[29]의 시귀가, 그 이치에 가깝도다.
近北豊⑳峽南稔海	근 북 풍 협 남 임 해	북녘은 골짜기, 남녘은 바닷가가 잘 영글고
赤焦卉木白漲水	적 초 훼 목 백 창 수	빨갛게 마른 초목에는, 깨끗한 물 채워줘야
惟是圓滿深黃色	유 시 원 만 심 황 색	원만하게 피어나며, 누런 빛이 된다 하고
方知馭桀㉑大有祀	방 지 어 걸 대 유 사	풍년들면 어신(馭神)별에, 큰제사 지냈다네.
其他畢雨而箕風	기 타 필 우 이 기 풍	그밖에도 기풍, 필우[30], 별을 보고 바람비 짐작하고

蚓陰鵲晴驗皆是
인 음 작 청 험 개 시
지렁이는 흐리고 까치 울면 개이는 것,
징험으로 알았다네.

旣望以後石戰始
기 망 이 후 석 전 시
보름 지나 두 마을이, 편을 짜서 돌 싸움

風環打錢戲技是
풍 환 타 전 희 기 시
팔랑개비 돌리면서, 돈치기 놀음 시작

預囑老婦休忘却
예 촉 노 부 휴 망 각
말미 받은 늙은 부인, 쉬는 것도 잊고서

小麯爲酶釀如何
소 국 위 매 양 여 하
누룩 쒀서 빚는 모주, 그 술이 어떠할고.

留待萬化方暢日
유 대 만 화 방 창 일
만화방창 봄날을, 기다려 두었다가

一醉花前擊壤歌㉓
일 취 화 전 격 양 가
화전놀이 마셔 취해, 격양가[31] 부릅세나

歌曰食飮且作息
가 왈 식 음 차 작 식
격양가에 이르기를, 먹고 '마시고' 들어가 쉬ㄴ

帝力何有於我哉
제 력 하 유 어 아 재
임금님의 정치권력이, 나와는 상관없네.

康衢樂兮康衢樂
강 구 락 혜 강 구 락
천하가 즐거워라, 세상이 즐거우니

至老死不相往來
지 로 사 불 상 왕 래
늙어서 죽은들 서로가, 오갈 일이 없다네.

【월여농가(月餘農歌;一名 農家 十二月俗詩) 주(註)】

이 원문주는 『월여농가』에서는 '속언자해 병 변와(俗言字解 幷辨訛)' 라는 항목으로 따로 부록되어 있고, 전사본(轉寫本)인 『농가 십이월속시』에서는 자귀(字句)마다에다 할주(割注)하고 있으므로 이 역주문에서는 후자의 경우를 취해서 주석 풀이했다. 단, 원주는 조선후기의 표기법임으로 다시 풀이했다.

| 정월(正月) 장 | 원주(原註)

① 월여(月餘) ; '달 거리'. 변(辨)에서는 "모든 중국인(華人)의 언문(言文)은 음(音)과 뜻(義)이 그 속에 있으니 말이 곧 글이요, 글이 곧 말이므로 쉽게 알고 쉽게 배울 수가 있다.(이하 생략)

② 열(洌) ; 본래는 서울(皇漢)을 말하나, 여기서는 한수(漢水)를 뜻한다.

③ 수전(水田) ; '논'. 물 없이 심는 것을 '보배논'. 상등 밭을 '자채' 한전(旱田)은 '밭' 이다.

④ 와강(瓦珁) ; '질항' 곧 질항아리.

⑤ 편모(編茅) ; '이엉' 곧 지붕을 덮을 짚 엮음.

⑥ 자탕(餈湯) ; '흰 떡국'. '풀무 떡'. 다른 이름은 탕병(湯餠).

⑦ 청순(菁筍) ; '무 엄' 곧 무 움. 이 두 표기는 無憂 또는 武候.

⑧ 경(京) ; '서울(徐鬱)'. 본래 신라의 서라벌.

⑨ 풍쟁(風箏) ; '연'. 지연(紙鳶). 작은 실 감는 고리는 '도루래' 라고 했다.

⑩ 탑국(蹋踘) ; '널뛰다' 곧 부녀들이 널 뛰는 풍속. 추가 주기에서는 도판(跳板), 즉 '배다리' 라고 했다.

⑪ 척사(擲柶) ; '윷놀다'. 곧 윷놀이.

⑫ 시매(猜枚) ; '먹국' 곧 주먹 속의 물건. 수효를 알아맞추는 놀이. 일종의 내기.

⑬ 단(膻) ; 누린내, 곧 노린 냄새.

⑭ 야우강(夜雨降) ; '야우광이' 곧 귀신 이름으로 밤에 아희들 신발을 가져간다 하여 신발 숨겨 두는 풍속이 있었다.

⑮ 초우(草偶) ; '제용' 곧 추령(芻靈) 즉 단궁(檀弓)이라 하여 풀을 묶어서 만든 인형. 일종의 무속(巫俗).

⑯ 희희(餙嬉) ; '노리' 곧 놀이.

⑰ 밀반(蜜飯) ; '약밥'. 즉 정월 대보름에 먹는 오곡 밥. "약(藥)은 약과(藥果), '약주(藥酒)'의 종류로 꿀을 넣어 만든 것이라"했다.

⑱ 작(炸) ; '데치다'. 즉 묵은 나물을 데쳐서 무치다.

⑲ 소양(消瘍) ; '부름깨다'. 정월 대보름날 날밤 등을 깨물어 먹으면 부스럼이 없어진다는 풍속.

⑳ 북풍(北豊) ; 차창주(車滄洲 ; 雲輅, 1559~? 문장가). 저서 창주집(滄洲集)에 근북풍협(近北豊峽)이요, 즉 근북후(近北厚)요, 남임해(南稔海) 즉 "남쪽은 바다 근처가 잘 영근다"라고 함.

㉑ 어걸(馭桀) ; 별 이름. 풍년을 상징. 원주 해설에는 "풍년을 위해 어걸에 강치(姜鉄)한다"고 했다. 「鉄」는 秋之反, 즉 '치'라고 발음한다고 했음. 즉 풍년들라고 별, 어신(馭神)에게 큰제사를 드렸다는 기록(周禮의 天官, 大宰).

㉒ "其他…이하…驗皆 是"까지의 2귀(二句)를 『농가 십이월속시』에서는 "旣望以後石戰始, 風環打錢戲技是"로 고쳤으므로 그 두 귀절씩을 모두 옮겼다. 단 필우기풍(畢雨箕風)은 비의 별과 바람의 별, 즉 필우기풍((畢雨箕風) 별을 말한다. 인음(蚓陰)과

작칭(鵲晴)은 정월 보름에 한 해의 날씨의 징조를 점쳐보는 일을 말한다.

㉓ 격양가(擊壤歌)의 가왈(歌曰) 내용이 『농가 십이월속시』에서는 빠져 있다.

| 정월(正月) 장 | 역주(譯註)의 주(注)

1) 시유(時維) ; 이때. 때는 바야흐로, "때는 바로"로 번역함.
2) 맹춘(孟春) ; 정월의 계절 순서상 이름. 다음 항의 일람표 참조 바람.
3) 추월(陬月) ; 음력 정월의 다른 이름. 음력 계절상 매 달의 명칭과 이칭(異称) 및 절기와 육후(六候)를 표로 보이면 다음과 같다.

(표1) 음력 월 별칭 및 24절기표(『夏小正』, 『禮記』 준거)

계절	양력월명	음력월명	계절순 명칭	음력 이칭명	24절기
봄	일월(一月)	정월	맹춘(孟春)	추월(陬月)	입춘(立春), 우수(雨水)
	이월(二月)	이월	중춘(仲春)	영월(令月), 여월(如月)	경칩(驚蟄), 춘분(春分)
	삼월(三月)	삼월	계춘(季春) 모춘(暮春)	가월(嘉月), 병월(寎月)	청명(淸明), 곡우(穀雨)
여름	사월(四月)	사월	맹하(孟夏)	음월(陰月), 여월(余月)	입하(立夏), 소만(小滿)
	오월(五月)	오월	중하(仲夏)	구월(姤月), 고월(皐月)	망종(芒種), 하지(夏至)
	유월(六月)	유월	계하(季夏)	구월(具月), 차월(且月)	소서(小暑), 대서(大暑)

계절	양력월명	음력월명	계절순 명칭	음력 이칭명	24절기
가을	칠월(七月)	칠월	맹추(孟秋)	상월(相月)	입추(立秋), 처서(處暑)
	팔월(八月)	팔월	중추(仲秋)	장월(壯月)	백로(白露), 추분(秋分)
	구월(九月)	구월	만추(晩秋), 계추(季秋)	현월(玄月)	한로(寒露), 상강(霜降)
겨울	십월(十月)	시월	맹동(孟冬)	양월(陽月)	입동(立冬), 소설(小雪)
	십일월(十一月)	동짓달	중동(仲冬)	창월(暢月), 고월(辜月)	대설(大雪), 동지(冬至)
	십이월(十二月)	섣달	계동(季冬)	제월(除月), 도월(涂月)	소한(小寒), 대한(大寒)

(표2) 24절기, 72후 자연현상 변화표(『夏小正』, 『禮記』 준거)

※『예기』(禮記)의 월령(月令)에서는 해와 달의 운행도수(運行度數)에 따라 '태음력'(太陰曆)으로 1년을 24기(二十四氣=節氣)와 72후(七十二候)로 구분하되 한 달에는 2절기와 6후로 배정하되 매달의 자연현상(생태계의 변화)을 각각 표기했으니 다음의 표로 보인다. 단 6후는 한 달의 기후요 1후는 5일간씩으로 끊어서 30일로 배정했다.

월별(이명)	절기	자연현상의 변화
정월 (맹춘) (추월)	입춘	동풍에 얼음 녹고(東風解凍), 벌레 떨쳐나고(蟄蟲始振), 고기 뛴다(魚上氷).
	우수	수달이 고기 잡아 늘여놓고(獺祭魚), 고니새 오고(鴻雁來), 초목이 움튼다(草木萌動).
2월 (영월) (여월)	경칩	복사꽃 피기 시작(桃始華), 꾀꼬리 울고(鶬鶊鳴), 매가 비둘기로 바뀐다(鷹化爲鳩)
	춘분	제비 오고(玄鳥至), 우뢰 소리 내고(雷乃發聲), 번개 친다(始電).
3월 (가월) (병월)	곡우	오동나무 꽃피고(桐始華), 두더지는 종달새 되고(田鼠化鴽) 무지개 보인다(虹始見).
	청명	부평초 나고(萍始生), 비둘기 울며 깃 털고(鳴鳩拂羽), 오디 새 뽕에 내림(戴勝降桑).

4월 (음월) (여월)	입하	개구리 울고(螻蟈鳴), 지렁이 나오고(蚯蚓出), 쥐참외풀 나고(王瓜生),
	소만	씀바귀풀 나고(苦菜秀), 궁궁이는 마르고(靡草死), 보릿가을 닥친다(麥秋至).
5월 (구월) (고월)	망종	사마귀 새끼난다(螳螂生), 때까치 운다(鵙始鳴), 티티새 울음 그쳐(反舌無聲).
	하지	청각이 풀리고(鹿角解), 매미 울기 시작(蜩始鳴), 반하 돋다(半夏生).
6월 (구월) (차월)	소서	더운 바람 불기시작(溫風始至), 귀뚜라미 벽에 붙고(蟋蟀居壁), 새끼매 나는 연습(鷹摯擊),
	대서	풀 썩어 반딧불 되고(腐草爲螢), 땅은 젖어 찌고(土潤溽暑), 때때로 큰 비(大雨時行).
7월 (상월)	입추	시원한 바람 불고(涼風至), 흰 이슬 내리고(白露降), 늦 매미 울고(寒蟬鳴).
	처서	매는 새잡아 늘어놓고(鷹乃祭鳥), 천지는 고요(天地始肅), 밭곡식 익는다(禾乃登).
8월 (장월)	백로	고니새 오고(鴻雁來), 제비는 돌아가고(玄鳥歸), 모든 새 배불린다(群鳥養羞).
	추분	우뢰소리 없고(雷始收聲), 벌레들 굴에 들고(蟄虫戶), 물은 마르기 시작(水始涸)
9월 (현월)	한로	고니새 모이고(鴻雁來賓), 참새는 비단조개 되고(雀爲化蛤), 국화 누런 꽃 핀다(菊有黃華)
	상강	승냥이는 짐승 잡고(豺乃祭獸), 초목은 단풍 지고(草木黃落), 벌레는 굴 판다(蟄虫咸俯).
10월(양월)	입동	물이 얼기 시작(水始氷), 땅이 얼기 시작(地始凍), 꿩은 이무기 되고(雉爲化蜃).
	소설	무지개 안 보이고(虹藏不見), 천기는 오르고 지기는 떨어지고(天氣騰地氣降), 음양이 폐색한다(陰陽閉塞).
11월 (창월) (고월)	대설	갈단새 울지 않고(鶡鴠不鳴), 범은 교미하고(虎始交), 여정이 나오고(荔挺出).
	동지	지렁이 깊이 숨고(蚯蚓結), 사슴뿔 빠지며(麋角解), 지하수 솟구친다(水泉動).
12월 (제월) (도월)	소한	기러기 북으로 돌아가고(雁北鄕), 까치가 집을 짓고(鵲始巢),꿩이 짝 부른다(雉雊).
	대한	닭이 알을 품고(鷄乳), 사냥새는 사나워지고(征鳥厲疾), 물이 깊이 언다(水澤腹堅).

① 음력의 　달 이명(異名)은 대개 두 가지씩 있으나 7, 8, 9, 10월은 한 가지씩 불려졌다. ② 『월여농가시(月余農歌詩)』의 육후(六候)는 위의 자연현상변화를 첫머리에 깔고 농가의 행사를 작시했다. ③ 육후의 한문표기 해석은 역주의 본문에도 있다.

4) 입춘(立春), 우수(雨水) ; 1년을 24절기로 나누어 입춘부터 새 절기(후)가 시작되어 대한(大寒)으로 끝난다. (위의 일람표 참조)

5) 육후(六候) ; 동양에서는 기후의 변화에 따라 생태계의 변이를 1년은 72후, 한달은 6후로 관찰해 보아왔다.(『예기(禮記)』 월령(月令)) 표2 참조.

6) 수달의 젯상 ; 원문의 달제설(獺祭設)이란, 수달은 이른 봄에 물고기를 잡아 먹잇감으로 늘어놓는 습성이 있으므로 봄의 길목이란 뜻의 상징어.

7) 기러기 ; 원문에는 홍안(鴻雁), 즉 큰 기러기로 고니새이지만 철새의 북상(北翔)은 기러기가 통념적 상징임. 『하소정(夏小正)과 『예기(禮記)』 월령에서는 "정월에 동풍해동(東風解凍), 칩충시진(蟄蟲始振), 어상빙(魚上氷), 달제어(獺祭魚), 홍안래(鴻雁來), 초목맹동(草木萌動)한다"고 이달의 육후(六候)를 기술했다.

8) 개간 밭 ; 원문에 한전(旱田), 또는 화전(火田), 즉 전결(田結)에 등재되어 있지 않은 개간 밭을 말함.

9) 구들 골 재를 모아 ; 농가에서는 이른 봄에 온돌을 뜯어 고치는데 일거양득으로 구들 골에 겨우내 쌓인 재를 긁어모아 좋은 비료로 쓴다.『시경』 빈풍(豳風)의 7월시에서는 이달에 농쟁기를 다스린다, 즉 '우사(于耜) 한다' 고 했다.

10) 질항 ; 원문에서는 '와강(瓦瓨)' 이라 쓰고 '질항' 이라 풀이했는데, 일부 농촌에서는 지금도 '질그릇 항아리' 에 똥, 오줌을 담아서 밭에 뿌린다.

11) 이엉 엮다 ; 지붕에 덮을 이엉, 즉 짚이나 마른 풀로 엮어 기와 대신 지붕이나 담장 위에 덮는 것.

12) 가지 사이 돌 끼우기 ; 정초에 과일나무의 갈라진 가지 사이에 돌을 끼워 놓으면 열매가 잘 달린다고 한다. 이를 '수가(樹嫁)' 즉 "나무 시집보내기"라고 한다.

13) 첫 길일(初吉) ; 한 달 중 처음 맞는 길일, 흔히 정월 초하루를 말함.

14) 떡국 ; 원문에서는 자탕(餈湯)이라 하고 '흰 떡국'이라 풀이했다.

15) 오신채(五辛菜) ; 다섯가지 매운맛 채소, 즉 파, 마늘, 부추, 생강, 겨자 등 다섯 가지. 또 다른 다섯가지 매운맛 채소도 있다. 대개 정월 초하루에 먹는다 함.

16) 놀음 ; 원문에서는 '시매(猜枚)' 곧 '먹국'이라 했는데, 이는 주먹 속의 동전이나 콩 등의 숫자를 알아 맞추는 일종의 도박이다.

17) 야우강(夜雨降) ; 야우강이 곧 밤 귀신. 정월 초하루 밤에 가만히 내려와 아희들의 신발을 가져간다는 귀신. 그래서 아희들은 신발을 감추고 잘 간직하는 풍속이 있었다.

18) 닭띠, 개띠 일진 지나 ; 입춘 전에 닭띠(酉)와 개띠(戌)의 일진이 있다.

19) 초닷새는 누에 날 ; 정월 5일에 잠업 준비를 시작한다고 했다.

20) 차와 떡 차려 놓다 ; 누에의 신, 곧 잠신(蠶神)을 모시는 제사상.

21) 제용 불러 ; 원문에 초우(草偶)라 하고 주에 제용, 즉 추령(芻靈)이라 했으니 무속(巫俗)의 '처용'인듯하다.

22) 직성(直星) ; 사람의 운명을 맡아 본다는 별 이름.

23) 약밥 ; 원문에서는 밀반(蜜飯)이라 했고, 지금은 정월 대보

름에 먹는 오곡밥을 말함.

24) 신라 때에 전하는… ; 신라 제21대 소지왕(炤智) 때 '사금갑(射琴匣)' 의 고사.

25) 정월 대보름 밤에 답교(踏橋)하는 풍속은 장수한다는 풍속에서 유래됨.

26) 귀밝이 술 ; 대보름에 마시는 술은 귀가 밝아지는 술이라 한다.

27) 부럼 밤 ; 대보름에 생율을 깨물어 먹으면 일 년 내내 부스럼이 없어진다는 속설.

28) 더위 팔다 ; 대보름 날 아침에 먼저 보고 "너에게 더위 팔았다!"고 외치면 일 년 내내 더위 안 먹는다는 우스개 놀이.

29) 차창주(車滄洲 ; 雲輅, 1559~ ? 문장가) 『창주집』이 있다.

30) 기풍(箕風), 필우(畢雨) ; 별 이름, 바람과 비를 알게 하는 점성(占星). 옛사람들은 정초에 이 두 별을 보고 일년의 바람, 비의 많고, 적고를 짐작했다.

31) 격양가(擊壤歌) ; 여기에 기술한 격양가는 본래의 격양가가 아니고 그 뜻만 옮겨 적은 노래다. 격양(擊壤)은 노인이 지팡이로 '땅을 두드리면서' 즐거워했다는 노래이나, 후에 풍년가로 뜻이 변했고 "나에게 통치자가 무슨 필요인가"라고 하여 요순시대라 했다.

이월(二月)

時維仲春爲令月 시 유 중 춘 위 영 월	때는 바로 중춘이라, 영월[1]이라 불러오니
驚蟄春分是二節 경 칩 춘 분 시 이 절	경칩, 춘분[2] 두 절기가, 이달에 들어 있다.
六候桃華鶬鶊鳴 육 후 도 화 창 경 명	육후의 현상으로, 복사꽃 피고, 왜가리[3] 울며
鷹化爲鳩①鷰②來頡 응 화 위 구 연 래 힐	매는 바뀌어 비둘기[4]요, 제비 와서 오르락 내리락
雷乃發聲電有光 뇌 내 발 성 전 유 광	천둥이 치는 소리, 번갯불 번쩍인다.
田漏催農犁輓尋③ 전 루 최 농 이 만 심	밭 기운[5]은 농사 재촉, 결이[6] 짜기 바쁘네.
揀置綿田待夏時 간 치 면 전 대 하 시	면화씨를 밭에 뿌려, 여름을 기다리고
烟④茶紅藍種卽今 연 차 홍 람 종 즉 금	담배와 잇풀 · 쪽풀[7], 지금이 심는 때네.
園林相半生涯兼 원 림 상 반 생 애 겸	임원도 반 차지로, 평생 생업 겸했으니
一分花菓一分桑 일 분 화 과 일 분 상	일부는 꽃과 과일, 일부는 뽕나무네.

兒儕愼勿傷根節 아 제 신 물 상 근 절	아희들아! 조심하여, 뿌리 마디[8] 상치 마라
待澍移栽多少章 대 주 이 재 다 소 장	단비를 기다렸다, 몇 뿌리는 옮겨 심자
斫來松枝葺缺籬 작 래 송 지 즙 결 리	솔가지 찍어다가, 뚫린 담장 막아 놓고
⑤ 濬得畎澮塡陷場 준 득 견 회 전 함 장	개울을 깊이 치고, 봇도랑[9]을 파올리소.
一日掃出祠宇塵 일 일 소 출 사 우 진	하루를 날 잡아서, 사당 먼지 청소하며
環堵滓亦幾簣盈 환 도 재 역 기 궤 영	집 주변 널린 검불, 삼태기에 담아내세.
⑥ 六日辨月與昴星 육 일 변 월 여 묘 성	초엿새[10]는 달과 묘성[11], 원근보고 점치는 날[12]
後先所以豊歉生 후 선 소 이 풍 겸 생	앞서 가면 풍년이요, 뒤에 멀면 흉하다네.
最是丁寧有神驗 최 시 정 령 유 신 험	이런 풍속 자세 보면, 신통하기 그지없어
莫如卄日較陰晴 막 여 입 일 교 음 청	스므날의 개임 흐림[13], 그걸 봐도 맞는 조짐
六畜雖未能皆具 육 축 수 미 능 개 구	육축[14]은 다 못 길러도, 대강은 갖춰 보세.

牛馬鷄犬不可無 우 마 계 견 불 가 무	소, 말, 닭, 개는, 없어서는 안될 가축
個中雌鷄若干首 개 중 자 계 약 간 수	그 중에도 암탉은, 몇 마리를 골라내어
⑦ 幾蛋與伏宜先圖 기 단 여 복 의 선 도	알을[15] 내어 품어서, 새끼를 깨여 보세.
此時山菜雖是早 차 시 산 채 수 시 조	이때이면 산나물은, 아직은 이를테니
猶有野蔌亦可茹 유 유 야 속 역 가 여	들에 나는 푸성귀로, 고들빼기 씀바귀와
⑧ ⑨ ⑩ 蔞蒿羊蹄曲麻薺 누 호 양 제 곡 마 제	물 쑥과 소루쟁이[16], 냉이와 달래 등은
恬淡俱醒脾胃歟 염 담 구 성 비 위 여	정신도 맑아지며, 비위도 돕는 나물
土産一一攷本艸 토 산 일 일 고 본 초	고장에서 나는 약초, 본초강목[17] 상고하여
藥材趁節須採乾 약 재 진 절 수 채 건	계절 따라 캐어다가, 말리워 챙겨 두되
⑪ 薯蕷藭芎蒼白朮 서 여 궁 궁 창 백 출	산마와 궁궁이, 청출 백출 야생 약재
當歸柴胡蓖麻檀 당 귀 시 호 비 마 단	당귀와 들미나리, 아주까리[18] 노송나무

此外薑塩鷄⑫矢水 차 외 강 염 계 시 수	이 밖에도 생강염즙[19], 닭똥즙[20]까지라도
俱是關格爲神丹 구 시 관 격 위 신 단	모두다 관격[20] 때에, 신통한 신약이라.
孤村家貧且舖遠 고 촌 가 빈 차 포 원	동떨어진 시골에다, 집안 형편 가난하니
不用價貴而貿難 불 용 가 귀 이 무 난	값비싼 약품이야, 사두기 어렵거늘
况藥效遲針灸速 황 약 효 지 침 구 속	더우기 약효보다, 침과 뜸이 더 빠르고
按摩導引病皆安 안 마 도 인 병 개 안	안마사 불러다가, 병 고치는 농촌이라.

| 이월(二月) 장 | 원주(原註)

① 구(鳩) ; '비둘기'. 주에 비합(非鴿), 즉 집비둘기가 아니라고 했다.

② 연(鷰) ; '명막이' 곧 명매기 새, 즉 제비. 주에 "호연(胡燕) 왈, 월연(越燕)이다"라고 했음.

③ 이만(犁輓) ; '결이' 곧 소 두 마리로 멍에를 메워 두 집이 합작하여 밭갈이 하는 조직(雙牛而挽). 소 한 마리가 밭 갈 때는 '홀이'라 했고, 가판(加板)은 '다래(耮)'라 했다.

④ 연차(烟茶) ; '담배' (『십이월속시』)

⑤ 장(場) ; "교시지(交市地)는 '장', 타작하는 곳은 '마당', 석회(石灰)는 '회', 시회(柴灰)는 '재'라 하니, 어찌 다른가"라고 변주했다.

⑥ 묘(昴) ; 별 이름. '좀생이' 별. 좀생은 "점성(占星)"의 속어(俗語)인듯.

⑦ 단(蛋) ; '닭의 알' 곧 달걀. 단의 원뜻은 '새 알' 임.

⑧ 누호(蔞蒿) ; '물 쑥'. 즉 이른 봄 들나물.

⑨ 양제채(羊蹄菜) ; '소로장이' 곧 소루쟁이. 일명 '양제(羊蹄) 풀.

⑩ 곡마제(曲麻薺) ; '씀바귀'. 제(薺)는 '냉이'.

⑪ 서여(薯蕷)는 '감자'. 궁궁(藭芎)은 '궁궁이'. 창백출(蒼白朮)은 '창출'과 '백출'. 당귀(當歸)는 '당귀'. 시호(柴胡)는 미나리과에 속하는 풀. 비마(蓖麻)는 아주까리. 단(檀)은 노송나무.

이상은 모두 한약재 식물.

⑫ 강염(薑塩)은 생강즙에 소금 넣은 찜물. 계시수(鷄矢水)는 닭의 똥물.

이상 모두 한약재로 쓰는 종류.

| 이월(二月) 장 | 역주(譯註)의 주(注)

1) 영월(令月) ; 음력 2월의 별칭. (상기 표 참조)

2) 경칩(驚蟄), 춘분(春分) ; 2월 중에 들어있는 절기.(상기 표 참조)

3) 왜가리 ; 원문에 창경(鶬鶊)이라 했으니 꾀꼬리 새이지만 계절로 보아 맞지 않는다.

4) 매는 바뀌어 비둘기 ; 겨울의 사냥매는 들어가고 그 대신 비둘기가 나와서 운다.

5) 밭 기운 ; 원문의 '전루(田漏)'는 밭의 물시계, 즉 밭갈이 할 만한 시기를 의미함.

6) 겯이 ; 원문의 '이만(犁輓)'은 밭 갈 때 멍에 메는 소 두 마리 짜임. 농가 조직. 주에 소 두 마리 끄는 것을 '겯이', 한 마리 때는 '홀이'라 했다. 『시경』 빈풍시에서는 "밭을 간다(擧趾)"라고도 했다.

7) 잇풀 · 쪽풀 ; 풀 이름인데 붉은 물감 원료인 풀은 잇풀, 쪽빛 물감은 쪽풀임.

8) 뿌리 마디 ; 뽕나무나 과일나무의 뿌리나 마디로 접을 붙인다. 그래서 조심히 다루어야 한다.

9) 봇도랑 ; 논물 대는 도랑. 이른 봄에 가래로 물 잘 흐르게 쳐 올려 둔다.

10) 초엿새 ; 음 2월 6일에는 별 보고 일 년의 풍년, 흉년을 점치는 풍속이 있었다.

11) 묘성(昴星) ; 묘성(昴星)은 '좀생이 별'. '좀생이'란 점성(占星)의 와음인듯. 『하소정(夏小正)』에서는 4월 초에 "묘즉현

(昴則見)"이라 했다.

12) 점치다 ; 묘성이 달과 가까우면 비가 많아 풍년이 들고, 거리가 멀면 가물어서 흉년이 들 징조라고 했다.

13) 스므날의 개임 흐림 ; 음 2월 20일에도 비오거나 흐리면 풍년이요, 개이면 가물어 흉년든다는 속설.

14) 육축(六畜) ; 소, 말, 돼지, 양, 닭, 개의 여섯 가지 가축.

15) 닭의 알 ; 달걀. 원문은 '단'(蛋), 즉 '새 알'로 표기했음.

16) 소루쟁이 ; 일명 소로지. 원문에는 양제채(羊蹄菜). 국 끓여 먹는 나물.

17) 본초강목(本草綱目) ; 중국 고대로부터 전해오는 한약재의 초, 목, 근, 광물, 동물 등의 이름과 성능을 적은 백과사전. 한의학의 교본으로 동양에서는 널리 애용되고 있다.

18) 산마, 궁궁이, 청출, 백출, 당귀, 아주까리 ; 모두 한약재로 쓰이는 식물.

19) 생강염즙(薑塩) ; 생강즙에 소금 넣은 약재.

20) 닭똥즙(鷄矢水) ; 관격 때 쓰는 약재.

21) 관격(關格) ; 가슴이 꽉 막히는 것 같고, 토하지도 설하지도 못하는 위급한 병.

삼월(三月)

時維季春爲嘉月 시 유 계 춘 위 가 월	때는 바로 계춘[1]이라, 가월[2]이라 불러오니
淸明穀雨是二節 청 명 곡 우 시 이 절	청명, 곡우[3] 두 절기가, 이달에 들어 있다.
六候桐華萍又生 육 후 동 화 평 우 생	육후의 현상으로, 오동꽃 · 부평초 피어나고
虹光始見鳩羽拂 홍 광 시 견 구 우 불	무지개 처음 서고, 비둘기 깃을 턴다[4].
田鼠①化鴽鴀②降桑 전 서 화 여 부 강 상	족제비 가고[5] 메추리 오고, 뽕나무엔 비둘기
品物和樂人勞碌 품 물 화 락 인 노 록	만물이 화창하고, 사람들은 바빠진다.
農家何事非關心 농 가 하 사 비 관 심	농가에서 무엇하나, 소홀함이 있을까만
最是鍬③役難爲服 최 시 초 역 난 위 복	그 중에도 가래질[6]은, 가장 힘든 노역이라.
豊腆饁彼雇丁輩 풍 전 엽 피 고 정 배	일꾼들을 풍족하게, 잘 먹여야 하느니라
塡盡慧竇鼓痴腹 전 진 혜 두 고 치 복	일 잘하게 먹여주는, 쌀독의 인정을랑

自來莊屯④厚風俗 자 래 장 둔 후 풍 속	옛날부터 우리 농가, 도타운 풍속[7]이니
惜人不惜費斗斛 석 인 불 석 비 두 곡	사람 아껴 부리는데, 말 · 섬 쌀이 아까우랴.
由酒一盞淚厥眼 유 주 일 잔 누 궐 안	베푸는 한 잔 술에, 눈물이 고이나니
俾知均如古分肉 비 지 균 여 고 분 육	우리들은 균여대사[8], 옛 일화로 전해 안다.
踏隴壅堨浚溝洫 답 롱 옹 갈 준 구 혁	논배미[9] 두둑 막고, 도랑 물고 깊이 파고
置秧基⑤外耙⑥輥⑦平 치 앙 기 외 파 곤 평	논을 써을고[10] 삶아두어[11], 모내기 준비하여
一自耬斗⑧播種後 일 자 누 두 파 종 후	한차례 보습치고, 볍씨 한 번 뿌린 후엔
其或泛忽也難成 기 혹 범 총 야 난 성	행여 소홀 실수하면, 볏모 얻기 어려우니[12]
露頃秧針移揷時 노 경 앙 침 이 삽 시	논에 옮겨 심을 때도, 뿌리를 조심하여
十分保護須如嬰 십 분 보 호 수 여 영	어린 싹 보호함을, 어린 애기 보살피듯[13]
浦前黍粟山前荳⑨ 포 전 수 속 산 전 두	못 가 밭[14]엔 기장 · 조, 메 밭[15] 엔 콩 · 팥 심소.

⑩ ⑪ ⑫ ⑬
薺薴薥蓖隔隴種
제 녕 촉 피 격 롱 종
들깨 · 옥수수 · 아주까리, 밭두렁에 부룩 박고

苴枲墾來麥耨盡
저 시 간 래 맥 누 진
삼과 모시베삼, 보리 베고 심어 두세.

野農隙是治圃重
야 농 극 시 치 포 중
들 농사에 틈만 나면, 텃밭도 가꿔야지

樆底南瓜簷邊匏
이 저 남 과 첨 변 포
울 밑에는 호박이요, 처마 밑엔 박을 심고

⑭
近垣白芝在其中
근 원 백 지 재 기 중
담장 옆엔 동아[17]를, 간간이 심어두세.

⑮ ⑯ ⑰
蔓菁萵苣菘滑葵
만 청 와 거 숭 활 규
순무와 상추 · 배추, 아욱도 심어 두고

⑱ ⑲ ⑳
辣茄落蘓芥蒜蔥
날 가 낙 소 개 산 총
고추모 · 가지모[18]에, 겨자 · 마늘 · 파도 심고

㉑
蔥外別置胡瓜田
총 외 별 치 호 과 전
파 밭 앞에 오이 밭을, 따로 심어 두어

㉒
壅糞颺場必須多
옹 분 양 장 필 수 다
거름 주고 북돋우어[19], 개바자[20] 막아두면

知是山峽夏餚饌
지 시 산 협 하 효 찬
산골짝 농촌에서, 여름의 맛난 반찬

除却菜物更有何
제 각 채 물 갱 유 하
이 채소 제쳐놓고, 또 무엇 있을손가.

桑柘葉葉與蠶生 상 자 엽 엽 여 잠 생	뽕나무 잎 잎마다, 누에 생겨 달렸으니
女紅於此須專心 여 홍 어 차 수 전 심	부녀가 해야 할 일[21], 여기에 또 있구나.
先宜浴種掃養室 선 의 욕 종 소 양 실	먼저 씨를 물에 씻고, 잠실을 청소하고
㉓ 筥苗枯刀亦推尋 거 곡 점 도 역 추 심	다래끼 칼도마도, 미리 찾아 준비하여
愼是防寒兼避穢 신 시 방 한 겸 피 예	바람구멍 막아[22] 놓고, 때 묻지 않게 하되
如犯禁忌悔無奈 여 범 금 기 회 무 나	목욕재계 조심하면, 후환인들 있을손가.
冷節前後第三日 냉 절 전 후 제 삼 일	한식을 전후하여, 그 제3일[23] 서늘할 때
果木接勿失此會 과 목 접 물 실 차 회	과일나무 접붙이기, 알맞는 시기이니
㉔ 桃杏梨柰與林檎 도 행 이 내 여 임 금	복숭아 · 살구 · 배와, 능금과 사과 접을
唯靑蔕梅古楂宜 유 청 체 매 고 사 의	오직 푸른 새순으로, 매화 등걸 접 좋으니
欲知趣味兼生涯 욕 지 취 미 겸 생 애	취미도 삼을 겸해, 생애의 보람[24]이라.
佇看開花結子時 저 간 개 화 결 자 시	꽃 피고 열매 달린, 그 모습 바라보리.

上墓難禁雨露感 상 묘 난 금 우 로 감	성묘할 때 감읍[25]함은, 조상 은덕 크심이라.
白楊新葉尙未晞 백 양 신 엽 상 미 희	백양나무[26] 새잎이라, 그늘은 못 지으니
艸際祭罷田間飮 초 제 제 파 전 간 음	풀밭에서 제 지내고, 밭 사이서 음복하니
夕陽山路乘醉歸 석 양 산 로 승 취 귀	석양에 산길 따라, 거나해서 돌아오네.
人家要品莫過醬㉕ 인 가 요 품 막 과 장	농가의 요긴한 것, 장 담는 일 큰일이라.
配塩幽菽日避辛 배 염 유 숙 일 피 신	소금을 미리 받고, 콩 삶아 띄운[27] 뒤에
中入豆腐㉖或菜服 중 입 두 부 혹 채 복	개중에는 두부장과, 고추장도 하여보세.
俱係佐飯味之珍 구 계 좌 반 미 지 진	그 맛이 생선 자반, 못지않게 진미하니
家豉不無異寺豉 가 시 불 무 이 사 시	집에 담근 콩자반은, 절 자반과 다름없이
高麗臭㉗生饞入唇 고 려 취 생 참 입 순	고린내[28]가 생겨나서, 입술까지 풍긴다네.
前山雨過蔬可採 전 산 우 과 소 가 채	앞산에 비 개이니, 산채 나물 캘만하여

桔梗茗[28]菥薇蕨新 길 경 명 절 미 궐 신	도라지 · 더덕과, 고사리도 새로 돋고
馬[29]蹄狗[30]舌香蘇[31]韭 마 제 구 설 향 소 구	곰 달래 수루취와, 연취와 풋부추며
筆[32]管木頭又朮筍[33] 필 관 목 두 우 출 순	머위와 두릅에다, 삽주[29]순을 뜯고 캐어
幾[34]籃及時編掛澣 기 람 급 시 편 괘 건	다래끼에 담아다가, 더러는 엮어 달고
餘烹和虀[35]佳肴準 여 팽 화 제 가 효 준	더러는 삶아 무쳐, 채소 반찬 하여놓고
兼酒可供餞春醉 겸 주 가 공 전 춘 취	술과 함께 안주하여, 봄 이별주 취하도록
鼎小鳥[36]啼花將盡 정 소 조 제 화 장 진	소쩍새[30] 들으면서, 꽂 지도록 마셔보세.

| 삼월(三月) 장 | 원주(原註)

① 전서(田鼠) ; '족제비'. 한자로는 서랑(鼠狼)이라고도 했다. 그러나 전서는 두더지이다.

② 부(鴀) ; '으드애', 곧 비둘기의 일종.

③ 초(鍬) ; '가래' 즉 땅을 파 올리는 3인조 긴 삽.

④ 장둔(莊屯) ; '농소(農所)' 즉 농가.(월속시)

---

⑤ 앙기(秧基) ; '모판' 곧 볏모 기르는 논. 주에 왜인의 법이라 했다.

⑥ 파(耙) ; '써으레' 곧 논을 써으는 농기구, 즉 초벌 간 논에 물을 대 넣고 다시 한 번 흙이 보드랍게 갈아 엎는 일을 '써은다' 라 하고 그 연장을 '써으레' 라 했다.

⑦ 곤(輥) ; '살미' 곧 '삶이', 즉 썰은 논을 다시 평평하게 곤죽으로 만드는 일을 '삶는다' 라고 하며 그 연장을 '삶이' 라 했다.

⑧ 누두(耬斗) ; '씨앗 뿌리는 그릇'.(연장)

⑨ 두(荳) ; '콩과 팥'. 주에 "붉은 것을 '팥', 적(賊)은 '쇠팥', 큰 것은 '콩', 완(豌)은 '동부' (완두콩), 강(豇)은 '광저기' … 아(芽)는 '기름' (콩나물)"이라 하고 『본초강목(本草綱目)』의 설명을 부기하였다.

⑩ 제녕(薺薴) ; '들깨'. 주에 "백소(白蘇)와 수임유(水荏油)는 법유(法油)요, 지마(芝麻)는 들깨"라 했다.

⑪ 촉(蜀) ; '옥수수'.

⑫ 피(蓖) ; '삼(麻)'. 그러나 이는 아주까리이다.

⑬ 격롱종(隔隴種) ; '부록 박다'. 곧 부록 치는 일, 즉 곡식이나 채소 등 이미 심어 놓은 밭 사이사이에 콩, 팥이나 다른 곡식을 심는 일. 간식(間植).
참고 ; 대우치다.(間作)

⑭ 백지(白芝) ; '동와' 곧 동과(冬瓜).

⑮ 와거(萵苣) ; '생치' 곧 상추. 수에 "잎 따고 난 뒤에 돋는 순을 '부룻동' 이라 한다."고 했다.

⑯ 숭(菘) ; '배차' 즉 배추.

⑰ 활규(滑葵) ; '아욱'. 한자로는 "동규(冬葵)"라 했다.

⑱ 날가(辣茄) ; '고초' 곧 고추. 주에 "일명 번초(番椒:蕃椒)"라 했다.

⑲ 낙소(落蘇) ; '가자(茄子)' 곧 가지. 주에 "일명 자과(紫瓜)"라 했다.

⑳ 개산(芥蒜) ; 산(蒜)은 마늘, 개(芥)는 겨자인데, 주에 "작은 것은 '족지'(쪽지) 즉 '산달래'라고 했다.

㉑ 호과(胡瓜) ; '참외'. 『월속시』 주에 "누런 오이(黃瓜), 청과(靑瓜)가 모두 같다."고 했다.

㉒ 양장(颺場) ; '붓돗질' 곧 불어날리는 일. 즉 타작마당에서 건불을 바람을 일으켜 불어날리는 일.

㉓ 점(枯) ; '도마' 곧 도점(刀枯).(『월속시』)

㉔ 내(柰) ; '사과'. 주에 야앵(野櫻)은 '벗'이라 했다.

㉕ 장(醬) ; '지령' 즉 간장.

㉖ 두부(豆腐) ; '두부'. 주에 '숙유(菽乳)' 즉 '콩 젓'이라 했다.

㉗ 고려취(高麗臭) ; '고린내' 곧 구린내라고 한문표기 했다.

㉘ 명절(茗菥) ; '더덕'. 한문 주에서는 가사삼(假沙蔘)이고 진짜는 우리나라 풍천(豊川)에서 난다고 했다. 『농가월령가』에서는 이 대목을 "삽주, 두릅, 고사리"라 했다.

㉙ 마제채(馬蹄菜) ; '곰 달래' 즉 달래 종류.

㉚ 구설(狗舌) ; '수루취' 곧 수리취. 수리취 떡이 있다.

㉛ 향소(香蘇) ; '연취' 즉 "참취(香蔬)".

㉜ 필관(筆管) ; '머희' 곧 머위(筆管菜). 머우라고도 한다.

㉝ 출순(朮笋) ; '삽 둣순' 곧 삽주, 즉 백출(白朮). 한약재.

㉞ 남(籃) ; '다락기' 곧 다래끼. 주에 "큰 것은 둥우리(簍)"라고 했다.

㉟ 제(虀) ; ‘고명’. 한문 주에 실은 고(餻:흰 떡)이 아니라 했으니, 즉 부추의 한가지이다.

㊱ 정소조(鼎小鳥) ; ‘솟적새’ 곧 소쩍새. 한문 주에 두견(杜鵑)이라 했다.

『농가월령가』에서는 이 대목을 “낙화를 쓸고 앉아”라고 노래했다.

| 삼월(三月) 장 | 역주(譯註)의 주(注)

1) 계춘(季春) ; 끝 봄. 마지막 봄. (위 표 참조)

2) 가월(嘉月) ; 3월의 다른 이름. (위 표 참조)

3) 청명(淸明), 곡우(穀雨) ; 3월의 두 절기. (위 표 참조)

4) 비둘기 깃을 턴다 ; 봄에 비둘기 등, 날짐승들은 깃을 털며 새 단장 한다.

5) 족제비 가고… ; 족제비는 날짐승을 사냥하는 동물인데 봄에는 사냥을 안한다. 그래서 날짐승이 기를 펴는 계절이다. 『예기』의 월령에서는 “오롱꽃 피고… 비둘기 뽕나무에 내린다”까지를 육후현상이라 했으니, 이 『월여농가』에서는 그대로 열거했다. 그러나 “전서”는 두더지이다.

6) 가래질(鍬役) ; 가래는 3인조로 흙 파 올리는 긴 삽. 농가 도랑이나 흙을 파 올리는데 쓰는 필수의 도구.

7) 도타운 풍속 ; 일꾼을 잘 먹이는 돈후한 풍속. 그래서 “쌀독에서 인심난다”고 함.

8) 균여대사(均如大師) ; 고려 때의 고승. 속성은 변(邊)씨(923~973)의 일화.

9) 논배미 ; 논의 두둑. 옹갈(壅堨)은 밭두둑, 또는 논두둑을 막아 밟고 다지는 일.

10) 논을 써으다 ; 1차 갈아엎은 논을 다시 보드랍게 쟁기로 갈아 고루는 작업.

11) 삶아두어 ; 논을 삶는 일, 즉 써은 논에 물을 대고, 모심기 좋게 곤죽으로 만드는 일.

12) 볏모 얻기 어렵다 ; 모내기 때 모판의 볏모를 떠서 모내기 하는데, 수급의 수량이 맞지 않으면 큰 낭패이기 때문.

13) 애기 보살피듯 ; 볏모를 옮겨 심을 때 뿌리가 상치 않게 잘 다루어야 함을 말한다.

14) 못 가 밭 ; 원문의 포전(浦前)은 浦田으로 들에 있는 축축한 밭으로 기장이나 조, 피를 심기에 적당함.

15) 메 밭 ; 원문의 산전(山前)은 山田으로 건조한 밭으로 콩이나 팥을 심기에 적당하다.

16) 부록 박다 ; 부룩 박다, 곧 곡식 심은 사이사이에 콩, 팥 등을 드문드문 더 심는 일. 간식(間植).

17) 동아 ; 일명 동과(冬瓜).

18) 고추모, 가지모 ; 고추나 가지, 깨 등은 초벌 심어서 싹을 기른 뒤, 떠서 옮겨 심어야 열매가 잘 달리므로, 이를 고추모, 가지모라 한다.

19) 붓돋우다 ; 북돋우다, 즉 곡식그루에 흙을 많이 모아 돋구어 주다.

20) 개바자 ; 텃밭 등에 나지막한 울타리 바자를 싸리나 갈대로 엮어 둘러서 개나 닭이 들지 못하게 장치한 것.
21) 부녀가 해야 할 일 ; 양잠과 직조를 말함. 3월은 상월(桑月)이요, 또 잠월(蠶月)이다. (『시경』 빈풍).
22) 바람구멍 막다 ; 누에 방의 온도관리를 위한 바람 막기.
23) 한식 전후 제3일 ; 지금의 식목일 쯤 되는 날인데, 이때 접목을 많이 한다.
24) 생애의 보람 ; 여기서는 생업, 즉 농업의 보람됨을 말함.
25) 감읍(感泣) ; 조상의 묘소가 비와 이슬에 젖는 슬픔을 말함.
26) 백양나무 ; 묘소에 흔히 심는 나무이므로 산소를 의미하기도 함.
27) 콩 삶아 띄우다 ; 메주를 곰팡이 나게 뜨게 하다.
28) 고린내 ; 구린내. 한자음으로 '고려취(高麗臭)'라 표기했으니 조선조의 조어이다.
29) 삽주 ; 백출(白朮)순. 삽주와 도라지(桔梗: 苦蕒), 더덕(茗菥), 고사리(薇蕨), 곰달래(馬蹄菜), 연취(香蘇), 수루취(狗舌草), 부추(韭) 등은 봄철의 풋 나물.
30) 소쩍새 ; 원문에서는 정소조(鼎小鳥)라고 표기했다. 두견새이다.

사월(四月)

時維孟夏爲陰月 시 유 맹 하 위 음 월	때는 바로 맹하[1]이니, 음월[2]이라 불러오고
立夏小滿是二節 입 하 소 만 시 이 절	입하, 소만[3] 두 절기가, 이달에 들어 있다.
六候蟈鳴而蚓出 육 후 괵 명 이 인 출	육후의 현상으로, 개구리 울며, 지렁이 나와
王瓜方生苦菜茁 왕 과 방 생 고 채 줄	쥐 참외 풀[4] 번성하고, 씀바귀[5] 돋아난다.
蘼艸始死麥秋至 미 초 시 사 맥 추 지	궁궁이는 마르고, 보리 가을 닥쳐 왔다.
村村男女摠忙心 촌 촌 남 녀 총 망 심	마을마다 남녀 모두, 정신없이 바삐 뛰고
自是無暇在家時 자 시 무 가 재 가 시	이제부터 집에는, 있을 틈도 없어져서
盡日竹扉掩綠陰 진 일 죽 비 엄 녹 음	종일토록 싸리문은, 녹음 속에 닫혀있네.
穀外須多種草綿 곡 외 수 다 종 초 면	곡식도 중하지만, 목화씨도 많이 심자
紡績之本在于斯 방 적 지 본 재 우 사	옷감 짜는 근본 됨이, 여기에 있느니라.
蜀黍菉豆與荏子 촉 서 녹 두 여 임 자	옥수수 · 기장 · 녹두와, 참깨도 함께 심어

雖不可無少亦宜 다소나마 없어서는, 안되는 농가 식품
수 불 가 무 소 역 의

採取橡葉坌水田 떡갈나무 잎 베어다, 무논에 뿌려주되[6]
채 취 상 엽 분 수 전

兼刈薉艸和用之 잡풀도 베어다가, 섞어서 거름 하소[7].
겸 예 예 초 화 용 지

早秔移秧晩稻耕 올벼 모는 먼저 심고, 늦벼는 논 써으레
조 갱 이 앙 만 도 경

農糧不足受糶①補 농량이 부족하면, 환자[8] 꿔다 보태 먹고
농 량 부 족 수 조 보

蠶漸長到一再眠 누에는 점점 자라, 한잠, 두잠[9] 자고 나서
잠 점 장 도 일 재 면

箇箇瑩比玉無數 낱낱이 구슬이요, 수 없이 번식하니
개 개 영 비 옥 무 수

晝夜不休勤飼後 밤낮 없이 쉬지 말고, 열심히 기른 후면
주 야 불 휴 근 사 후

庶望繭如麵繭②大 밀가루 강정만 한[10], 고치를 바랄테니
서 망 견 여 면 견 대

蘉彼捉績採桑女 그 옛날 베짜던, 채상녀[11]가 되오리라.
망 피 착 적 채 상 녀

須量始終事有賴 뽕잎 수요 요량하여, 나중일 마련하되[12]
수 량 시 종 사 유 뢰

退摘新葉折古枝 퇴 적 신 엽 절 고 지	새 잎은 제쳐 따고, 묵은 가지 찍어내어
自可易生亦無害 자 가 역 생 역 무 해	번갈아 다시 돋게, 탈 없이 보존하소.
知時薔薇花爛漫 지 시 장 미 화 난 만	때를 알아 찔레꽃[13]도, 난만히 피었으니
今年豈獨不有霖 금 년 개 독 불 유 림	금년엔 그 어찌, 장마[14]가 없을소냐.
況是三農望雲霓 황 시 삼 농 망 운 예	하물며 삼농[15]에선, 구름, 노을 살펴야만
當我事各我自任 당 아 사 각 아 자 임	각자가 해야 할 일, 제각기 다틀레라.
鏵[③]窪[④]溝塡開水竇 화 와 구 전 개 수 두	가래로 도랑쳐서, 물꼬를 열어두며
茆葺屋漏備雨涔 묘 즙 옥 루 비 우 잠	띠집을 엮어 올려, 새는 지붕 방비하고
春織木疋[⑤]蒸漂出 춘 직 목 필 증 표 출	봄에 짠 무명 옷감, 삶아 빨아 표백하며
夏穿葛衣製置兼 하 천 갈 의 제 치 겸	여름 바지 옷 지어서, 마련해 두었다면
譬無遠慮有近憂 비 무 원 려 유 근 우	먼 근심 없어지고, 앞 걱정도 덜었다네.

罔覺心蛆擢瓜芒
망 각 심 저 탁 과 망

마음 근심 생각 말고, 자녀 혼기 잡아두소.

八日懸灯傳浴佛
팔 일 현 등 전 욕 불

초파일 현등 날은, 욕불[16]하는 불가 행사

何處火樹政煌煌
하 처 화 수 정 황 황

어디어디 현등나무, 등불 환한 행사인가[17]

⑥
刺楡葉餠黑豆蒸
자 유 엽 병 흑 두 증

느티나무 잎사귀 떡[18], 검은콩 쪄낸 자반[19]

好酬佳節及窮鄕
호 수 가 절 급 궁 향

곤궁한 농촌이니, 명절인양 받아 먹세.

蜜蜂滋胤增新桶
밀 봉 자 윤 증 신 통

꿀벌 통에 새끼 쳐서, 새통 가득 불었으니

千萬一心護一王
천 만 일 심 호 일 왕

천만 마리 꿀벌들이, 여왕하나 보호함은

微物亦知君臣義
미 물 역 지 군 신 의

제 비록 미물이나, 군신 의리 알았으니

豈有人而矧可忘
개 유 인 이 신 가 망

그 어찌 사람이야, 삼강오륜 잊을소냐

前磎風靜蟹舍邊
전 계 풍 정 해 사 변

앞내에 바람자고, 게들이 기어들 때

⑦
塘網好試晩來晴
당 망 호 시 만 래 청

못 가에 그물 쳐서, 흠빽 잡아 돌아오니

靑山缺處白沙場 청 산 결 처 백 사 장	청산 끝 조용한 곳, 백사장에 천렵하네.
玫瑰花⑧發自分明 매 괴 화 발 자 분 명	들장미[20] 붉은 꽃은, 지금 한창 만발한데
銀鱗玉尺撈來躍 은 린 옥 척 노 래 약	한자 넘는 은린어[21]를, 그물로 후려내어
半斫細鱠半煮羹 반 작 세 회 반 자 갱	반은 잘라 회 쳐 먹고, 반은 끓여 찌개하니
看得悅眼嘗悅口 간 득 열 안 상 열 구	보기에도 즐겁지만, 그 맛 입에 더욱 좋아
不羨當時五候鯖⑨ 불 선 당 시 오 후 청	옛날에 이름났던, 오후청[22] 부럽잖네.

| 사월(四月) 장 | 원주(原註)

① 조(糶) ; '환자' 꿔서 보태다. 환자는 봄에 농량을 꿔 먹고 가을에 갚는 제도. 적(糴)은 곡식 빌려오고 조(糶)는 갚는 것인데, 여기서는 반대로 분별없이 썼다.

② 면견(麵繭) ; 면(麵)은 밀가루, 견(繭)은 고치인데 한자 주에 "강정(羌飣)"이라 하고 "양잠가에서는 고추 크기가 흰 밀가루 과자인 '면견' 을 바란다."고 했다.

③ 화(鏵) ; '가래' 곧 3인조가 쓰는 긴 가래 삽.

④ 와(窪) ; '고랑치다' 곧 봄에 논, 밭의 물길을 소통시키는 물고랑을 물이 잘 흐르게 막힌 흙을 치는 일.
⑤ 목필(木疋) ; 목면으로 짠 천(옷감). 주에 "화음(華音). 일명 반지화(班枝花), 또는 길패(吉貝)"라 했다.
⑥ 자유(刺楡) ; '느티나무' 곧 느릅나무라고도 하고 절간 등, 정원에 많이 심어 시원한 그늘을 준다. 잎으로는 떡을 만들어 사월 초파일에 나눠 먹었다.
⑦ 당망(塘網) ; '후리그물'. 고기잡이 그물.
⑧ 매괴화(玫瑰花) ; 주에 '야장미(野薔薇)' 또는 '해당화(海棠花)'라 했는데, 여기서는 찔레꽃이라 번역했다.
⑨ 청(鯖) ; '비웃' 곧 청어(青魚)라 했다.

| 사월(四月) 장 | 역주(譯註)의 주(注)

1) 맹하(孟夏) ; 첫 봄. 이른 봄. (위 표 참조)
2) 음월(陰月) ; 음력 4월의 별칭. (위 표 참조)
3) 입하(立夏), 소만(小滿) ; 4월의 두 절기.
4) 쥐 참외 풀 ; 원문에서는 '왕과(王瓜)'라고 했는데 열매를 먹는다고 했다. 4월의 육후현상으로는 "왕가생(王瓜生), 개구리 울다(螻蟈鳴), 지렁이 나옴(蚯蚓出), 씀바귀 무성함(苦菜秀), 일돋는 잡풀 마르고(靡草死), 보릿가을 시작된다(麥秋至)"고 했다.(『예기』 월령)

5) 씀바귀 ; 원문에서는 고채(苦菜)라고 표기하여 '씀바귀'를 말함. 일명 고들빼기 돋아난다라 하고, 『시경』 빈풍에서는 "아기풀이 무성하다(秀葽)" 라고 했다.

6) 떡갈나무 잎… ; 화학비료가 없을 때 무논에 떡갈나무의 새 잎을 베어다가 대충 말려서 거름으로 뿌렸다.

7) 잡풀을 베어다가… ; 떡갈나무 잎과 잡풀도 섞어서 무논의 거름으로 썼다.

8) 환자(還子) ; 봄에 농량을 꿔서 먹고 가을에 이자를 붙여 갚는 제도. 이를 조적(糶糴)이라 하는데, 여기 원문에 쓴 조(糶)는 꿔 먹는 양곡을 뜻했다.

9) 한잠, 두잠 ; 누에는 알에서 까 난 뒤 넉 잠을 자고 나서 성충이 되어 고치를 짓는다. 잘 때는 뽕잎을 먹지 않는다.

10) 밀가루 강정만한 ; 누에고치가 흰 밀가루 강정만큼 크기를 양잠가는 바란다.

11) 채상녀(採桑女) ; 옛날 중국의 진(陳)나라의 변녀(辯女) 또는 악곡의 이름. 누에치는 모범 여자로 전래한다.

12) 나중일…마련 ; 뽕 딸 때 아무렇게나 함부로 따다가 뒷 순이 나올 가지를 손상하면 두 벌 뽕을 못 딴다.

13) 찔레꽃 ; 원문에서는 장미화(薔薇花)라고 썼는데 장미과에 속하는 야장미 꽃이다.

14) 장마 ; 찔레꽃이 요란하게 피면 장마지는 징조로 풍년이 든다는 속설.

15) 삼농(三農) ; 평지농(平地農), 산농(山農:산전농사), 택농(澤農:논농사)의 세 가지. 또는 춘경(春耕), 하운(夏耘), 추수(秋收)의 세 가지. 여기서는 전자.

16) 욕불(浴佛) ; 4월 초파일에는 부처님 목욕시키고 현등하는 불가의 행사가 있다.

17) 행사인가 ; 이 마디는 현등 행사가 농가와는 직접 관계가 없는 일이므로 소극적인 표현을 했다.

18) 느티나무 잎사귀 떡 ; 초파일에 절에서는 느티나무 잎사귀로 떡을 만들어 나눠 먹는다.

19) 콩 찐 자반 ; 검은 콩을 쪄서 만든 자반. 불가의 필수 반찬.

20) 들장미 ; 찔레꽃과 해당화 비슷한 붉은 꽃. 원문에서는 '매괴화(玫瑰花)' 라 했고, 주에 '야장미(野薔薇)' 또는 ' 해당화(海棠花)' 라고도 했다.

21) 은린어(銀鱗魚) ; 은빛 비늘이 있는 민물고기. 원문에 '은린옥척(銀鱗玉尺)' 이라 한 것은 '한 자 넘는(越尺) 귀한 물고기' 라는 뜻.

22) 오후청(五候鯖) ; 원주에 청(鯖)은 청어 곧 '비웃' 이라 했다. 오후(五候)는 중국 한(漢)나라 성제(成帝)때의 왕씨(王氏) 5인의 제후의 음식 고사이며, 그러나 '오후청' 은 맛 좋은 음식의 대명사로 쓰였다.

오월(五月)

時維仲夏爲姤月(①) 시 유 중 하 위 구 월	때는 바로 중하이니, 구월[1]이라 이르는데
芒種夏至是二節 망 종 하 지 시 이 절	망종, 하지 두 절기가, 이달에 들어 있다.
六候螳螂(②)蟭蛸(③)出 육 후 당 랑 표 소 출	육후의 현상으로, 사마귀 새끼 나며[2]
鳴鵙(④)與蜩(⑤)噤反舌(⑥) 명 격 여 조 금 반 설	때까치와 매미 울고[3], 티티새 울음 그쳐
鹿角(⑦)解來水玉生 녹 각 해 래 수 옥 생	청각 해초[4] 풀려오고, 반하[5]는 돋아난다.
正値麥仰黃雲時 정 치 맥 앙 황 운 시	때는 바로 보리 익는, 누런빛 구름 물결
門前新埽舊築場 문 전 신 소 구 축 장	문 앞에다 탈곡마당 깨끗이 닦은 뒤에
利鎌刈來一一披 이 겸 예 래 일 일 피	날카로운 낫에 베어, 한 춤 한 춤 펼쳐 놓고
對立手揮連耞(⑧)打 대 립 수 휘 연 가 타	마주서서 도리깨로, 두들겨 탈곡하니
脫稾落處粒粒肥 탈 고 낙 처 입 립 비	떨려나는 이삭마다, 살찐 보리 알알이네.

豈料如吹如掃家 개 료 여 취 여 소 가	어찌 짐작 하였겠나, 쓸고 닦듯 빈 농가에
修爾穰穰果然期 수 이 양 양 과 연 기	잘 익은 곡식들이, 가꾼대로 넘쳤으니
麥嶺舊谷方告罄 맥 령 구 곡 방 고 경	보릿고개[6] 굶던 옛말, 이제는 사라지고
中間此食堪繼之 중 간 차 식 감 계 지	중간을 이어주는[7], 이 곡식 다행하니
從今夏農亦可作 종 금 하 농 역 가 작	이제부터 여름지이, 순조롭게 이어짐이
莫非天地恩普施 막 비 천 지 은 보 시	천지가 베푸신 덕, 그 은혜 아니런가.
石佛反面妻誰戰 석 불 반 면 처 수 전	얼굴 돌린 돌부천데, 마누라와 누가 싸워
縱收十斛妾休思⑨ 종 수 십 곡 첩 휴 사	열 섬 곡식 멋대로, 퍼간 첩은 생각 말라[8].
牧童須勤課蟒牛⑩ 목 동 수 근 과 망 우	목동은 부지런히, 황소 잘 보살피되
飼以泔菽⑪喑露艸 사 이 감 숙 습 로 초	콩 삶아 먹이면서, 풀도 베어 먹여야지.
最是早耕移秧時 최 시 조 경 이 앙 시	요긴할 손 논 갈 때와, 모내기 닥쳐오면

借諸渠背豈不好 차 제 거 배 개 불 호	그 소 등을 빌릴 일이, 얼마나 요긴한가.
麥藁日乾松枝積 맥 고 일 건 송 지 적	보리짚을 말려 두고, 솔가지도 베어 쌓아
準備霖爨[12]庶無懆 준 비 임 찬 서 무 조	장마철 땔감 마련, 근심없이 준비하소[9].
早晚蠶老下簇時 조 만 잠 로 하 족 시	조만간 누에 익어, 고치 지을 누에섶[10]과
煮繭柴又藉丁力 자 견 시 우 자 정 력	고치 삶을 땔감도, 장정 힘을 빌려야지.
涓得晴明繭摘摘 연 득 청 명 견 적 적	청명한 날 가리어, 고치 알을 잘 골라서
堂前薄鋪晒日色 당 전 박 포 쇄 일 색	집 앞에 포장 깔고, 햇볕에 잘 바래되
小大黃白中化蛹 소 대 황 백 중 화 용	크고 작고 희고 누런, 번데기감 잘 골라야
預置蛾砂明年爲 예 치 아 사 명 연 위	내년을 대비하여, 누에나방 알 까두고[11]
餘皆辨品量數後 여 개 변 품 양 수 후	그 나머진 품질 골라, 다시 한 번 살핀 뒤에
入湯尋緒引雪絲 입 탕 심 서 인 설 사	끓는 물에 모두 넣어, 흰 실마리 찾아 끌어
[13]紡車聲聲如彈珠 방 차 성 성 여 탄 주	씨아에 감아내니, 소리마다 구슬 굴리는 듯

此時滋味積功由 차 시 자 미 적 공 유	이때 재미 보는 것은, 공적쌓은 덕이로다.
好是端陽天中節 호 시 단 양 천 중 절	때는 좋은 단오라는, 천중절[12] 되었으니
矻矻之餘暇一遊 굴 굴 지 여 가 일 유	힘들고 고생타가, 한번 틈 내 쉬며 놀자.
園頭⑭摘瓜露沾衣 원 두 적 과 노 첨 의	원두밭 익은 참외, 옷 적시며 첫물 따고
壓枝櫻桃政熟紅 압 지 앵 도 정 숙 홍	가지 가득 달린 앵두, 붉게도 익었구나.
罩⑮外笋鷄⑯毛羽成 조 외 순 계 모 우 성	우리 밖을 나온 연계, 깃털 겨우 갖추어져
倣母習鳴咽日中 방 모 습 명 열 일 중	어미 흉내 낸다고, 목멘 소리[13] 우는구나.
何處女伴深碧裡 하 처 여 반 심 벽 리	어느 곳의 처녀들은, 푸른 숲에 몰려 들어
鞦韆作戲風送譁 추 천 작 희 풍 송 화	그네 뛰는 놀이 소리, 바람결에 들려온다.
兒半臂衫誇白苧⑰ 아 반 비 삼 과 백 저	처녀들의 반팔 적삼[14], 흰 모시로 꾸며 입고
簪頭菖蒲點朱砂 잠 두 창 포 점 주 사	머리에는 창포 꼽고, 주사 댕기[15] 드리웠네.

鴨不放棲只飼饟
압 불 방 서 지 사 양
오리새끼 울 밖에선 제멋대로 막 노나니[16], 가두어 길러야지.

須芟艾葉茺蔚艸⑱
수 삼 애 엽 충 울 초
약쑥과 익모초[17]를, 잊지 말고 베어두소.

幾龍治水今方驗
기 룡 치 수 금 방 험
치수하는 밝은 경험, 몇번이나 겪었기에

知時好雨不待禱
지 시 호 우 부 대 도
기우제 안 지내도, 때마침 좋은 비라.

晚來油然而作雲
만 래 유 연 이 작 운
엊저녁 자욱하게, 비구름 끼었다가

夜來沛然而注下
야 래 패 연 이 주 하
밤새도록 주룩주룩, 단비가 내렸으니

老少環坐擐稌簟⑲
노 소 환 좌 관 도 점
노소를 막론하고, 멍석자리[18] 둘러앉아

明朝主事相議辨
명 조 주 사 상 의 변
내일 아침 모내기에, 각자 할 일 의논할 제

正田⑳某種續田某
정 전 모 종 속 전 모
논갈이[19]는 누가 하고, 써으레[20]는 누가 할까

蒻笠襄衣亦幾件
약 립 양 의 역 기 건
우장 · 삿갓 · 도롱이[21]는, 몇 벌이나 갖추었나.

拔秧子爲猶易事
발 앙 자 위 유 역 사
볏모 뽑기 네가 하되, 다른 일도 바꿔하고

揷秧我任難後善 삽 앙 아 임 난 후 선	모 심기는 내하는 것, 그중에 가장 좋아
黑荏白蘇淡巴菰㉑ 흑 임 백 소 담 파 고	검은 깨와 들깨에, 담배[22] 모 심는데는
知是庄丁㉒不可免 지 시 장 정 불 가 면	잘 알고 이력 난[23], 장정이 맡아야지.
茄子鷄冠鳳仙花 가 자 계 관 봉 선 화	가지 모와 맨드라미[24], 봉선화 가꾸기와
燈籠艸㉓皆兒女當 등 롱 초 개 아 녀 당	꽈리[25] 심어 가꾸는 일, 모두가 여아의 몫
姑媳專心供野饋 고 식 전 심 공 야 궤	할미는 오로지, 들 점심[26]만 챙기소서.
大麥熱飯蔥冷漿 대 맥 열 반 총 냉 장	보리밥[27] 덥게 지어, 파 냉국 곁들이고
萵苣包兼番椒醬㉔ 와 거 포 겸 번 초 장	상추쌈에 고추장을, 아울러 차려내면
剩於諸口也先量 잉 어 제 구 야 선 량	입에도 넉넉하고[28], 또한 배도 채우나니
金剛山猶食後景 금 강 산 유 식 후 경	금강산도 식후경이란, 그 말이 맞는 것이
不飽勞苦何以忘 불 포 노 고 하 이 망	배고파서 노고한들, 그 어찌 잊을 건가.

| 오월(五月) 장 | 원주(原註)

① 구월(姤月) ; 음력 5월의 다른 명칭.

② 당랑(螳螂) ; '오적어' 곧 오징어, 사마귀란 뜻도 있으나 여기서는 아니다.

③ 표소(螵蛸) ; 오적어 알집.

④ 명격(鳴鶪) ; 때까치 울다.

⑤ 조(蜩) ; 매미 종류. 『시경』 빈풍에서는 7월장에서 읊었다.

⑥ 반설(反舌) ; '티티새' 는 반설(反舌)로 야만족의 언어같이 분명하지 않은 소리로 운다 하여 반설이라 함.

⑦ 녹각(鹿角) ; '청각' (해초 이름). 사슴 뿌리 모양이다.

⑧ 연가(連耞) ; '도리짓' 곧 도리깨질.

⑨ 석불반면처수전. 종수십곡첩휴사(石佛反面妻誰戰. 縱收十斛妾休思)의 두 구절은 당시의 유행어인 듯. 해석은 역주에 있음.

⑩ 망우(蟒牛) ; '황소'.

⑪ 습(啃) ; (소)에게 풀을 먹이다. 습(啃)은 '뜯어먹다' 라고 주했다(『속시』).

⑫ 임찬(霖爨) ; 장마 때 땔감.

⑬ 방차(紡車) ; '문래', 또는 씨아. 문래(文來)는 인명이라 하고 '자애' 라고도 한다고 했음.

⑭ 원두(園頭) ; '원두 한이' 라 하고 한이는 큰 사람을 의미한다고 했다. 여기서는 참외 원두막 주인을 말함(『속시』).

⑮ 조(罩) ; '우리' 혹은 가리. 대나무 혹은 싸리로 엮은 닭 우리.

⑯ 순계(笋鷄) ; 연계. 어린 닭. 주에서 "순(笋)은 연(軟)으로 한다"고 했다.

⑰ 백저(白苧) ; '모시'. 주에서 "고려사에서는 모시(毛施)라 했다"고 했음.

⑱ 충울초(茺蔚草) ; '익모초' 즉 집 주변에 자생하는 약풀.(『속시』)

⑲ 도점(稌簟) ; 멍석 또는 찰벼, 점은 삿자리. 여기서는 방에 깔아놓은 자리 멍석.

⑳ 정전(正田) ; '늘 논 가는 사람'. 한문 주에 "상경답(常耕沓)이니, 혹은 경(耕) 혹은 진(陳)"이라 했다.

㉑ 담파고(淡巴菰) ; '담배'.

㉒ 장정(庄丁) ; '머슴'. 곧 일꾼.

㉓ 등롱초(燈籠草) ; '꽈리나무'(『속시』).

㉔ 와거(萵苣)와 번초장(番椒醬) ; 와거는 '상추'. 번초장은 '고추장'. 번초는 蕃椒가 맞는 글자(『속시』).

| 오월(五月) 장 | 역주(譯註)의 주(注)

1) 구월(姤月) ; 음력 5월의 별칭.
2) 사마귀 새끼 나다 ; 원문에는 당랑표소(螳螂螵蛸)라 했으니 당랑은 여기서는 오징어. 표소는 새끼벌레집. 5월에 까 난다. 당랑은 사마귀를 뜻하기도 한다.
3) 때까치와 매미 울다 ; 원문에서는 명격(鳴鶪)이라 했고, 『시경』 빈풍(豳風)의 7월장에는 명조(鳴蜩), 즉 '매미 울고, 여치 운다(斯螽動股)고 했다.

4) 청각 해초 ; 해초 이름. 녹각은 사슴의 뿌리이지만 여기서는 해초 이름으로 그 모양이 사슴의 뿌리와 같다.
5) 반하(半夏) ; 약초 '끼무릇'. 본문의 수옥(水玉). 『본초강목』에 있다.
6) 보릿고개 ; 한국 농가의 춘궁기. 보리죽으로 겨우 연명한다 해서 생긴 말. 원문의 구곡(舊谷)은 속(俗)이어야 옳다.
7) 중간을 이어주다 ; 봄과 가을 중간인 여름 식량을 보리가 이어 준다.
8) 펴간 첩은 생각 말라 ; 처와 첩의 이 두 구절은 당시의 유행어인 듯, 저자 김소당의 감상으로 덧붙인 사족 같다. 즉 "무던한 본처와는 다투지 말고, 헤프게 펴가는 첩을 경계하라"는 뜻이다.
9) 땔감 준비 ; 장마철 땔감과 고치실 뽑을 때의 부엌 땔감을 말함.
10) 누에섶 ; 누에가 고치 지을 짚이나 나뭇가지 섶.
11) 누에나방 알 까두다 ; 누에 알 받기. 즉 종이에 누에 알을 받았다가 다음 해에 새끼 깨우는 준비.
12) 천중절(天中節) ; 단오절(端午節)을 말하며, 이때 태양이 천중(天中)에 뜬다 해서 붙인 이름.
13) 목멘 소리 ; 연계 수탉의 목 덜 터진 울음소리. 원문에서는 "어미 흉내 울음 익히기"(倣母習鳴)라고 했으나, 실은 "수탉 흉내"내는 서투른 울음 우는 연계 수탉 울음이다.
14) 반팔 적삼 ; 원문에서 "반비삼(半臂衫)이라 했으니 반소매 적삼이다.
15) 주사 댕기 ; 붉은 수정 달은 댕기. 주사(朱砂)는 수정(水晶)을 말함.

16) 오리를 내놓아 기르지 않음(鴨不放棲)이란 오리 사육법 뿐만 아니라 자녀 양육의 경계어(警戒語)인 듯도 하다.
17) 약쑥과 익모초 ; 농촌의 구급 약재로 쓰이는 약초.
18) 멍석자리 ; 농가의 짚으로 엮은 자리. 원문에는 "관도점(慣稌簟)이라 하고 주에서 '멍석' 이라 했다.
19) 논갈이 ; 원문에서 "정전(正田)"이라 쓰고 상경답(常耕畓)이라 주 했으니 논갈이에 이력난 사람을 말한다.
20) 써으레 ; 원문에 '속전(續田)' 이라 하고, 혹 경(耕), 혹 진(陳)이라 한 것을 논 써으는 일로 해석했다.
21) 우장 · 삿갓 · 도롱이 ; 원문의 약(篛)은 '대껍질 · 삿갓' . 입(笠)은 '삿갓' . 양의(襄衣)는 '도롱이' .
22) 담배 ; 원문에 '담파고(淡巴菰)' 로 쓰고 '담배' 라고 주 했다.
23) 잘 알고 이력나다 ; 여기서 장정은 일꾼을 말하며 담배 모종 등은 일꾼이 더 잘 안다는 뜻.
24) 맨드라미 ; 원문에서 계관(鷄冠)이라 표기했는데 닭의 볏이 맨드라미꽃, 즉 '계관화(鷄冠花)' 처럼 생겨서 하는 말.
25) 꽈리 ; 원문은 '등롱초(燈籠草)' 라고 표기하고, 『속시』 주에서는 '꾸아리나무' 라고 했다.
26) 들 점심 ; 원문은 '야궤(野饋)' 즉 들에다 차리는 음식으로 썼다.
27) 보리밥 ; 원문은 '대맥열반(大麥熱飯)' 즉 "뜨거운 보리밥"으로 표기됨.
28) 입에도 넉넉하다 ; 원문은 "잉여제구(剩餘諸口), 즉 여러 입에서 넘친다."로 상추쌈이 입에 가득 찬 모습을 말함.

유월(六月)

時維季夏爲具月 시 유 계 하 위 구 월	때는 바로 계하이니, 구월[1]이라 이르는데
小暑大暑是二節 소 서 대 서 시 이 절	소서, 대서[2] 두 절기가, 이달에 들어 있다.
六候溫風從何至 육 후 온 풍 종 하 지	육후의 현상으로, 더운 바람 어디서 불어왔는지
蟋蟀居壁鷹摯掣 실 솔 거 벽 응 지 체	귀뚜라미 벽에 붙고, 새끼 매는 날려 하며[3]
腐艸化螢土潤溽 부 초 화 형 토 윤 욕	풀잎 썩어 반디 되고, 땅은 젖어 찌고 있고
大雨時行惱農情 대 우 시 행 뇌 농 정	때때로 큰 비 와서, 농가는 성가시다.
方熟穬麥①鈴鐺麥② 방 숙 광 맥 영 당 맥	귀리 · 호밀[4] 바야흐로, 영글어 방울방울
次第穫必乘乍晴 차 제 확 필 승 사 청	개인 날 틈을 타서, 익는 대로 수확하소[5].
黍稷③諸豆未穧前 서 직 제 두 미 제 전	기장과 피, 콩과 팥은, 아직 익지 않았으니[6]
網口犍馱出莫休 망 구 건 태 출 막 휴	옹구[7]와 망태기[8]는, 밖에 나가 쉴 새 없고

穧餘根種各田耨[④] 메 베는 뿌리 돋고[9], 이밭 저밭 김을 매네[10]
제 여 근 종 각 전 누

這裡綿花人功尤 그런 틈에 면화 밭도, 더욱더 공 들이소.
저 리 면 화 인 공 우

耕蕎採藻摘槐花 메밀 갈이[11]와 해초, 홰나무 꽃[12]도 따고
경 교 채 조 적 괴 화

收蜜取忝并可謀 벌통에서 꿀을 모아, 단지 넣어 챙겨두소.
수 밀 취 첨 병 가 모

開閘放水菜培土 물 문은 열어 놓고[13], 배추밭 흙 고르며
개 갑 방 수 채 배 토

址中蘺底亦薙艸 집터의 담장 밑에, 무성해진 풀을 깎고
지 중 리 저 역 체 초

永日不捨鋤钁[⑤]簣[⑥] 종일토록 호미 괭이, 삼태기를 안 놓으니
영 일 불 사 서 곽 궤

背炙汗蒸口且燥 등에선 뜸질하고, 한증 더위 갈증나네[14].
배 자 한 증 구 차 조

縱餿碗飯澁盆醪 쉰 보리밥[15] 한 사발에, 쓴 막걸리 한 종지가
종 수 완 반 삽 분 료

猶醫飢渴眞良藥 배 곯을 때 몸 살리는, 진짜 약 되는구나.
유 의 기 갈 진 량 약

亭子木蔭淸風下 정자나 나무 그늘, 시원한 바람 쐬며
정 자 목 음 청 풍 하

既醉且飽一時樂 기 취 차 포 일 시 낙	취하고 배부르니, 한 때의 낙이로다.
衝盡滑泥又臨溪 충 진 활 니 우 임 계	“쉬다가 미끄러져, 개울에 빠져드니
人牛之足俱濯妙 인 우 지 족 구 탁 묘	사람과 소의 발이, 한꺼번에 씻네 그려.
魚兒在水閒自游 어 아 재 수 한 자 유	물고기는 물속에서, 한가로이 노는 속에
蛙子中暍喘莫跳⑦ 와 자 중 갈 천 막 도	개구리는 더위 먹고, 헐떡이며 못 뛰누나.”[16]
納凉薄暮歸來路 납 량 박 모 귀 래 로	서늘해진 저녁 무렵, 집으로 오는 길은
踏了秧謌⑧還發笑 답 료 앙 가 환 발 소	걸음마다 농부가[17]요, 웃음이 절로 나네.
藹藹夕烟沉山邨 애 애 석 연 침 산 촌	자욱한 저녁 연기, 산촌 마을 잠겨있고
柴門朣朦月色照 시 문 동 몽 월 색 조	농가의 싸리문이, 달빛 어스름 비쳤었네.
老翁雖無劼劼事 노 옹 수 무 할 할 사	늙은이도 맡아 할 일, 비록 없다 한다마는
與家分勞未閒適 여 가 분 로 미 한 적	온 집안 함께 할 일[18], 한가로이 있을소냐.

披霧朝摘靑黃瓜 피 무 조 적 청 황 과	이슬 젖은 오이 밭에, 푸른·누런 오이[19] 따기
冒炎午布春秋麥 모 염 오 포 춘 추 맥	폭염 속 마당에다, 보리 널어 말리기와
因循試⑨橧在中庭 인 순 시 증 재 중 정	마당의 돼지우리, 먹이 풀 던져주기[20]
聊復綑扉向北寮 요 복 곤 비 향 북 료	북창 밑에 기대앉아, 짚신 삼기 여념없고,
勞形欠伸到雕㔟 노 형 흠 신 도 조 기	지쳐서 하품나고, 힘겨워 쓰러지면
支得木枕暫息腰 지 득 목 침 잠 식 요	목침 베고 잠시동안, 허리를 펴노라면
嗒然闔眼忽驚起 탑 연 합 안 홀 경 기	잠깐동안 눈 붙였다, 놀라 깨어 바라보니
睹牛⑩湅過談風蟬 도 우 동 과 담 풍 선	소나기[21] 지나가고, 매미가 읊조린다.
老媼餽餘亦有務 노 온 궤 여 역 유 무	늙은 할미 하는 일은, 음식 챙겨 나누기[22]와
潛心動指繹陳綿 잠 심 동 지 역 진 면	묵은 솜 틀고 앉아, 알뜰히 펴서[23] 내며
瓜或爬痒劉蚤蝨 과 혹 파 양 유 조 슬	손톱으로 등 긁기와, 벼룩 이 잡는 일[24]과

扇拂蒼蠅帚掃蛜
선 불 창 승 추 소 이

부채로 파리 몰고, 쥐며느리[25] 청소하기

駈蚊除蝎[11]豈無術
구 문 제 갈 개 무 술

모기 쫓고 전갈 잡기, 그 어찌 방법 없나

燒萍籍菖夜眠遲
소 평 자 창 야 면 지

부평초와 창포 잎을, 밤새우며 태워 쫓네[26]

三伏俗節流頭日
삼 복 속 절 유 두 일

삼복과 유두일은, 민간의 명절이라

甛瓜水⿰飠耑[12]小麥麪[13]
첨 과 수 단 소 맥 면

참외와 수단 떡[27]에, 밀가루 국수 눌러

時食家廟薦新后
시 식 가 묘 천 신 후

사당에다 새 음식을, 천신제사 지낸 뒤에

六親分吃同欣忭
육 친 분 흘 동 흔 변

육친 가족 나눠 먹고, 모두 함께 즐기세나.

麥麩相雜踏麴置
맥 부 상 잡 답 국 치

밀기울 삶아 밟아, 누룩을 재워두어[28]

釀酒可資祭兼讌
양 주 가 자 제 겸 연

술 빚어 제주 쓰고, 잔치 술도 마련되네.

新合盆醬頻曝陽
신 합 분 장 빈 포 양

새로 담은 장독을랑, 자주자주 볕 쏘이고

熟汁揷篘[14]舀[15]⿰興斗[16]出
숙 즙 삽 추 요 구 출

익은 장을 걸러내는, 용수[29]를 꽂아두소.

村中劼力共掘坎 온 마을 협력하여, 움 구덩 파[30] 놓고서
촌 중 할 력 공 굴 감

麻幹刈束蒸脫畢 삼 베어 삶아내고, 껍질을 벗긴 다음
마 간 예 속 증 탈 필

精細織布⑰麤擰⑱絪⑲ 가는 베 모시 베와, 굵은 베를 가려내어
정 세 직 포 추 영 인

不可缺者與綿一 무명베와 다름없이, 꼼꼼히 챙겨두소.
불 가 결 자 여 면 일

| 유월(六月) 장 | 원주(原註)

① 광맥(穬麥) ; '귀밀' 즉 보리의 한 종류. 일명 '귀밀보리'.

② 영당맥(鈴鐺麥) ; '구을이' 곧 귀밀. 한자 뜻은 방울 귀밀. "정다산(丁茶山)은 구맥(瞿麥)이라 했다"고 주 했다.

③ 서직(黍稷) ; '조(粟)' 곧 조라고 하고, 다시 패제(稗稊), 즉 피와 돌피라고 주 했다.

④ 근종(根種) ; '그루' 곧 곡식 이랑의 그루 돋음 김 매기. 곡식 그루를 북돋는 일.

⑤ 서곽(鋤钁) ; '괭이' 또는 '쇠시랑'. 주로 탑(搭=두드리다)이라 했다.

⑥ 궤(簣=蒉) ; '삼태' 곧 삼태기.

⑦ 『월여농가』에는 “충진활니(衝盡滑泥)에서 족구탁묘(足俱濯妙)”까지만 추고 되어 있으나 『속시』에서는 “어아재수(魚兒在水)의 두 구절을 더 써 넣었다.

⑧ 앙가(秧歌) ; ‘메나리’ 곧 산가(山歌)라고 주 했는데 농부들이 부르는 노래로 ‘뫼나리’ 라고도 함. 여기서는 ‘농부가’ 로 번역했다.

⑨ 시증(試橧) ; ‘돗깃쥬다’ 라 주 하고 “언시급신”(言豕給薪)이라 했는데, ‘돼지에게 풀 주는 것’ 을 말함.

⑩ 도우동(賭牛凍) ; ‘소나기’, 곧 소낙비. 『농가고담(農家古談)』에 있는 말이라 주 했다.

⑪ 갈(蝎) ; ‘전갈’. 『십이월속시』에서는 맹(虻)은 ‘등에(쉬파리)’, 별슬(鱉蝨)은 ‘빈대’, 장랑(蟑螂)은 ‘박휘(바퀴벌레)’ 를 더 열거했다.

⑫ 수단(水饍) ; ‘슈단’ 곧 수단(水團)이라고 했는데, 즉 동그란 떡으로 만든 수제비 비슷한 음식.

⑬ 면(麪) ; ‘모밀국수’. 주에 맥말(麥末)을 ‘면’ 이라 했다 하고, ‘면(麵)’ 이라 한다고도 했다. 즉 ‘밀국수’ 를 말한다.

⑭ 추(篘=蒭) ; ‘용수’ 즉 술이나 장을 걸러내는 바구니 종류.

⑮ 요(舀) ; ‘떠내다’ 즉 술이나 장을 걸러서 떠내는 일.

⑯ 구(斞) ; ‘국기’ 라 주 했다. 즉 ‘구기’ 를 말하며 술이나 간장 뜰 때 쓰는 국자의 일종.

⑰ 직포(織布) ; 주에 포백(布帛)의 총칭이라고 했다. 즉 천 종류를 총칭.

⑱ 영(擰) ; ‘꼬다’ 곧 새끼나 실을 꼬는 일.

⑲ 인(紖) ; ‘쇠바’ 곧 소에 짐 실을 때 묶는 밧줄.

| 유월(六月) 장 | 역주(譯註)의 주(注)

1) 구월(具月) ; 음력 6월의 별칭. 상기 표 참조.
2) 소서(小暑), 대서(大暑) ; 24계절 중 6월의 두 절기. 상기 표 참조.
3) 원문에서는 매 발톱 움켜쥐다(鷹摯掣)로 되어 있으니 매의 새끼가 커서 날려고 발톱을 움켜쥔 계절.
4) 귀리 · 호밀 ; 원문의 광맥(穬麥)과 당맥(鐺麥)으로 주에서 광맥은 '귀밀', 당맥은 '귀무(耳牟=吏文)' 또는 '구맥(瞿麥)' 이라 했으니, 귀리는 밀의 일종이고 가축사료에 흔히 쓰이며, 호밀은 밀가루 내는 밀.
5) 익는 대로 수확 ; 여름 농량이 다급한 농가임으로 하는 말.
6) 아직 익지 않았으니 ; 기장과 피, 콩 · 팥 등은 8월에 가야 익는다.
7) 옹구 ; 원문의 망구(網口)로 소기르마에 걸쳐 놓고 물건 싣는 건치.
8) 망태기 ; 원문의 건태(犍馱)로 농가에서 물자를 나르는 기구.
9) 메 베는 뿌리 돋고 ; 비 온 뒤에 곡식의 뿌리들은 흙을 걷어올려 한 번 더 돋아준다. 『농가』에서는 "젊은이가 하는 일"이라 했다.
10) 이밭 저밭 김을 매다 ; 원문에서는 "각전누(各田耨)"라 했는데 『농가』에서는 "논 밭을 갈마들여 3,4차 돌려 맬제"라 했다.
11) 메밀 갈이 ; 이모작 할 때 메밀 베고 채소 심는다.
12) 홰나무 꽃 ; 원문에서는 '괴화(槐花)라 했는데 이 홰나무 꽃은 치질 등, 한약재로 쓰이는데 농가 여름에 많다.
13) 물 문은 열어 놓다 ; 비 온 뒤에 물꼬를 열어 놓고 물을 빼야 벼도 잘 영글고 밭에 다는 채소를 심는다.

14) 갈증난다 ; 뙤약볕에서 김맬 때 등에는 뜸뜨듯, 몸은 한증하듯, 입은 갈증나서 마른다.

15) 쉰 보리밥 ; 원문의 '종수완반(縱餿碗飯)' 으로 여름 보리밥은 변하기 쉽기 때문에 '막 쉰밥(縱餿)' 이라고 했다.

16) "쉬다가 미끄러져…개구리 뛰지 못한다."의 4귀절은 삽입된 것으로 『월여』에서는 두 귀절, 『속시』에서는 4귀절을 추고형식으로 첨가했으나, 여담 격으로 원시와는 거리가 멀다. 다만 농촌의 6월 더위 속에서 벌어지는 정경으로 일꾼은 점심먹고 낮잠 자다 잠결에 미끄러져 제방에서 개울로 굴러 떨어져 그 김에 소와 함께 발을 씻고, 물고기는 한가롭고, 개구리는 헐떡거리는 풍경이다.

17) 농부가 ; 원문에서는 앙가(秧歌)라 쓰고 '메나리(山歌)' 라 주석했다. 앙가란 현재는 '모심기 노래' 이다.

18) 온 집안 함께 할 일 ; 원문의 '여가분로(與家分勞)로 "집안에서 나누어 할 일"인데 이 대목은 노인의 할 일을 말함.

19) 푸른 · 누런 오이 ; 푸른 오이와 익어서 누렇게 된 오이. 일부러 익히는 오이는 씨를 받을 누런 오이이다.

20) 돼지우리 먹이 풀 던져주기 ; 원문 중에서 '증(橧)' 을 주석에서 "돗깃주다" 즉 "돼지에게 짚이나 풀을 준다"라 했다. 돼지우리에는 먹이 풀 뿐만 아니라 자리 짚 등도 자주 주어야 한다.

21) 소나기 ; 원문에 도우동(賭牛凍)이라 했는데 '도우' 는 '소내기' 의 이두 표기이고 '동' 은 차다는 뜻이나 '소낙비' 로 전의(轉義)시켰다.

22) 음식 챙겨 나누기 ; 원문의 '궤여(餽餘)' 는 "남은 음식 나눠

먹기"로 할머니는 집안 인척에게 음식 나눠주는 일을 도맡아 한다.

23) 묵은 솜…펴다 ; 묵은 솜을 엷게 펴서 새 이불, 새 옷에 넣는다. 지금은 기계가 편다.

24) 벼룩 이 잡는 일 ; 『속시』에서는 맹(虻)은 '등에' 곧 쉬파리, 별슬(鱉蝨)은 '빈대', 장랑(蟑螂)은 '바퀴벌레'를 더 주해 넣었다.

25) 쥐며느리 ; 원문의 '이(蛜)'를 말하며 집안에 기어다니는 잡벌레.

26) 부평초, 창포 잎 태우다 ; 여름 밤에 모깃불이나 잡벌레를 쫓는 마른 건불 태우기.

27) 수단 떡 ; 원문의 수단(水餻)은 곧 수단(水團)인데 조그맣고 동그란 옹생이 떡을 물에 넣어 만든 물 떡. 마른 떡은 단고(團餻)라고 한다. 신라 때 풍속.

28) 누룩을 재워두다 ; 술 빚을 누룩(麯子)을 빚어 곰팡이 나게 띄워두다.

29) 용수 ; 원문의 '추(篘)'이니 용수란 술이나 장을 거르는 작은 소쿠리. 국자.

30) 움 구덩 파다 ; 본문의 '굴감(掘坎)'이니, 곧 구덩이 파는 일. 삼을 베어 쪄낼 때 쓰는 움 구덩이.

칠월(七月)

時維孟秋爲相月 시 유 맹 추 위 상 월	때는 바로 맹추[1]이니, 상월[2]이라 일러오고
立秋處暑是二節 입 추 처 서 시 이 절	입추 · 처서[3] 두 절기가, 이달에 들어 있다.
六候凉風白露降 육 후 양 풍 백 로 강	육후의 현상으로, 시원한 바람 불고, 흰이슬 내리며
鷹方祭鳥蟬聲咽 응 방 제 조 선 성 열	매는 새를 잡고[4], 매미는 목메어 울고
天地始肅禾乃登 천 지 시 숙 화 내 등	온 천지가 고요하고, 밭곡식이 익어간다.
今年穡事政何如 금 년 색 사 정 하 여	금년 농사 헤아리니, 작황 어찌 되었던가
愼勿放過未盡熟① 신 물 방 과 미 진 숙	낟알이 익기 전엔, 방심할 일 아니로다.
灾祥在彼勤怠余 재 상 재 피 근 태 여	재앙과 기쁜 일은, 부지런과 게으른 탓
收芻釀糞耘禾稗 수 추 양 분 운 화 패	풀 베고 인분 빚고, 서속 밭 김매어라.
磨鎌剝②楥伐墓艸 마 겸 박 원 벌 묘 초	낫 갈아서 느티 베고, 선산 벌초하여두소

晩秧方發早粟稇
만 앙 방 발 조 속 곤
늦벼 막상 이삭 패니, 오조는 묶어 베소[5].

野偶人③能駈雀耗
야 우 인 능 구 작 모
허수아비 세워 놓고, 참새 떼 몰아내고

近川阡陌浚覆沙④
근 천 천 맥 준 복 사
집 앞 개울 밀린 모래, 밭두둑 준설하며

囓膦必資淤蔭⑤耕
설 연 필 자 어 음 경
살찌고 좋은 밭을, 거름 주고 깊이 갈아

珎藏菁菘先彼種
진 장 청 숭 선 피 종
무우, 배추 시절 따라, 제 먼저 심어두세.

匝田荊笆⑥防人行
잡 전 형 파 방 인 행
밭 둘레엔 가시 바자[6], 출입 막게 둘러치소.

婦子且念到頭事
부 자 차 념 도 두 사
주부가 명심하여, 챙겨야 할 일 있으니

爲君促織有鳴聲
위 군 촉 직 유 명 성
남편 옷감 베 짜기로, 바쁜 듯 북소리가

聲聲聽來似驚懶
성 성 청 래 사 경 란
소리마다 나태함을, 일깨워 주는 듯이[7]

趁時端合理杼軸
진 시 단 합 이 저 축
때마침 칠석이라, 북과 바디치는 모습

七夕牛女相思涙
칠 석 우 녀 상 사 루
견우 · 직녀 헤어지며, 못 잊어 짓는 눈물

謫下人間成霢霂
적 하 인 간 성 맥 목

인간으로 내려와서, 가랑비 된 그 격이라.[8]

經霖堵內盡醭臭⑦
경 림 도 내 진 복 취

장마를 겪었으니, 온 집안은 곰팡냄새

晩晴猶曬⿰曹少舊⑧服
만 청 유 쇄 조 구 복

가을날 개인 해에, 묵은 옷 별 쪼이소.

何羨富家鋪錦綉
하 선 부 가 포 금 수

그 어찌 부자집의, 비단 옷감 부러울까

勝似郝隆⑨代書腹
승 사 학 륭 대 서 복

학륭(郝隆)의 칠석포쇄[9], 그보다 나을 거다.

新衣亦爲老幼在
신 의 역 위 노 유 재

늙은이와 아이 위해, 새 옷을 장만하되

凉前庇背先製速
양 전 비 배 선 제 속

춥기 전에 등받이 옷, 그 먼저 지어두소.

精洗踏⑩來染糨⑪擣
정 세 답 래 염 강 도

세답(洗踏)[10]을 가려내어, 풀 먹여 두들겨서

風外砧杵月下屋
풍 외 침 저 월 하 옥

바람 없는 달 밑에서, 다듬이 하여두소.

倭瓜瓠⑫瓜生使槀
왜 과 호 과 생 사 고

호박 · 오이 싱싱할 때, 따다가 고지 끼고

胡瓜紫瓜鹺須漬
호 과 자 과 차 수 지

되 호박 붉은 가지, 소금에 절여두면[11]

此是豆麻鄕⑬旨蓄 차 시 두 마 향 지 축	이것이 두메산골, 밑반찬 미천이라
無非可禦一冬寘 무 비 가 어 일 동 치	한 겨울 버텨내기, 준비물 아닐 건가.
且審班枝早咕嘟⑭ 차 심 반 지 조 고 도	새로 나올 꽃순[12]이, 잘 필 씨앗 살피어서
種摘都在心力費 종 적 도 재 심 력 비	종자 골라 준비하는, 그 마음 잊지 마소.[13]

| 칠월(七月) 장 | 원주(原註)

① 미진숙(未盡熟) ; '아직 익지 않음'. 『십이월속시』에서는 '상청공(尙靑空)'이라 달리 표기하고 "미성실(未成實)을 말한다"고 주석했다.

② 원(楥) ; '구렁나무' 아닌가 한다고 주 했는데 곧 느티나무로 찌어 말려 땔감으로 썼거나, 짚신 나무틀로 썼을 것임. 『농가』에서는 이 대목을 '두렁깎기'라 했다.

③ 야우인(野偶人) ; '정의아비'라 주 했는데 논, 밭에 세워 두는 허수아비를 말함.

④ 복사(覆沙) ; 주에 ‘복새질녀’ 라 했는데, 개천의 모래가 논, 밭에 밀려와서 쌓인 것을 말함.

⑤ 어음(淤陰) ; ‘거름’ 이라고 주 했다.

⑥ 형파(荊笆) ; ‘싸리바자’ 라고 주 했는데, 한자의 뜻은 가시나무 바자(울타리)이다. 텃밭에 둘러친다.

⑦ 복취(醭臭) ; 복(醭)은 ‘곰팡’ 이라 주 했는데, 간장에 나는 골마지이고 그러한 퀴퀴한 냄새를 말함.

⑧ 조구(皺舊) ; ‘찌들어 낡다’ 라고 주 했다.

⑨ 학륭(郝隆) ; 중국 고사로 진(晋)나라 사람 학륭이 칠석에는 남들처럼 옷을 볕 쏘이지 않고 마당에 누웠는데 남들이 물으니 “나는 뱃속의 책을 볕 쏘인다”라고 했다는 고사.

⑩ 세답(洗踏) ; ‘셔답’ 이라고 주 했는데 빨랫감을 말한다고 했다. 표준말은 빨래, 세답은 고어. 강원도에서는 지금도 사용하는 말임.

⑪ 강(糨) ; ‘니풀(糊)’, ‘밀풀’ 또는 ‘풀’ 이라 한다고 주 했다. 옷에 먹이는 풀.

⑫ 왜과(倭瓜) ; ‘남과(南瓜)’ 라 주 했고 『십이월속시』에서는 호박이라고 주 했다.

⑬ 두마향(豆麻鄉) ; ‘두메시골’ 곧 산협(山峽)을 말한다고 했다. 이두(吏讀) 표기이다.

⑭ 고도(咕嘟) ; ‘꽂봉오리’ 라고 주 했는데 표기법이 생소하다.

| 칠월(七月) 장 | 역주(譯註)의 주(注)

1) 맹추(孟秋) ; 첫 가을. 계절표 참조.
3) 상월(相月) ; 음력 7월의 별칭. 계절표 참조.
3) 입추(立秋), 처서(處暑) ; 가을이 시작되고 더위가 물러간다는 7월의 두 절기.
4) 매는 새를 잡고 ; 원문에서는 '응방제조(鷹方祭鳥)' 라 했는데 매가 가을에 새를 많이 잡아놓은 모양을 뜻한다.
5) 오조를 묶어 베다 ; 원문의 '조속곤(早粟梱)' 으로 곤은 묶다, 추수하다의 뜻.
6) 가시 바자 ; 원문에 형파(荊笆)라 쓰고 '싸리바자' 라고 주 했지만 글자 뜻대로 '가시 바자, 즉 가시울타리' 로 번역했다.
7) 일깨워주는 듯 ; 『농가』에서는 "베짱이 우는 소리 자네를 위함이라"라고 노래했다.
8) 가랑비 된 그 격이라 ; 7월 칠석날 밤 으레히 살짝 비가 온다는데 이는 견우, 직녀가 이별하는 눈물이라 하였다.
9) 학륭(郝隆)의 칠석포쇄(七夕曝曬) ; 중국 진(晋)나라 사람 학륭은 칠석날에 다른 사람들은 옷을 볕 쏘이는데, 자기는 뱃속의 책을 볕 쏘인다며 마당에 누워있었다는 고사. 상계 원주 참조.
10) 세답(洗踏) ; 빨래를 말함. 옛적 농촌에서 다림질 할 여가가 없을 때 옷을 빨아서 접어 밟아 입었던 듯. 빨아서 밟는다는 한자를 썼다.
11) 소금에 절여두다 ; 장아찌 하는 일.
12) 꽃순 ; 고도(呫嘟)라고 썼으니 드물게 보는 표기법이고 '씨앗의 싹 눈' 을 말하는듯 하다.

팔월(八月)

時維仲秋爲壯月 시 유 중 추 위 장 월	때는 바로 중추이니, 장월[1]이라 이르는데
白露秋分是二節 백 로 추 분 시 이 절	백로 · 추분[2] 두 절기가, 이달에 들어 있다.
六候鴻來燕且去 육 후 홍 래 연 차 거	육후의 현상으로, 기러기 오고, 제비 가고
群鳥養羞雷聲撤 군 조 양 수 뇌 성 철	모든 새는 배불리고[3], 우렛소리 사라지며
蟲方坯戶水始涸 충 방 배 호 수 시 고	귀뚜라미 문에 붙고[4], 물기는 말라간다.
西成天地豈勝謝 서 성 천 지 개 승 사	서풍[5]에 곡식 익어, 그 아니 고마운가.
穀已挑旗①今垂穎 곡 이 도 기 금 수 영	곡식은 이미 팼고[6], 벼 이삭 드리웠다.
有搭不塔積功價 유 탑 불 탑 적 공 가	공로탑이 있고 없곤[7], 적공들인 값이려니
外內之場預修置 외 내 지 장 예 수 치	안팎 마당 닦아놓고, 미리미리 타작 준비
簾體②簣觜③亦辦成 염 체 궤 취 역 판 성	발채, 망태[8] 만들어서, 준비하여 갖춰놓고

白白吉貝朱辣茄 희고 흰 목화송이, 새빨간 고추 다래[9]
백 백 길 패 주 날 가

鋪南榮下秋陽明 남쪽 덕[10]에 말리우니, 가을볕에 밝았구나.
포 남 영 하 추 양 명

斷來硬壺爲器物 잘 여문 바가지[11]를, 따다 켜서 그릇 삼고
단 래 경 호 위 기 물

掃場帚是賴地膚④ 댑싸리[12] 비를 매어, 마당을 쓸고 닦아
소 장 추 시 뇌 지 부

麻蕂⑤薺薴熟收後 참깨와 육모초[13]는, 익은 뒤 베어오고
마 승 제 녕 숙 수 후

早稙打作⑥方可圖 올벼를 타작할 일, 꼼꼼히 궁리하소.
조 직 타 작 방 가 도

向邨野叟擔肩赬 마을로 가는 영감, 어깨 멘 붉은 것은
향 촌 야 수 담 견 정

蔓添蘡薁⑦獼猴桃⑧ 넝쿨 달린 산머루와, 산 다래[14] 송이라네.
만 첨 영 욱 미 후 도

後園棗栗尙在樹 뒤뜰의 대추와 밤, 아직 털지 않았는데[14]
후 원 조 율 상 재 수

一任剝取走兒曹 아희 놈들 따가기, 제멋대로 맡겼구나.
일 임 박 취 주 아 소

個中揀其甘熟者 그 중에도 잘 여문 것, 골라서 따다가는
개 중 간 기 감 숙 자

乾藏準備節時用 건 장 준 비 절 시 용	말려서 감춰두면, 행사 때[15]의 준비되리.
疋紬濯出經日晒 필 주 탁 출 경 일 쇄	무명 옷감 빨래[16]하여, 여러 날 볕 쏘여서
靑藍紅花染何供 청 람 홍 화 염 하 공	푸른 빛 · 쪽빛 · 붉은 물감[17], 들여 두었다가
可爲襚資爺孃老 가 위 수 자 야 양 로	노부모님 수의감, 준비도 마련하고
亦入婚需子女多 역 입 혼 수 자 녀 다	자녀들이 많은지라, 혼숫감도 될 것이네.
聽雞飯牛遠向城 청 계 반 우 원 향 성	닭 우는 첫 새벽에, 소죽 먹여 먼 산 가서[18]
八束樵馱價幾何 팔 속 초 태 가 기 하	여덟 묶음 땔감 나무[19], 그 값이 얼마일꼬.
葉烟級或菉豆粉 엽 연 급 혹 녹 두 분	잎담배 묶은 타래, 녹두가루 장에 내면
隨無緣瓣賣取錢 수 무 연 판 매 취 전	따지잖고 팔아도, 돈푼을 얻으리라.
不唯是翫場市去 불 유 시 완 장 시 거	장 구경도 하는 겸, 장 바닥에 가서 보면
兼有買物爭後先 겸 유 매 물 쟁 후 선	사고 싶은 물건은, 앞다투어 많구나.
醢石首魚[9]乾北魚[10] 해 석 수 어 건 북 어	조기젓[20]도 필요하고, 마른 북어 사야 하네.

秋半名日⑪用當牲 추 반 명 일 용 당 생	추석은 명절이라, 짐승 고기[21] 써야 하고
早稻葉⑫餑新秫酒 조 도 엽 발 신 출 주	올벼 송편[22]빚어 놓고, 기장 술도 담아야지
甜匏⑬煿菜蹲鴟⑭羹 첨 포 박 채 준 치 갱	명아주 볶은 나물[23], 토란국[24]도 끓여놓고
潔陳兹品祭先壟 결 진 자 품 제 선 롱	숫으로 깨끗한 것, 선산 묘에 먼저 놓자
分餕及鄰共歡情 분 준 급 린 공 환 정	이웃과도 나누어서, 먹는 인정 정답구나.
媤⑮家給由婦覲親 시 가 급 유 부 근 친	시가에선 말미주어, 며느리 근친 갈 때
餌⑯籮酒甁雞狗隻 이 라 주 병 계 구 척	인절미 소쿠리엔, 술병과 닭과 개 한 마리씩[2
濃綠⑰裋衣淡青裙 농 록 수 의 담 청 군	짙은 녹색 장옷에다, 담청색 치마 입고
靧⑱黱傳粉鏡中瘠 회 대 전 분 경 중 척	낯 씻고 화장하고[26], 거울 보니 야윈 얼굴
公婆且憐且慰語 공 파 차 련 차 위 어	시부모는 가엽지만, 위로하여 하는 말이
經夏舊容猶未蘇 경 하 구 용 유 미 소	"여름 겪어 옛 모습이, 아직 회복 안 됐지만

正逢淸秋醒肺氣 정 봉 청 추 성 폐 기	맑은 가을 만났으니, 폐기가 깨어나리[27]."
爾其好去休來乎 이 기 호 거 휴 래 호	너의 근친 좋은 걸음, 쉬고서 오라" 한다.
今月身世雖云仙 금 월 신 세 수 운 선	이달의 그 신세가, 신선이라 한다마는
明年爲計且不無 명 년 위 계 차 불 무	명년 일을 생각하니, 해야 할 일 없지 않다.
麰麥刈後仍秋墾 모 맥 예 후 잉 추 간	밀 · 보리 베어낸 뒤, 가을갈이[28] 하여야지
終而復始息何時 종 이 복 시 식 하 시	끝났다고 여겼는데, 다시 시작 언제 쉬나
豈獨人事長如許 개 독 인 사 장 여 허	마침이 시작인 것[29], 인간사만 그러할까
天道從來本於斯 천 도 종 래 본 어 사	천도도 애초부터, 원리가 이러하네.

| 팔월(八月) 장 | 원주(原註)

① 도기(挑旗) ; '곡식 패다' 라 주 하고, 다시 '곡식 너울 쓰다' 라고 했다. 즉 곡식 이삭 패는 모습.

② 염체(簾體) ; '발채' 곧 바소구리.(지게에 얹어서 물건을 담는 소쿠리) 『속시』에서는 체(體)를 공(槓)으로 썼다.

③ 궤취(簣觜) ; '망구(網袋之類)' 곧 망태 종류라 했다.
④ 지부(地膚) ; '구댑싸리' 곧 대싸리.(『속시』) 즉 마당비 매는 뜰 대싸리.
⑤ 마승(麻勝) ; '참깨'. 『속시』에서는 지마(芝麻)라 쓰고 참깨로 주 했다.
⑥ 타작(打作) ; 『속시』에 "좌전(左傳)에 있는 말로 타(打)는 타곡(打穀)을 말한다."고 했다.
⑦ 영욱(蘡薁) ; 『속시』에서 '머루'라 하고 산포도(山葡桃)와 같다고 했다. 한자는 포도의 음사(音寫)이다.
⑧ 미후도(獼猴桃) ; 『속시』에 '다래'라 했다. 산 다래의 이명인 듯 하다.
⑨ 염석수어(鹽石首魚) ; '젓 당근 조기' 즉 조기젓을 말함. 석수어(石首魚)는 조기.
⑩ 건북어(乾北魚) ; 명태(明太)는 알을 명란이라 하는데, 강북의 명천(明川) 태씨(太氏)가 파는 품종이 좋다고 하여 붙인 이름이라고 하였다.
⑪ 추반명일(秋半名日) ; '추석'을 말하며, 『속시』에서는 추석가절(秋夕佳節)이라 쓰고 "추분석월(秋分夕月)"이라고 주석했다.
⑫ 엽발(葉餑) ; '송편'이라고 주 했다.
⑬ 박(煿) ; '볶다'로 주 했다. 즉 불에 볶는 일.
⑭ 준치갱(蹲鴟羹) ; 준치국인데 원주에서는 '준치'는 '토란'을 말한다.(『속시』에만 주 했다.)
⑮ 시가(媤家) ; "시(媤)는 여자의 부가(夫家)를 가르킨다."라고 주 했다.

⑯ 이라(餌籮) ; '인절미 고리'라 하고 한자로는 "은절미 고로(銀切味 栲栳)" 즉 인절미 떡 고리짝을 말한다고 했다.
⑰ 수의(裋衣) ; 원주에 수(裋)는 '장옷'이라 하고 『속시』에서도 수의(裋衣)가 '장옷'이라 했다.
⑱ 회대(醎黱) ; '낯 씻고 눈썹 그린다'라는 말로 얼굴화장을 말함. 원주에는 없다.

| 팔월(八月) 장 | 역주(譯註)의 주(注)

1) 장월(壯月) ; 음력 8월의 별칭.
2) 백로(白露), 추분(秋分) ; 흰 이슬 내리고 가을 중간이 되는 절기. 전계표 참조.
3) 모든 새는 배불리고 ; 본문의 군조양수(群鳥養羞)이니 오곡백과가 익는 가을에 새들은 배 불린다. 6후의 한가지(『예기』 월령).
4) 귀뚜라미 문에 붙다 ; 본문의 충방배호(蟲方坯戶)이니 "벌레가 문에 굴 파다"이지만 『농가』에 있는 말대로 쓴다. 『예기』 월령에서는 "蟄蟲坯戶"라고 썼다.
5) 서풍 ; 본문의 서성천지(西成天地)라 한 것은 가을에는 북두칠성의 자루에 해당한 별들이 서쪽으로 기울어져 있기 때문이다.
6) 패다 ; 곡식 등의 이삭이 나오기 직전에 볼록한 것을 "이삭 팬다"라고 말함. '곡식 너울 쓰다'라고도 했다.
7) 공로탑이… ; 본문의 유탑불탑(有塔不塔)이니 탑은 성취의 표시이다.
8) 발채, 망태 ; 농기구 이름이니 발채는 '바소쿠리'라 하여 지게에 올려놓고 짐을 담는 큰 소쿠리요, 망태는 망태기로 물건

을 넣어 둘러메는 큰 주머니.
9) 고추 다래 ; 고추를 새끼에 엮어 말리려고 달아맨 엮음 줄.
10) 남쪽 덕 ; 본문의 포남(鋪南)이니 포장 등, 임시로 설치한 것이므로 덕으로 풀었다.
11) 여문 바가지 ; 굳게 여문 바가지는 켜서 용기로 썼다. 원문에서는 경호(硬壺)라고 썼다. 호(壺)는 호(瓠)와 같은 뜻.
12) 댑싸리 ; 마당 비를 매는 싸리의 일종으로 마당 가나 밭 가에 자생하며 『십이월속시』에서는 지부(地膚)라 쓰고 '구댑싸리' 라고 주석했다.
13) 육모초 ; 약재로 쓰는 육모초는 집 주변에 많이 군생하며 한문(본문)으로는 제녕(薺薴)이라고 표기했다.
14) 산 다래 ; 본문에서는 '미후도(獼猴桃)' 라 표기하고 『속시』에서는 '다래' 라고 주석했다.
15) 행사 때 ; 본문의 절시용(節時用)이니 명절이나 제사 잔치 등에 쓴다는 뜻.
16) 빨래 ; 전술한 원주에서는 '세답(洗踏)' 으로 표기했으니 강원도의 토박이 말이다.
17) 푸른 빛, 쪽빛, 붉은 물감 ; 『농가』에서는 "쪽 들이고 잇 들인다." 했으니 '쪽' 은 곤색이고 '잇' 은 잇풀, 즉 붉은빛이다.
18) 먼 산 가서 ; 원문에서는 원향성(遠向城)이라 했는데 땔감나무 하러가는 대목이니 성이 아니고 산이라 풀이된다.
19) 여덟 묶음 땔감 나무 ; 시장가서 팔려고 채취하는 나무 섶은 여덟 묶음씩 묶어서 실어다 팔았다.
20) 조기젓 ; 원문에서는 '염석수어(鹽石首魚)' 즉 '소금 절인 조기' 란 뜻이다.

21) 짐승 고기 ; 원문의 생(牲)이니 본래 희생(犧牲)이란 제사에 바치는 양이나 소를 잡아 제수로 삼는 것이나, 여기서는 짐승고기로 풀었다.

22) 올벼 송편 ; 지금의 '올여 송편'의 본딧말. 본래는 올벼로 빚은 송편이라는 뜻.

23) 명아주 볶은 나물 ; 원문에서는 첨포박채(甛匏煿菜)라 하고 『농가』에서는 '박나물'이라 했다.

24) 토란국 ; 원문에서는 준치갱(蹲鴟羹)이라 했는데 아마 토란의 모양이 부엉이(鴟)가 쪼그린(蹲) 모양 같다 해서 붙인 이름일 것이다.

25) 닭과 개 한 마리씩 ; 며느리를 추석 때 근친 보낼 때 잡아 보내는 선물이 닭과 개라는 것인데, 아마 경기도 양평(陽平)이나 강원도 북부의 한강 유역의 풍속인듯 하다. 범례(凡例)에서는 양평(陽平=金浦)의 본초(本草)에서 식품, 양품, 복기(服器) 등, 토박이 말을 빌려 썼다고 했고 『농가』에서는 "개 잡아 삶아 건져 떡고리와 술병이라"고 했다.

26) 낯 씻고 화장하고 ; 원문에서는 회대전분(靧黱傳粉)이라 했으니 회(靧)는 '낯 씻다', 대(黱)는 '눈썹 그리다', 전분(傳粉)은 '분 바르다'의 뜻이다.

27) 폐기가 깨어나다 ; 원문에서는 '성폐기(醒肺氣)라 썼으니 심기가 피어남을 말했다.

28) 가을갈이 ; 원문의 추간(秋墾)은 추경(秋耕)을 말하며 가을의 보리갈이와 벼 벤 뒤 논갈이는 농가의 필수 작업이다.

29) 마침이 시작 ; 사람이 살아가는 동안 끝이란 없고 마침은 곧 새 출발을 의미한다. 그래서 "졸업은 새 출발"이라고 한다.

구월(九月)

時維季秋爲玄月 시 유 계 추 위 현 월	때는 바로 계추이니, 현월[1]이라 일러오며
寒露霜降是二節 한 로 상 강 시 이 절	한로, 상강[2] 두 절기가, 이달에 들어 있다.
六候雁賓雀化蛤 육 후 안 빈 작 화 합	육후의 현상으로, 기러기 손님[3]오고, 참새는 조개되고[4]
艸木黃落菊香泄 초 목 황 락 국 향 설	초목은 단풍 지고, 국화는 향기 뿜으며
豺乃祭獸蟄虫頫 시 내 제 수 칩 충 부	승냥이는 짐승 잡고[5], 벌레들은 굴을 판다[6].
野場家場事方多 야 장 가 장 사 방 다	들 마당 집 마당은 일, 한창 많아지네.
水田穫藉旱田打 수 전 확 자 한 전 타	무논 벼는 베어 깔고[7], 건담 벼는 바로 타작
豖稌棗稻坼背禾 시 도 조 도 탁 배 화	검은 벼 · 대추 벼[8]를, 메어쳐 알곡 터세.
豆粟堆庭高於屋 두 속 퇴 정 고 어 옥	콩과 서속 노적가리, 집 높이로 쌓여졌고
斷苗種子另置謀 단 묘 종 자 영 치 모	이삭일랑 가려내어, 종자로 따로 두소.
壯丁揮桲女簸箕 장 정 휘 발 여 파 기	장정은 도리깨질, 여자는 키질[9]이요

老翁編俵①兒驅牛 노 옹 편 표 아 구 우	늙은이는 섬에 담고[10], 아이는 소 돌보며
鄰家并力如我事 인 가 병 력 여 아 사	이웃도 힘을 모아, 내 집일 돌보듯이
拾穟鋪稭亦不休 습 수 포 개 역 불 휴	건불 줍고 짚 모으기[11], 그들 역시 쉬지 않네.
別有彈綿聲寥亮 별 유 탄 면 성 요 량	목화씨 트는 소리, 고요하고 맑은 풍경
拵籽②入榨取釭油 날 자 입 자 취 강 유	곡식알을 틀에 넣어, 등잔 기름[12] 짜오리라
羅祿③碓窩④舂辨米 나 록 대 와 용 변 미	나락[13]을 확[14]에 넣어, 쌀 찧어 내노라니
何暇能恤啼兒流 하 가 능 휼 제 아 류	우는 아기 달랠 틈이, 어디에 있겠는가.
亭午中伙⑤飯滑匙 정 오 중 화 반 활 시	타작 점심[15] 차리는데, 기름진 밥 미끄럽다.
酒香鷄軟間蟹黃 주 향 계 연 간 해 황	술 향기에 닭 국물, 게장도 곁들였네.
鹽是魚蝦⑥醬茗菥 염 시 어 하 장 명 절	젓갈은 곤장이 젓[16], 고춧잎 장아찌[17]와
菁根崧莖菹味長 청 근 숭 경 저 미 장	무우 뿌리 배추김치, 그 맛이 으뜸이네.

秋熟時猶請過客 추 숙 시 유 청 과 객	오곡이 익는 가을, 길손 있어 청할 때에
何况一隣一坪農 하 황 일 린 일 평 농	한 이웃 한 들에서, 농사를 짓는 인정
相助覂竭救患難 상 조 봉 갈 구 환 난	없는 것도 서로 돕고, 환난도 구해야지
幸逢好會樂亦同 행 봉 호 회 낙 역 동	때마침 좋은 기회, 즐거움도 함께 하세.
今雖務殷頻審牛 금 수 무 은 빈 심 우	지금 비록 일 많으나, 소도 자주 살피소서.
飽飼而肥報渠功 포 사 이 비 보 거 공	잘 먹여 살찌워서, 그 소 공을 갚아주소
重陽何人登高去 중 양 하 인 등 고 거	중양절[18]은 등산 때라, 그 누가 산 오르나
醉揷茱萸閒賞楓 취 삽 수 유 한 상 풍	수유 꽃을 머리 꽂고[19], 단풍구경 한가롭네.
幾處方築場與垣 기 처 방 축 장 여 원	개울의 몇몇 군데, 고기몰이 울을 쳐서
魚游河我多苦聲⑦ 어 유 하 아 다 고 성	고기떼 모는 소리, "어어허라 달구"[20]라네.
牧豎艸笛乞⑧士謌 목 수 초 적 걸 사 가	목동은 풀피리로, 거사[21] 노래 부른다나

野老伐木政丁丁 야 로 벌 목 정 정 정	들 노인은 산에 가서, 나무 찍는 정정소리
山僧禮佛福德偈 산 승 예 불 복 덕 게	산중은 예불하며, 복덕게[22]를 외어대며
里巫賽神善往經 이 무 새 신 선 왕 경	무당은 사당에서, 선왕경[23]을 외고 있네.
緣橦伎會爭喝采 연 동 기 회 쟁 갈 채	초란이는 솟대 올라[24], 재주 놀아 갈채[25] 받고
村墟互荅總堪聽 촌 허 호 답 총 감 청	온 마을이 환호하며, 모두 좋다 듣는구나.

(⑨ 善, ⑩ 經, ⑪ 橦, ⑫ 采)

| 구월(九月) 장 | 원주(原註)

① 편표(編俵) ; '섬을 엮다' 곧 '곡식 넣은 섬을 엮는다'로 '섬'은 곡식 한 섬(一石)들이 큰 부대. 『속시』에서는 점(苫)이라 썼다. 잘못된 표기이다.

② 자(籽=粒) ; '씨앗' 곧 곡식 알(粒)을 말한다.

③ 나록(羅祿) ; '븨' 곧 벼. 한문 주에 조(租)이니 신라 때 '나락'으로 주 했다. 지금도 경상도에서는 벼를 '나락'이라 말한다.

④ 대와(碓窩) ; '방아 확' 곧 방아 공이가 들어가는 돌절구.

⑤ 중화(中伙) ; '점심'. 『속시』에서는 '점심(點心)'으로 표기했다.

⑥ 어하(魚蝦) ; '백하염(白蝦塩)' 이라 주 하고 '곤장이 젓' 이라 했다.

⑦ 고성(苦聲) ; '어유하다고(魚游河多苦)' 즉 '강에 고기 많은 즐거운 비명' 이라 주 하고 "어어허라 달구"라 했다. 또 "이는 장성(長成) 축성 때 역도들이 부른 노래"라고 덧붙였다.

⑧ 걸사(乞士) ; '거사' 곧 거사(居士)의 뜻으로 썼다고 했다. 『속시』에서는 우파(優婆)는 "사당(社堂)", 뇌자(櫑(儡)子)는 "초란이", 괴뢰(傀儡)는 "망석중이" 곧 "꼭두각시", 상초(上醮)는 "재 올리다"를 더 주 해서 넣었다.

⑨ 무새신(巫賽神) ; "굿하다"라고 주 했다.

⑩ 선왕경(善往經) ; '선왕당' 즉 선왕지원(善往之願)이라 했다.

⑪ 연동기(緣橦伎) ; '솟대' 즉 '솟대 장이' 로 탈을 쓰고 솟대에 올라가서 재주를 부리는 놀이.

⑫ 갈채(喝采) ; '칭찬' . 『속시』에서는 喝保 로 표기했다.

| 구월(九月) 장 | 역주(譯註)의 주(注)

1) 현월(玄月) ; 음력 9월의 별칭.

2) 한로(寒露), 상강(霜降) ; 9월의 두 절기로 한로(寒露)는 "찬 이슬 내림", 상상(霜降)은 "서리 내림". 선계표 참소.

3) 기러기 손님 ; 원문의 안빈(雁賓)으로 기러기는 반가운 소식 전하는 상징과 혼인을 뜻함. "전안(奠雁)"이라는 혼인 절차가 있다.

4) 참새는 조개된다 ; 원문의 '작화합(雀化蛤)' 이니 『예기』 월령(月令)에 계추(季秋)에 "참새가 바다에 들어가서 비단조개가 된다"(雀入于海爲蛤)이라 했다.
5) 승냥이는 짐승 잡다 ; 원문의 '시내제수(豺乃祭獸)' 로 '승냥이가 짐승을 많이 잡아먹는 계절' 을 의미한다.
6) 벌레들은 굴을 판다 ; 원문의 '칩충부(蟄虫頫)' 로 벌레가 칩거 준비로 땅굴을 엎드리어서 판다는 뜻.
7) 무논 벼는 베어 깔다 ; 무논 벼는 젖어서 금방 타작을 못하니 깔아 말려서 타작한다.
8) 검은 벼, 대추 벼 ; 원문의 '시도조도(豕稌棗稻)' 이니, 『농가』에서는 "정은벼, 사발 벼, 밀 다리 대추벼, 등 트기 경상벼" 등을 열거했다.
9) 키질 ; 농촌 여자는 타작마당에서 키질로 건불을 불어 날린다는 말로 원문에서는 '여파기(女簸箕)' 라고 표기했다.
10) 섬에 담고 ; 원문의 '노옹편표(老翁編俵)' 이니 '섬을 엮는다' 라는 뜻이지만, 이 번역에서는 『농가』의 기록대로 섬에 넣는다고 했다.
11) 건불 줍고 짚 모으기 ; 이웃은 와서 타작마당의 뒷 걷음이를 하되 알곡에는 손대지 않는다.
12) 등잔 기름 ; 등유이니 콩이나 아주까리씨로 등유를 짰다.
13) 나락 ; 벼를 말하니 원문에서는 '나록(羅祿)' 이라 쓰고 신라 때의 '나락' 이라 했는데, 지금도 경상도에서는 '나락' 이라 부른다.
14) 확 ; 방아의 공이가 찧는 돌 확이니 원문에서는 '대와(碓窩)' 라고 표기했다.

15) 타작 점심 ; 원문에서는 '정오중화(亭午中伙)' 라 썼고 『속시』에서는 '점심(點心)' 이라고 썼다.

16) 곤장이 젓 ; 원문에 "소금에 절인 고기 새우, 즉 '염시어하(鹽是魚蝦)' 라고 썼다.

17) 고춧잎 장아찌 ; 원문에서는 '장명절(醬茗菰)' 이라 했으나 『농가』에서는 '고추장아찌' 라 했으므로 그대로 따랐다. 명절(茗菰)은 더덕이다.

18) 중양절 ; 9월 9일을 중양(重陽)이라 하여 명절로 지냈다. 등고(登高), 거풍(擧風)하는 풍습이 있었다.

19) 수유 꽃을 머리 꽂고 ; 예부터 중양절에는 등산(登山)하며 수유(茱萸) 나무꽃을 머리에 꽂는(오래 산다고) 풍습이 있었다.

20) 어어허라 달구 ; 원문에서 어유하다고(魚游河多苦)를 주석한 감탄사인데, 이는 장성(長城)을 축성할 때 부른 노래라고 했다. 원문주 ⑦을 참조.

21) 거사 ; 원문에서는 '걸사(乞士)' 라 표기하고 거(居)라고 읽는다고 했다.

22) 복덕게 ; 원문의 복덕게(福德偈)이니 불경의 계송이다.

23) 선왕경 ; 원문에서는 '선왕경(善往經)' 은 '선왕당' 이라고 주 했다.

24) 초란이는 솟대 올라 ; 원문에서는 '연동기(緣橦伎)' 라고 표기하고 '솟대' 라고 주석했는데 초란이의 솟대 타기를 뜻한다. 원주 ⑪ 참조.

25) 갈채 ; 원문에서는 '갈채(喝采)' 라 쓰고 '칭찬' 이라고 주석했다. 원주 ⑫ 참조.

십월(十月)

時維孟冬爲陽月
시 유 맹 동 위 양 월
때는 바로 맹동이라, 양월[1]이라 이르니

立冬小雪是二節
입 동 소 설 시 이 절
입동, 소설 두 절기가, 이달에 들어 있다.

六候水氷地始凍
육 후 수 빙 지 시 동
육후의 현상[2]으로, 물이 얼고, 땅도 얼기 시작하며

野鷄化蜃虹光絕
야 계 화 신 홍 광 절
꿩은 물에 들어 조개 되고, 무지개 빛 끊겨

天氣上升地氣降
천 기 상 승 지 기 강
하늘 기운 상승하고, 땅 기운은 떨어지며

陰陽閑塞生育窮
음 양 한 색 생 육 궁
음양은 막혀져서, 모든 생육 그쳐진다.

納禾稼後有底事
납 화 가 후 유 저 사
곡식을 거둔 뒤에, 해야 할 일 남았으니

旨蓄未果是菁菘
지 축 미 과 시 청 숭
무우 · 배추 여물거든, 김장할 생각하소.

採來精洗筧頭水
채 래 정 세 견 두 수
캐어다가 앞 냇물에, 홈통 대고 정히 씻어

淸塩醎淡要適中
청 염 함 담 요 적 중
정결한 소금물로, 짜고 쓰고 간을 맞춰

豉鮓瀋淹[①]又虀何
시 자 심 엄 우 제 하
자반[3]에 젓갈 양념에다, 냉이채 더 섞고서

番椒石②蓴蒜薑葱 번 초 석 순 산 강 총	고추 · 청각[4], 마늘 · 생강 · 파까지 섞어 담아
各盛大小瓮③甖④甒 각 성 대 소 옹 앵 무	크고 작은 항아리와, 오지단지[5] 가득 담고
向陽廠⑤房裏埋深 향 양 창 방 이 매 심	양지에 헛간[6] 지어, 그 속에 깊이 묻소.
蘿蔔桔梗芋孋栗 나 복 길 경 우 내 율	무우 · 도라지[7] · 토란에다, 아람 밤도 간수하여
勿凍地⑥窨亦須尋 물 동 지 음 역 수 심	얼지 않게 움집 파서, 묻었다가 먹어 보소.
炕⑦洞通⑧扒壁塗⑨垽 항 동 통 배 벽 도 은	방고래 고두질[8]과, 바람벽 매질하고
鼠穴塞⑩塙窓黏紙 서 혈 새 벽 창 점 지	쥐구멍도 막아두고, 창호지로 문 바르며
薥幹補籬⑪芚遮欄 촉 간 보 리 둔 차 란	수숫대로 울 덧 씌고, 외양간 떼 적 치며
豆殼枝束別柴累 두 각 지 속 별 시 루	깍짓 통 묶어 세우고, 겨울 땔감 쌓아두소.
社祭日穿新襺衣 사 제 일 천 신 견 의	축제일[9]에 입을 옷을, 부녀들아 지어두세
只取其潔未爲侈 지 취 기 결 미 위 치	깨끗하면 그만이지, 사치야 바라겠나.

同禊合錢知夥然
동 계 합 전 지 과 연
계든 돈 합친대도, 그 밑천 얼마인데

漉酒蒸餻不啻兼
녹 주 증 고 부 시 겸
술 빚고 떡을 찌면, 그만해도 되는걸세.

拉爲蕎麵宰牛豕
납 위 교 면 재 우 시
밀국수 눌러 놓고, 소 · 돼지 고기 없어

盛饌高排期於饜
성 찬 고 배 기 어 염
성찬으로 벌려 놓고, 푸짐히 잔치하되

勝地大冪遮日幕
승 지 대 멱 차 일 막
승지에 자리 펴고, 차일 막도 둘러두곤

幾人赴會盡沾沾
기 인 부 회 진 첨 첨
여러 사람 불러모아, 빠진 사람 없게 하되

老少次序辨燕毛
노 소 차 서 변 연 모
장유유서 차례 지켜, 순서대로 나란히

男女異席自相謙
남 녀 이 석 자 상 겸
남녀는 유별이라, 따로 앉아 겸양하며

風樂⑫一部花郎⑬隊
풍 악 일 부 화 랑 대
풍악 한패[10]에 화랑이[11]와, 군악도 오게 하여

絲竹曁肉彈吹撏
사 죽 기 육 탄 취 심
거문고와 피리까지, 뜯고 불며 흥을 내니

金賑同知李風憲
김 진 동 지 이 풍 헌
김진 동지님과, 이풍헌 어른께선

閑敘寒喧笑掀髥
한 서 한 훤 소 흔 염
한가로이 술잔 들며, 수염을 쓰다듬고

崔勸農監姜約正 최 권 농 감 강 약 정	최권농감 어른과, 강약정[12] 영감께선
醉中大言爭炎炎 취 중 대 언 쟁 염 염	취한 김에 큰소리로, 말다툼 왁자지껄
舍音[14]庄丁[15]佃作[16]輩 사 음 장 정 전 작 배	마름과 머슴들은, 소작인과 어울려서
鼻歌尻舞不須嫌 비 가 고 무 불 수 혐	엉덩춤 콧노래로, 터놓고 즐긴다네.
行柧幾巡洞丈曰 행 과 기 순 동 장 왈	몇 순배 돌린 뒤에, 동장[13]님이 하는 말이
諸君爲我聽我談 제 군 위 아 청 아 담	여러분 나를 보고, 내 말을 들어보소.
此日此會伊誰賜 차 일 차 회 이 수 사	오늘의 이 모임을, 그 누가 베풀었나
天佑邦慶及窮閻 천 우 방 경 급 궁 염	하늘 도움 나라 경사, 이 벽촌에 미쳤으니
況逢樂歲免溝瘠 황 봉 낙 세 면 구 척	거기에다 풍년 만나, 굶주림 면했거늘
陰功福力洪不纖 음 공 복 력 홍 불 섬	그 음덕 복된 힘이, 큰물 같아 작지 않다.
儒林鄕約非吾知 유 림 향 약 비 오 지	유림과 향약[14]일랑, 나는 자세 모르지만
洞憲家訓無妨嚴 동 헌 가 훈 무 방 엄	동네 헌장[15] 가훈쯤은, 엄격히 지켜야지.

人於世間靈萬物 인 어 세 간 영 만 물	사람이 세상에서, 만물의 영장됨은
孝悌忠信禮義廉 효 체 충 신 예 의 염	효제 충신 하는 일과, 예의 염치 아는 까닭
凡此人子誰所生 범 차 인 자 수 소 생	무릇 사람의 자식됨이, 누가 낳은 덕택이냐.
父母恩德天地參 부 모 은 덕 천 지 참	부모님 은덕이요, 천지가 내린 바니
豈待我養子女後 개 대 아 양 자 녀 후	내가 자식 길러보면, 그 어찌 모를쏘냐.
⑰ 鴇羽蓼莪感無禁 보 우 육 아 감 무 금	『시경』의 '보우장' 과 '육아장'[16]을 읽어보면, 감회도 없잖으리
千辛萬苦保長成 천 신 만 고 보 장 성	천신만고 길러내어, 자녀가 자라나서
到畢婚嫁幾費心 도 필 혼 가 기 비 심	아들 장가 딸 시집, 그 걱정 얼마일까
⑱ 烏尙反哺羔跪飮 오 상 반 포 고 궤 음	까마귀는 '반포효도', 염소는 '고궤지음[17]'
況人不如獸與禽 황 인 불 여 수 여 금	하물며 사람 되어, 금수만도 못하리오.
立身揚名旣未能 입 신 양 명 기 미 능	입신양명 이미 늦어, 이루진 못했으나

雖供菽水在余忱 수 공 숙 수 재 여 침	늙은 부모 '숙수지공'[18], 자식 정성뿐이로다.
訓鯉和熊今爲戒 훈 리 화 웅 금 위 계	잉어의 훈계편지[19] 곰쓸개로 주신 모정[20], 두고두고 명심하소.
不至貽憂及辱矣 부 지 이 우 급 욕 의	경계하지 못한다면, 근심과 욕된 일뿐
彼蠢者婦焉知義 피 준 자 부 언 지 의	들어온 지어미[21]야, 예의를 어찌 알리
孝非孝間唯夫視 효 비 효 간 유 부 시	효도하고 안하고는, 지아비만 보고 따라
正己然後能正人 정 기 연 후 능 정 인	제 몸 먼저 바로잡고, 남에게 본을 뵈니
須加審愼無或弛 수 가 심 신 무 혹 이	잠시도 풀릴세라, 살피고 삼가시오.
兄弟一氣分兩身 형 제 일 기 분 양 신	형제란 한 기운이, 두 몸으로 나뉜 처지
尤當友愛不藏怒 우 당 우 애 부 장 노	귀히 여겨 사랑하되, 노여움을 품지 마소[22].
⑲ 至於錢糧多寡間 지 어 전 량 다 과 간	심지어 재물이, 많거나 적다해도
莫以物我心爲主 막 이 물 아 심 위 주	물질에 구애 없이, 마음만을 옳게 가져
宜念忍與不忍字 의 념 인 여 불 인 자	품은 생각 바른 위에, 참고 또 참는다면

張公田氏前鑑是 장 공 전 씨 전 감 시	장공(張公)과 전씨(田氏)의, 고사[23]가 거울 되리.
妯娌唯義本非族 축 리 유 의 본 비 족	남남끼리 모인 동서, 오직 의리 있을 뿐
倘有噂誻休傾耳 당 유 준 답 휴 경 이	모여서 하는 수다, 귀 기울여 듣지 마소.
老老幼幼盡我道 노 로 유 유 진 아 도	노인 공경 아희 사랑, 나의 도리 다하여서
謥讀無由及於己 오 책 무 유 급 어 기	까닭 없이 화내셔서, 꾸중을 하신대도
其爲國民誰所養 기 위 국 민 수 소 양	내남 없이 노인 공대, 국민의 소양이네.
吾王恩澤深河海 오 왕 은 택 심 하 해	우리 임금 큰 은택은, 하해같이 깊으오니
如我螻蟻之微物 여 아 누 의 지 미 물	거미 같은 우리 인생, 미물과 같으므로
欲圖報荅免罹罪 욕 도 보 답 면 이 죄	갚으려고 궁리해도, 보답할 길 모르누나.
每年糴事兼身役 매 년 적 사 겸 신 역	해마다 내는 조적[24], 거기다 신역[25]까지
田稅賭地分等授 전 세 도 지 분 등 수	밭 세금 도지세[26]를, 골고루 나눠내소.
計其所出纔什一 계 기 소 출 재 십 일	소출과 비교하면, 십일세[27]도 겨우 되리

逢歉給灾又減斗
봉 겸 급 재 우 감 두
거기에다 흉년들면, 감세도 하여주니

限前準納自無事
한 전 준 납 자 무 사
기한 전에 완납하여, 뒤탈이 없게 하면

其何爲多何難有
기 하 위 다 하 난 유
그 어찌 어려움이, 많기야 하겠는가.

一里幾戶諸姓居
일 리 기 호 제 성 거
여러 집 한 동네가, 각 성들로 모여 사니

遠親近鄰其在玆
원 친 근 린 기 재 자
먼 친척과 이웃집이, 여기에 있는지라

冠婚娠娩每賀也
관 혼 신 만 매 하 야
관례 · 혼례 아기 분만, 늘 도와 축하하고

痌瘝喪祭必慰之
통 관 상 제 필 위 지
병환 · 상제 어려울 때, 반드시 위로하며

水火盜賊急難求
수 화 도 적 급 난 구
수해 · 화재 도적 들때, 위급을 구해주고

貧富有無貸償隨
빈 부 유 무 대 상 수
빈부차로 있고, 없어, 서로 꾸고 갚아주네.

箇中鰥寡孤獨人
개 중 환 과 고 독 인
그중에도 환 · 과 · 고 · 독[28], 어려운 사람일랑

最宜幫助⑳恤窮奇
최 의 방 조 휼 궁 기
불우함이 마음 아파, 가장 먼저 도와주소.

賦命柱字㉑勝我者
부 명 주 자 승 아 자
그들보다 나은 팔자[29], 우리가 아니겠나.

愼勿曁染且怨訾 신 물 긔 염 차 원 자	조심하고 삼갈 일은, 원망을 안 받는 일
耕牛倉鼠分雖定 경 우 창 서 분 수 정	밭 가는 소 · 창고 쥐[30]는, 분명히 다른 거니
謀事在人成在天 모 사 재 인 성 재 천	일 꾸미는 건 사람이되, 성사여부 천명[31]이라”
惑彼酒色博奕徒 혹 피 주 색 박 혁 도	주색잡기 · 도박판에, 홀려서 섭쓸리어
或失義方或心偏 혹 실 의 방 혹 심 편	넋 잃고 마음 쏠려, 재미 붙여 다니면서
一自暴棄甘作孼 일 자 포 기 감 작 얼	한번 빠져 헤어 못나, 자포자기 신세 되면
仍歸百年可憐虫 잉 귀 백 년 가 련 충	백 년 두고 가련한, 벌레 신세 되오리니
君休謂余老嘮叨㉒ 군 휴 위 여 노 로 도	자네들은 이 내 말을, 잔소리로 듣지 말고
服膺庶無責反躬 복 응 서 무 책 반 궁	조심하여 허물없게, 마음에 담아두소.

| 십월(十月) 장 | 원주(原註)

① 자심(鮓瀋) ; '젓국'. 『속시』에서는 젓국이라 하고 혜(醯)라 했는데 혜는 식혜이다.

② 석순(石蓴) ; '녹각채(鹿角菜)'라 하고, 『속시』에서는 '청각'이라 했는데, 곧 '청각채'이니 해초인 청각은 사슴의 뿔 모양 같다.

③ 옹앵(瓮罌) ; '중듀리'라 했는데 뒤웅을 말한다.(옹기)

④ 무(甒) ; '바탕이'라 했는데 뒤웅보다 약간 크고 아가리가 좁은 오지그릇.

⑤ 창방(廠房) ; '헛간'. 『농가』에서는 가가(假家)라 했다.

⑥ 지음(地窨) ; '움집'이라 했으니 채소나 과일 등을 '땅속'에 묻고 겨울에 먹으며 월동하는 움집.

⑦ 항동(炕洞) ; '구들고래'. 일설에는 '굴독(堗)'이라고도 했다고 주 했다.

⑧ 배(扒) ; '고미래(推扒)'라 하고 말배(抹扒)는 '결네'라 한다고 주 했다. 『농가』에서는 '구두질'이라 했다.

⑨ 은(垽) ; '매 흙' 곧 바람벽에 바르는 매질 흙을 말함.

⑩ 벽(堛) ; '흑 덩이' 곧 흙덩어리를 말함.

⑪ 둔(芚) ; '뜸(草芚)'이라 했고 『농가』에서는 '덧'이라 했으니, 울타리 위에 덧씌우는 수수깡이나 짚으로 엮은 덧씌우기를 말함.

⑫ 풍악(風樂) ; '사면'이라 했는데 『월속시』에서는 삼현(三絃), 즉 군악(軍樂)이라고 했다. 삼현의 속음인듯 하다.

⑬ 화랑(花郎) ; '광대' (『월속시』)라 하고 『지봉유설』에서는 '허령이' 라고 한다고 주 했다. 화랑의 의미가 많이 바뀌었고 『농가』에서는 '화랑이 줄무지' 라 썼으니 '무당' 을 뜻했다.

⑭ 사음(舍音) ; '마름' 곧 지주의 위탁으로 소작자와 땅을 관리하는 사람. 『월속시』에서는 '장두(庄頭)' 라고 했다.

⑮ 장정(庄丁) ; '머슴' .(『월속시』)

⑯ 전작(佃作) ; '작인' 곧 소작인. 주에서는 매물자(買物者) 역시 '작자' 라 한다고 했다.

⑰ 보(鴇) ; '너새' 즉 '너시' , '너홰' , 들기러기 등으로 불림.

⑱ 고(羔) ; '염소' 라 했는데 본래 '고양(羔羊)' 은 새끼 염소와 큰 염소로 '고양지의(羔羊之義)' 는 대부, 공경들이 '결백절제' 한다는 뜻(『시경』 국풍, 소남)이고, 여기는 '고궤음(羔跪飮)' 은 염소가 물 마실 때 앞발을 꿇고 마시는 모습에서 겸손과 예절을 배운다는 뜻.

⑲ 전량(錢糧) ; '쳔량' . 곧 천량으로 개인의 밑천. 또는 재산을 뜻함.

⑳ 방조(幫助) ; '부조' 라고 주 했다. 방조란 힘이 부칠 때 돕는 것을 말함.

㉑ 주자(柱字) ; '사주팔자' 라고 주 했으니 '사주(四柱)' 와 팔자(八字) '를 가리키는 말로서 사람이 태어난 해와 달과 날짜, 시간을 적을 때 간지(干支)로 네 기둥(四柱), 즉 네 마디 단어와 여덟 자(八字), 즉 글자 수로 여덟인데 이 생년월일시(生年月日時)가 사주와 팔자이니 마치 운명의 대명사로 되어졌다.

㉒ 노도(嘮叨) ; '잔말' 이라 주 했는데, 즉 '잔소리' 혹은 '군소리' 를 말함.

| 십월(十月) 장 | 역주(譯註)의 주(注)

1) 양월(陽月) ; 음력 10월의 별칭.
2) 육후 현상 ; 『예기』의 월령 10월령에서는 "水始氷 地始凍 雉入大水爲蜃 虹藏不見, 天氣騰地氣降, 陰陽閉塞 "라 했고 『시경』 7월시에서는 "10월에 낙엽지고(隕蘀), 귀뚜라미 방에 든다(蟋蟀牀下) "라고 했다.
3) 자반 ; 원문의 자심(鮓瀋)이니, 자는 생선젓이고 심은 장 즙.
4) 청각 ; 바다에서 나는 해초. 모양이 사슴의 뿌리 같아서 녹각(鹿角)이요, 원문에서는 석순(石蓴)이라 했다.
5) 오지단지 ; 원문에서는 무(甒)라 쓰고 '바탕이' 라고 주석했다. 오지그릇의 한 가지이다.
6) 헛간 ; 원문의 창방(廠房)이니 원래는 본채와 사랑채, 또는 외양간 사이의 공간인데 『농가』에서는 '가가(假家)' 라고 했다.
7) 무 · 도라지 ; 월동용 움에다 저장하는 종류에 '도라지' 는 드믄데 원문에서는 길경(桔梗)이라 했고 『농가』에는 없는 말이다.
8) 고두질 ; 고두레질이니 방고래에 쌓인 재를 고두레로 긁어내는 일. 『농가』에서도 '구두질' .
9) 축제일 ; 원문에서는 '사제일(社祭日)' 즉 토지신(土地神)을 공동으로 제사하는 날이라 했다.
10) 풍악 한패 ; 원문에서는 '풍악일부(風樂一部)라 했다. 즉 풍악놀이패.
11) 화랑이 ; 원문에서 '화랑대(花郎隊)' 라 하고 '허렁이' 이며 신라 때의 이름이라 주 했다. '화랑' 의 의미가 많이 변질되

어 『농가』에서는 '허렁이' 는 무당을 뜻한다고 『지봉유설(芝峰類說)』에서 인용했다 함.

12) 동지, 풍헌, 권농, 약정 ; 조선시대 관직의 명칭이지만 관직이 없어도 향촌에서 존칭으로 부르던 작호이다. 동지(同知)는 본래 성균관 종2품 벼슬. 풍헌(風憲)은 면이나 동리의 소임 직명. 권농(勸農)은 지방에서 농사를 권장하던 직책. 약정(約正)은 지방자치단체인 향약의 수장.

13) 동장 ; 원문의 동장(洞丈)으로 동네에서 가장 나이 많은 어른. 또는 동장(洞長) 직책.

14) 유림과 향약 ; 원문의 유림(儒林)은 유가의 규범. 향약(鄕約)은 지방자치기구인 향소의 규약 또는 향촌자치기구 명칭.

15) 동네 헌장 ; 원문의 동헌(洞憲)으로 마을의 규약을 말함.

16) 시경의 보우장과 육아장 ; 『시경』 당풍(唐風)의 너새(鴇羽)장과 곡풍(谷風)의 다북쑥(蓼莪)장인데 "부역으로 몸이 동원되어 멀리 나가있으므로 부모를 모시지 못함을 슬퍼하는" 시이다.

17) 고궤지음(羔跪之飮) ; 고양지의(羔羊之義)는 중국 주(周)나라 문왕(文王)의 덕화로 관리가 모두 유덕하다는 뜻. 『시경』 소남(召南)의 고양(羔羊)장. 그러나 여기서는 '고궤음(羔跪飮)' 이라 했으니 양이 앞무릎을 꿇고 물 마시는 모습으로 겸손함을 말했다.

18) 숙수지공(菽水之供) ; 가난하여 콩과 물로써 봉양하지만 지극히 효도한다는 뜻. 『예기』 단궁(檀弓) (하)에서는 "공자가 말하되, 철숙음수(啜菽飮水) 하나 기쁘게 봉양하니 이를 효라고 한다."라고 하였다.

19) 잉어의 훈계편지 ; 잉어의 뱃속에 어머니가 훈계의 편지를 써 넣어 공부하는 아들에게 보냈던 고사.

20) 곰쓸개로 주신 모정 ; 아들 공부를 도우려고 어머니가 곰쓸개로 환을 지어 보낸 일.(『소학』)

21) 들어온 지어미 ; 원문에서는 '피준자부(彼蠢者婦)' 즉 '벌레 같은 지어미'로 표기하였으니, 조선후기사회의 여성에 대한 인식을 짐작케 하는 대목이다.

22) 노여움을 품지마소 ; 원문에서는 '부장노(不藏怒)'라 했고 『농가』에서는 "간격 없이 한 통치"라고 했다.

23) 장공(張公)과 전씨(田氏)의 고사 ; 장공은 『하소정(夏小正)』의 전주자(傳註者)인듯하고 전씨는 미상이다.

24) 조적(糶糴) ; 환곡을 꾸고 갚는 일. 조(糶)는 봄에 쌀을 꾸어 먹는 일. 적(糴)은 가을에 갚는 일. 여기 원문에서는 '매년 적사(每年糴事)'라고 하였다.

25) 신역(身役) ; 조선시대 부역(賦役)이나 병역(兵役)을 치룰 대신으로 내는 곡식이나 베를 말하며, 농민 수탈의 가혹한 행태였다.

26) 도지(賭地) ; 도조(賭租)를 말하며 지주의 땅을 빌려서 농사 짓고 내는 세, 즉 소작료를 말함.

27) 십일세(什一稅) ; 수확(수입)의 10분의 1을 내는 세금제도. 일명 십일조(什一租).

28) 환과고독(鰥寡孤獨) ; 환(鰥)은 홀아비, 과(寡)는 과부, 고(孤)는 고아, 독(獨)은 자식 없는 늙은이.

29) 나은 팔자 ; 원문에서는 '부명주자승아자(賦命柱字勝我者)'

라 했으니, 주자(柱字)는 '사주팔자(四柱八字)'로 곧 천명을 뜻했다.

30) 밭가는 소 · 창고 쥐 ; 원문의 경우(耕牛)와 창서(倉鼠)이니 이로움과 해로움의 분별을 말함. 소는 밭갈이함으로 이로운 가축이지만, 창고의 쥐는 곡식을 훔쳐먹는 해로운 것으로 비리공직자를 빗대어 하는 말.

31) 성사여부 천명 ; 일을 벌이는 것은 사람들의 자유이지만 그 성공여부는 하늘에 매였다는 운명론적 견해이다.

십일월(十一月)

時維仲冬爲暢月 시 유 중 동 위 창 월	때는 바로 중동이라, 창월[1]이라 이르니
大雪冬至是二節 대 설 동 지 시 이 절	대설 · 동지 두 절기가, 이 달에 들어 있다.
六候虎交麋角解 육 후 호 교 미 각 해	육후의 현상으로, 범이 교미하고, 사슴뿔 빠지
鶡鴠不鳴蚯蚓結 갈 단 불 명 구 인 결	갈단새[2]는 울지 않고, 지렁이는 굴에 들며
荔乃挺出水泉動 여 내 정 출 수 천 동	여정[3]이 나와 돋고, 샘은 솟구친다.[4]
身是雖閒口是累 신 시 수 한 구 시 누	몸은 비록 한가하나, 먹는 게 걱정이네
誰知粒粒辛苦穀 수 지 입 립 신 고 곡	곡식 낟알 짓는 고생, 그 누가 알아주랴.
如蜂釀蜜還屬彼 여 봉 양 밀 환 속 피	꿀벌이 꽃가루 물어다가, 꿀 빚듯 했다마는
幾石供稅幾石糴 기 석 공 세 기 석 적	몇 섬은 세금내고, 몇 섬은 환곡[5] 갚고
幾石賭地與籽子 기 석 도 지 여 자 자	몇 섬은 도지[6] 내고, 종자 씨도 따로 두며
傭價給來當債報 용 가 급 래 당 채 보	일꾼 품삯 주고서, 신역(身役)[7] 몫도 갚아야지

①契②場長③息俱收殺 계 장 장 식 구 수 쇄	시겟 돈[8] 장리 빗[9]도, 모두 다 상쇄하니
初也似多終無幾 초 야 사 다 종 무 기	처음은 많다 싶던, 남은 게 거의 없네.
祭需農資儲念掛 제 수 농 자 저 염 괘	제수 쌀 농량미도, 따로 챙길 생각하면
蛛不布網活人嗓 주 불 포 망 활 인 상	산 목구멍 거미줄 칠, 그 지경 되겠구나.
僅能饔飧敢云憊 근 능 옹 손 감 운 비	겨우겨우 조반 석죽, 괴롭다 한다마는
往往執④髯未易辦 왕 왕 집 염 미 역 판	가끔가끔 수염 쓸며, 살길을 찾아보나
潔腹吸烟打空話 결 복 흡 연 타 공 화	빈 뱃속에 담배 빨며, 헛소리 타령일 뿐
雖然醬菽烝且舂 수 연 장 숙 증 차 용	그래도 간장은 담가야지, 콩 삶아 익게 찧어
捻塊盦藁不可廢 염 괴 암 고 불 가 폐	메줏덩이 빚어 달아, 띄우는 일 잊지 마소
南至之日一陽生 남 지 지 일 일 양 생	태양이 남쪽 가니[10], 새해가 다시 오네.
添線飛灰理自在 첨 선 비 회 이 자 재	악기에다 갈 재 얹어[11], 그 재 날면 동지이니

浴蠶流水井華水 욕 잠 유 수 정 화 수	누에알을 물에 담가[12], 좋은 씨 골라내고
伐竹不蛀是驗槩⑤ 벌 죽 부 주 시 험 개	대나무는 잘라둬야, 좀 먹잖는 경험 있다.[13]
鳥卵稬心赤豆粥 조 란 나 심 적 두 죽	새알 옹심 떡[14]을 넣어, 팥죽을 끓여놓고
非徒除疫味亦佳 비 도 제 역 미 역 가	미신처럼 액땜하고, 맛 한번 즐겨보세.
舊曆猶存新曆頒 구 력 유 존 신 력 반	음력설은 남았으나, 새해 책력[15] 나왔으니
明年節序何如耶 명 년 절 서 하 여 야	명년 절서 어떠할지, 꼼꼼히 살펴보자.
古來最精今時憲 고 래 최 정 금 시 헌	예부터 좋은 법은, 현행의 시책이니
利瑪竇筭蔑以加 이 마 두 산 멸 이 가	야소교의 역산법[16]도, 보탤 것 별로 없다.
婦子短晷寒廚裡 부 자 단 귀 한 주 리	짧은 해에 부인들은, 가난한 부엌에서
滾⑥炸鉎⑦鈷⑧盛敦⑨鉶⑩ 곤 작 좌 고 성 돈 형	옹 솥[17]에 밥을 짓고, 탕관[18]에 국 끓이니
只爲再食餘無暇 지 위 재 식 여 무 가	서녁끼니 다시 지을, 여가가 거의 없네.
永夜紡績又不停 영 야 방 적 우 부 정	겨울의 긴긴 밤에, 베 짜느라[19] 쉬지 않고

檠前桄機間軖車 경 전 광 기 간 광 차	등잔 앞에 베틀 놓고, 간간히 씨아소리
繅織竹篋⑪與鐵莛⑫ 소 직 죽 구 여 철 정	베 짜기 바디 치며[20], 가락 치는[21] 그 소리에
長兒讀書幼學語 장 아 독 서 유 학 어	큰 아이 글을 읽고, 어린아이 노는 소리
三聲室家宜所聽 삼 성 실 가 의 소 청	세 가지 합친 소리, 주부는 흐뭇하네.
何邨冬烘先生在 하 촌 동 홍 선 생 재	어느 마을 글방선생, 겨울밤 틈나시면
或抄兎册看牛經 혹 초 토 책 간 우 경	나의 토책(兎册)[22] 베껴다가, 농민에게 읽혀주소[23].

| 십일월(十一月) 장 | 원주(原註)

① 계(契) ; '계방(契房)' 즉 조선사회에서 백성이 공역의 면제 등, 편익을 얻으려고 미리 하급 관리에게 돈이나 곡식을 주는 일이니 착취의 일종이다.(『속시』)

② 장(場) ; '변리(邊利)' 즉 조선시대에서 농가가 변(빚)내 쓰고 그 이자의 이자를 돈이나 곡식으로 갚는 일. 요새로 말하면 고리대금업자의 이자와 같은 것.(『속시』)

③ 장식(長息) ; '장리 변' 곧 장릿 빚의 이자.

④ 집염(執髯) ; '회음주(會飮酒)' 라고 한문으로 주 하였고, 『속시』에서는 『어우야담(於于野談)』에 보인다고 했다. 즉 술 마실 때 수염을 쓰다듬는 버릇이 있었으니 동사가 명사로 된 예이다.

⑤ 욕잠유수(浴蠶流水)부터 벌죽부주(伐竹不蛀)의 두 귀절은 추고한 삽입 귀이다. 즉 동지에 정화수로 누에씨를 씻어 고르고, 대나무는 좀이 들지 않게 잘라서 두는 풍습이 있었던 모양이다.

⑥ 곤(滾) ; '끓다' 또는 '끓어 넘다' 라고 주 하고, 한자로 보출(潽出)이라 표기했다.

⑦ 좌(銼) ; '옹솟' 곧 옹솥으로 질 가마솥.

⑧ 고(鈷) ; '탕관' 곧 탕관(湯罐)이니 국을 끓이거나 약을 다릴 때 쓰는 조그만 무쇠그릇.

⑨ 돈(敦) ; '식기(食敦)' 라 했고 『속시』에서는 성발(盛盋), 곧 '주발' 이라고 표기하고 주 했다.

⑩ 형(鉶) ; '갱즘이' 또는 '갱지미' 라 주 했으니, 곧 국 냄비를 말한다.

⑪ 죽구(竹篾) ; '비듸' 곧 바디로 베 짜는 바디와 북이 있다.

⑫ 철정(鐵莛) ; '가락' 또는 '탈대(懸莛)' 또는 '말대(捲莛)' 라 했는데, 베 짤 때에 소용되는 기구로서 가락은 실을 감을 때 쓰는 쇠꼬챙이. 탈대는 틀에 걸터앉는 대인 듯. 말대는 실을 뽑아 마는 대궁.

⑬ 토책(兎冊) ; 중국 당(唐)나라 두사선(杜嗣先)이 지은 『토원책(兎園冊)』인데 자기 저술을 겸손해 쓰는 말로도 쓴다. 여기서는 자기 저작을 낮춰서 하는 말로 썼고, 우경(牛經)은 '우각

괘서(牛角掛書)' 로, 농부가 공부한다는 뜻이다. 이 항목은 원주에는 없다.

| 십일월(十一月) 장 | 역주(譯註)의 주(注)

1) 창월(暢月) ; 음력 11월의 별칭.
2) 갈단새(鶡鴠) ; 꿩 비슷한 다갈색의 산새로 밤에 운다고 함.
3) 여정(荔挺) ; 약초인 여정실(女貞實)을 말하며 동지에 채취한다. '여주' 혹은 '여지' 도 있으나 좀 다르다.
4) "범은~솟구친다" 대목은 『예기』 월령의 11월에 "氷益壯하여 地始坼하며, 鶡鴠은 不鳴하며 虎始交한다 … 芸이 始生하고 荔挺이 出하며 蚯蚓이 結하며 鹿角이 解하고 水泉이 動한다" 에서 따온 시귀이다. 『시경』 7월시에서는 "찬 바람 터진다(觱發)" 라고 했다.
5) 환곡(還穀) ; 원문에는 '적(糴)' 이라 했으니, 봄에 꾼 환곡을 가을에 갚는 것을 말한다. (전출)
6) 도지(賭地) ; 도조(賭租). (전출)
7) 신역(身役) ; 일명 신포(身布). (전출)
8) 시곗 돈(市契錢) ; 원문의 '계장(契場)' 즉 시중의 고리채를 말한다.
9) 장리 빚 ; 원문의 '장식(長息)' 이니, 즉 일종의 고리채의 이자. 환자 빚과는 다름.

10) 태양이 남쪽 가니 ; 원문의 '남지지일일양생(南至之日一陽生)' 은 동지에 해가 남쪽 끝까지 갔다가 다시 되돌아 오름을 말하며, 이때를 시년(新年)으로 하는 역법도 있었다.

11) 악기에다 갈 재를 얹다 ; 현악기에다 갈대를 태운 재를 얹어 놓았다가 그 재가 날아가는 시각이 동지라는 이론이 있었다.

12) 누에알을 물에 담다 ; 동지에 누에씨를 물에 띄워 건강한 알을 고르는 풍속이 있었다.

13) 대나무는 잘라둬야… ; 대나무 속으로 좀 벌레가 들기 쉬우니 잘라둬야 좋다는 체험.

14) 새알 옹심 ; 팥죽에 넣는 새알만 한 옹심 떡.

15) 새해 책력 ; 조선시대 음력 세전에 새해의 책력을 반포했다.

16) 야소교의 역산법 ; 원문에서는 '이마두산(利瑪竇筭)' 이라 했는데 이마두는 당시 선교사 이름으로 야소교의 대명사처럼 쓰였고, 전래한 신력 즉 태양력은 어둡던 우리 사회를 각성시켰다. 여기서는 농가에는 크게 도움 안 된다는 뜻으로 쓰였다.

17) 옹 솥 ; 원문의 '좌(銼)' 인데 '옹 솥' 으로 주석했다. 밥솥이다.

18) 탕관 ; 원문의 '고(鈷)' 인데 '탕관' 이라 주 했고, 한약 또는 탕을 끓이거나 약을 다리는 작은 솥을 말한다.

19) 베 짜느라 ; 원문의 '방적(紡績)' 이니 삼베 짜기, 무명베, 명주 짜기를 통털어 말한다.

20) 바디 치다 ; 원문에서는 '죽구(竹篾)' 라 하고 '바디' 라고 주했다. 베 짤 때 왔다갔다하며 북이 넣어준 씨실을 조여 짜주는 것을 바디라 한다.

21) 가락 치다 ; 원문의 '철정(鐵莛)' 이니 '가락' 이라고 주석했고, 실을 감을 때 돌리는 뾰족한 쇠붙이를 말한다.

22) 토책(兎册) ; 토책이란 『토원책(兎園册;唐, 杜嗣先 著)』을 말하나, 여기서는 자기 저술을 겸양해서 부르는 대명사로 쓰였다.

23) 농민에게 읽히다 ; 원문의 '우경(牛經)' 이니 '우각괘서(牛角掛書;唐, 李密의 고사)' 로 소뿔에 책을 걸고 타고 가면서 공부하던 일. 여기서는 농민이 책 읽는 것을 뜻한다.

십이월(十二月)

時維季冬爲除月
시 유 계 동 위 제 월
때는 바로 계동이라, 제월[1]이라 이르니

小寒大寒是二節
소 한 대 한 시 이 절
소한 · 대한 두 절기가, 이달에 들어 있다.

六候鵲巢雁北鄕
육 후 작 소 안 북 향
육후의 현상으로, 까치가 둥지 짓고, 기러기 북으로 날며

鷄方乳而雉雊出
계 방 유 이 치 구 출
닭은 알을 품고, 꿩은 짝을 부르며

征鳥厲疾水腹堅
정 조 려 질 수 복 견
사냥새[2]는 사나웁고, 물은 굳게 얼어붙다[3].

卒歲凡具亦何以
졸 세 범 구 역 하 이
연말까지 남은 일이, 얼마나 되었던가.

綿布綿紬剪出段
면 포 면 주 전 출 단
무명 · 명주 끊어내어, 옷감을 마려내되

各樣衣服宜經紀
각 양 의 복 의 경 기
각양각색 설빔 옷을, 격식대로 지어 두세.

①襖 ②褲 套 ③褲 曁 套 ④袖
오 고 투 고 기 투 수
동옷[4] · 고의[5] · 행전[6]이며, 토시[7]도 지어 놓고

腰 ⑤褶 尻 ⑥帬 帨 皆 擬
요 습 고 군 세 개 의
저고리[8] · 행주치마[9]에, 수건[10]도 준비하소.

染色茈艸⑦及槐花 염 색 자 초 급 괴 화	지초의 자줏빛[11]과, 홰나무 꽃 노란 물감
鼠李⑧紅藍藍靛⑨是 서 리 홍 람 남 전 시	갈매 초록 · 홍색 · 남색, 반물치마[12] 물들여서
擣盡裁來仍製出 도 진 재 래 잉 제 출	다듬고 바느질 해, 의복을 지어내니
盈欌耀椸多且侈 영 장 요 이 다 차 치	옷장에도 가득 차고, 횃대에도 찬란하다.
飮食諸品須預備 음 식 제 품 수 예 비	여러 가지 음식도, 미리미리 준비하소.
餈餻餌酒米幾斗 자 고 이 주 미 기 두	떡 쌀은 몇 말이며, 술빚을 쌀 몇 말인가
煮菽爲乳蕎饅頭⑩ 자 숙 위 유 교 만 두	콩 쪄서 두부 앗고, 메밀 쌀로 만두[13]하세.
明魚場買肉契取 명 어 장 매 육 계 취	명태는 장에 사고, 세육은 계로 사소[14]
荏豆羌飣柿棗栗 임 두 강 정 시 조 율	깨강정 · 콩강정에, 감과 대추 생률까지
油蜜醬醋靡不有 유 밀 장 초 미 불 유	기름과 꿀 · 장 · 식초, 없는 게 없게 하소.
山禽幾首獸幾頭 산 금 기 수 수 기 두	산에 가서 꿩 몇 마리와, 산 짐승 몇 마리는

尙餘臘日獵所捉 상 여 납 일 엽 소 착	납일 날 덫을 놓아[15], 잡기로 작정이라.
縱然別無自外求 종 연 별 무 자 외 구	괜히 밖에 나가, 구할 것 없겠으니
祭饌於斯豊鄕曲 제 찬 어 사 풍 향 곡	제찬이 이만하면, 풍향곡도 부르리라
白瓷灯盞鳥足炷 백 자 정 잔 조 족 주	흰 자기 등잔에다, 새 발 심지 불 댕기고
除夕焚膏家家俗 제 석 분 고 가 가 속	그믐밤 새는 풍속, 집집마다 불 밝혔네.
上房蓬堂竈圈庫 상 방 봉 당 조 권 고	윗방도 봉당 칸도, 부엌 곳간 할 것 없이
廠圊諸門隨處明 창 청 제 문 수 처 명	집 안팎 대문까지, 환하게 불 켜놓고
麻子赤豆與人髮 마 자 적 두 여 인 발	삼씨와 붉은 팥, 머리카락 함께 모아
投諸井中瘟不嬰⑪ 투 제 정 중 온 불 영	우물 속에 던져두면, 전염병 안 돈다나.[16]
翁感齒添醉爲慰 옹 감 치 첨 취 위 위	영감은 나이 는다, 한잔하고 헛웃음.
兒愁眉皓眠未成 아 수 미 호 면 미 성	아이들은 눈섭 셀까[17], 안 자고 새우누나.

小闍黎⑫喚買慈悲⑬ 소 사 리 환 매 자 비	작은 중[18]은 자비하라[19], 외쳐 돌며 연불하고
半雜遠哭近歌聲 반 잡 원 곡 근 가 성	줄무지 곡소리[20] 삼현패[21] 노래가, 원근에서 들려온다.
夜深村衖火來去 야 심 촌 항 화 래 거	밤중에 마을마다, 등불이 오고 가니
知是送舊歲拜行 지 시 송 구 세 배 행	묵은 세배[22] 다니느라, 부산한 것 알겠구나.
五更幾人守不得 오 경 기 인 수 부 득	새벽까지 몇 사람이, 안 자고 버텨낼까
望春東北斗柄横 망 춘 동 북 두 병 횡	봄 향한 동북 하늘, 북두성 자루 돌고[23]
若使今年逢置閏 약 사 금 년 봉 치 윤	만약에 금년이, 윤달이 든다 하면
尙後一月有此迎 상 후 일 월 유 차 영	아직도 한 달은, 더 맞아야 지낼께다.[24]

| 십이월(十二月) 장 | 원주(原註)

① 오(襖) ; '동옷' 곧 남자의 저고리. 동의(胴衣). 속칭 동저고리.
② 고(袴) ; '고의' 곧 남자의 여름 홑바지. 고의(袴衣)라고도 주했다.
③ 투고(套袴) ; '행전(行纏)' 곧 종아리에 끼는 행건(行巾).

④ 투수(套袖) ; '토시' 곧 팔목에 끼는 토시. 토수(吐手)라고도 주 했다.

⑤ 요습(腰褶) ; '저고리', 즉 여자 저고리.

⑥ 고군(尻裙) ; '행자치마'. 곧 행주치마 · 꽁무니 치마란 뜻. 한문은 엉덩치마.

⑦ 자초(茈草) ; '지초'라 주 했으니, 즉 '지치' 일명 자초이며 자주색 물감 풀.

⑧ 서리(鼠李) ; '갈매' 곧 서리자로 갈매나무 열매는 짙은 초록빛 염료로 쓴다.

⑨ 전(靛) ; '반물'이라 주 했으니, 곧 검은빛을 띤 짙은 남색. 일명 반물색.

⑩ 만두(饅頭) ; 본래 인형(人形) 모습의 머리 같다 했으나 근거가 없다고 하였다.(『속시』)

⑪ 마자(麻子)부터 불영(不嬰)까지 두 귀절은 추고 삽입한 귀절로 향간의 미신 습속인듯 하다. 마자는 삼씨.

⑫ 사리(闍梨) ; '듕의 샹재' 곧 중의상재(僧之上才)라 주 하고 그 설명으로 "중국에서 옛날 불교를 숭상할 때 귀문(貴門)의 어린 자제를 '중'이라 했으니, 지금의 '도령님'과 같은 호칭이다"라고 했다. 〈闍〉는 '도'로도 읽지만 사리(奢利 · 舍利)의 뜻이다. 한문으로는 '도려'라고도 한다.

⑬ 자비(慈悲) ; '자미' 곧 재미(齋米). '재미'는 불교에서 중에게 보시(布施)로 주는 쌀. 원문은 자비(慈悲)라 했다.

| 십이월(十二月) 장 | 역주(譯註)의 주(注)

1) 제월(除月) ; 음력 12월의 별칭.

2) 사냥새 ; 원문의 '정조(征鳥)' 이니 매, 독수리, 솔개 등을 말하지만 '사냥새' 로 번역했다.

3) "까치가~물은 굳게 언다"의 대목은 『예기』 월령 "季冬之月에…鴈이 北鄕하며 鵲이 始巢하며 雉雊하며 鷄乳한다…征鳥厲疾하며…水澤腹堅하면…"의 기록을 옮겨 놓은 시귀이다. 『시경』의 7월시에서는 "12월에 추위 매섭다(栗烈)"라고 했다.

4) 동옷 ; 원문의 '오(襖)' 이니, 즉 남자의 윗저고리이다.

5) 고의 ; 원문의 '고(褲)' 이니, 즉 남자의 바지이다.

6) 행전 ; 원문의 '투고(套褲)' 이니, 즉 남자 종아리에 끼어 매는 행건(行巾)이다.

7) 토시 ; 원문의 '투수(套袖)' 이니 손목에 끼는 방한용 손목 끼기.

8) 저고리 ; 원문의 '요습(腰褶)' 이니, 여자의 저고리이다.

9) 행주치마 ; 원문에서는 '고군(尻裙)' 즉 '엉덩치마' 라는 뜻으로 표기했다.

10) 수건 ; 원문에서는 '세(帨)' 로 표기했다.

11) 지초의 자줏빛 ; 원문의 '자초(茈草)' 는 지치라 하며 자줏빛 물감 원료인데 '지초' 라고 주석했다.

12) 반물치마 ; 원문의 '전(靛)' 은 푸른 물감을 말하나 원문 주에서는 '반물' 이라 했고, 반물은 검은빛과 푸른빛이 섞인 빛. 흔히 여자들의 막 치마 빛으로 썼다.

13) 만두 ; 『속시』에서는 "옛날 노수제(瀘水祭) 때 나온 말로 '사람모양이라 하여 만두'라 했다는데 옛일이 미심하다"라고 했다.

14) 세육은 계로 산다 ; 설에 쓰는 고기를 장만하려고 미리 계를 들었던 풍속이 있었던 모양이다.

15) 납일에 덫을 놓다 ; 납일(臘日)은 동지 뒤 세 번째 술일(戌日)이고 이날 농가에서는 그물이나 덫을 놓아 꿩이나 산짐승을 잡아 세찬에 보태 썼다. 『시경』 빈풍시에서는 동짓달에 사냥 곧 우학(于狢)한다고 했다.
『시경』의 7월시에서는 "11월에 우학(于貉 ; 取彼狐狸)한다"고 했다. 납일은 섣달에 있다.

16) 전염병 안 돈다 ; 섣달 그믐에 "삼씨 즉 대마초 씨와 붉은 팥과 머리카락을 우물에 던지면 그 해 전염병이 예방된다는 속설이 있었던 모양이다.

17) 눈썹 셀까 ; 섣달 그믐밤에 잠을 자면 눈썹이 하얗게 센다는 속설이 있다.

18) 작은 중 ; 원문의 '소사리(小闍梨)' 이니, 사리는 '중의상재' 라 주석하고 해설에서 "중국에서 불교를 숭상할 때 양반(縉紳) 자재를 동승(童僧)으로 삼았으니, 지금 우리가 부르는 '도령님' 이 이에서 유래되었다"고 하였다.

19) 자비하라 ; 원문 주에서는 '자비(慈悲)' 라 쓰고 '자미' 라 주석했는데 섣달 그믐에 젊은 중들이 자미(慈米?)를 베풀라고 돌아다니면서 염불하는 풍경이다.

20) 줄무지 곡소리 ; 원문의 '원곡근가(遠哭近歌)' 라고 한 것인데 『농가』에서는 '줄무지' 라고 표기했으니, 곧 죽은 친구의

상여를 메고 곡하고 춤추던 풍속이 놀이로 변해서 명절에 북치고 노는 모습을 그린 대목이다.

21) 삼현패(三絃輩) ; 사물놀이패. 본래 3현은 세 가지 현악기(絃樂器)인 거문고, 가야금, 비파(또는 해금)를 말함.

22) 묵은 세배 ; 원문의 '송구세배(送舊歲拜)' 이니 정초에 미쳐 못 올린 세배를 섣달 그믐에 치르는 풍속이 있었다.

23) 북두성 자루 돌고 ; 원문에 '망춘동북두병횡(望春東北斗柄橫)' 이라 한 것은 북두칠성의 자루(斗柄)부분의 별들이 동 · 남 · 서 · 북 순으로 한 바퀴 돌면 1년이 되는데 섣달 그믐에는 동북으로 향하고 있다는 뜻이다.

| 부록 I |

붙임 '고구마 재배'(附 種藷)

부록 제목인 '종저(種藷)'란 감자의 재배에 관한 글이란 뜻인데, 그 내용은 고구마에 대한 품종 재배법, 식용, 특성 등을 적어서 구황식품(救荒食品)으로 부각시킨다는 것이다.

우리가 늘 먹고 있는 것은 감자(甘藷)이고, 약재로는 산마(薯蕷)가 있고, 또한 준 양식으로 고구마가 있다.

그 고구마가 과라(果蓏)중에 제일 식품인데, 우리나라에서는 재배를 잘 안하는 것은 오직 곡식밥만 먹기 때문이지만 농가에서는 1년 농사로 꼭 필요하기에 제가의 저술을 인용하여 그 요긴함을 소개한다는 것이다.

附 種藷
부 종저

甘藷出交廣朱厓有二種 日山藷 日番藷 其根似芋
감저출교광주애유이종 왈산저 왈번저 기근사우

亦有巨魁 大者如鵝卵 小者如鷄鴨卵 剝去紫皮 肌
역유거괴 대자여아란 소자여계압란 박거자피 기

肉白如脂肪 其味同薯蕷
육백여지방 기미동서여

土人傳云 大明萬曆間 有人在海外得此種 海外人
토인전운 대명만력간 유인재해외득차종 해외인

亦禁不命出境 此人取藷 藤絞入汲水繩中遂得渡海
역금불명출경 차인취저 등교입급수승중수득도해

因此分種移植 通於閩廣之境
인차분종이식 통어민광지경

我東 傳種始於 英宗乙酉 來自日本 日本人呼爲
아동 전종시어 영종을유 내자일본 일본인호위

古古伊文瓜 琉球國呼爲番茄兩種 莖葉多相類
고고이문과 유구국호위번가양종 경엽다상류

| 부록 Ⅰ |　고구마 재배(種藷)

감저(甘藷)[1]는 교광(交廣)[2]에서 나는 것과 주애(朱厓)[3]에서 나는 두 종류가 있는데, 교광산은 산저(山藷)[4]라 하고, 주애산은 번저(番藷)[5]라고 하니 그 뿌리가 토란 비슷하여 큰 덩어리는 크기가 거위알만 하고 작은 것은 달걀, 혹은 오리알만 한데 자주빛 껍질을 벗기면 속살이 희고, 지방(脂肪)같고, 그 맛이 서여(薯蕷)[6]와 같다.(※이상은 감자의 종류)

원주민이 전하는 말에 의하면 명(明)나라 만력(萬曆:1578~1620) 연간에 한 사람이 해외에서 이 종자를 구해 온 것인데 그 때 해외에서도 이 종자의 반출을 금지하였으므로 그 사람은 감자 줄기를 뜯어서 물을 뿌리고 젖은 새끼에 돌돌 묶어가지고 용케 바다를 건너 가져와서 민광(閩廣:지금의 중국 福建省) 일대에 번식 시켰다는 것이다.

우리나라에 전해 온 시초는 영조 을유(1765) 때 일본으로부터 온 것인데, 일본사람들은 '고고이모오이(古古伊文瓜)라 부르며 유구국(琉球國)에서 말하는 번가(番茄)와 두 가지 종류가 있었다 하고, 그 잎과 줄기가 거의 비슷했다.

但山藷附樹乃生 番藷蔓地生 山藷形魁壘
단산저부수내생 번저만지생 산저형괴루

番藷形圓而長 其味則番藷甚甘 山藷爲劣耳
번저형원이장 기미즉번저심감 산저위열이

蓋中土諸書 言藷者 皆山藷也
개중토제서 언저자 개산저야

我國各道所有者 則番藷也
아국각도소유자 즉번저야

甘藷柔脆 最難藏種 濕則爛死 燥則枯死 熱則蒸死
감저유취 최난장종 습즉난사 조즉고사 열즉증사

寒則凍死 故以霜降前 掘藷卵揀近根先生者 勿令傷
한즉동사 고이상강전 굴저란간근근선생자 물령상

損 擇於屋之東南 無西風有東日處 以稻艸疊基方廣
손 택어옥지동남 무서풍유동일처 이도초첩기방광

丈餘 高二尺許 其上更疊四圍高二尺 而虛其中 方廣
장여 고이척허 기상갱첩사위고이척 이허기중 방광

二尺許 用稻穩襯之置種焉
이척허 용도온친지치종언

다만 산저(山藷)는 줄기가 나무에 붙어서 살고(이는 '산마' 일 것임), 번저(番藷)는 땅에서 줄기 뻗으며 사니(이것이 지금 우리가 먹는 고구마일 것임), 산저는 생긴 모양이 괴상하고, 번저는 둥글고 길다랗다.(※이상은 고구마의 전래)

그 맛은 곧 번저는 심히 달고, 산저는 덜하다.

대개 중국 문헌에서 말하는 감자는 모두 산저이다.[7](※이상은 고구마의 품종)

우리나라 각도에서 재배하는 것은 번저이다.

감저(고구마)는 부드럽고, 살이 물러서 보관하는데 몹시 어려우니, 습하면 진물러 죽고, 건조하면 말라 죽고, 뜨거우면 쪄서 죽고, 추우면 얼어 죽으니, 그러므로 상강(霜降) 절기 전에 알을 캐되 먼저 자라서 영근 것을 골라내어 상처나지 않게 가려서 집안 동남쪽 서풍이 없는 곳, 동쪽 해가 비추는 곳에 볏짚으로 사방 한 길(丈:약 10자) 정도의 깔 자리를 두 자 두께로 하고 그 위에 다시 네 둘레 높이 두 자의 허공을 만들어 그 가운데다 사방 두 자 정도의 볏겨울로 고구마 알을 속 싸두면 된다.

復用穩覆之縛竹 爲架籠罩其上 以支土覆也 上用
부용온복지박죽 위가롱조기상 이지토복야 상용

稻艸高垛覆之 度令不受風氣雨雪乃已
도초고타복지 도령불수풍기우설내이

或傳 藤八月中 揀近根老藤 剪取長七八寸 每七八
혹전 등팔월중 간근근노등 전취장칠팔촌 매칠팔

條作一小束 畊地作捋捋藤束栽 種如畦韭法
조작일소속 경지작날랄등속재 종여휴구법

過一月餘卽 每條下生小卵 如蒜頭狀 冬月畏寒稍
과일월여즉 매조하생소란 여산두상 동월외한초

用艸器 蓋至來春分 種若原卵
용초기 개지내춘분 종약원란

我東則 漢南當用稻穩蓋藏法
아동즉 한남당용도온개장법

漢北當用窖藏肰須 覲風氣寒暖 土地燥濕而通變之
한북당용교장연수 근풍기한난 토지조습이통변지

今人 藏芭蕉根 多以竈下掘窖 最禦凍濕故也
금인 장파초근 다이조하굴교 최어동습고야

또는 볏겨울을 덮어서 대나무 소쿠리에 담아 그 위에다 흙을 덮어두는 방법인데 볏짚을 깔고 그 위에다 높이 덕을 매달아 바람과 찬 기운, 비와 눈을 맞지 않게 하는 방법이다.(※이상은 고구마의 품성)

혹은 전하기를, 8월 중에 뿌리에서 가까운 줄기를 가려서 길이 7,8촌(寸)씩 매 줄기에 7,8가락씩 한 묶음으로 하여 갈아 놓은 땅에 열 지어 심어서 줄기를 기르는 종자재배법인 휴구법(畦韭法)도 있다한다.

이는 한 달쯤 지나면 줄기마다에서 땅 밑에 작은 알이 생기는데 크기나 모양이 마늘쪽 만하다.

겨울에 추위를 조심하여 짚으로 된 그릇에 담아 보관하였다가 대개 다음해 춘분에 그 알을 심는다.

우리나라에서는 한강 남쪽은 볏짚으로 보관하는 '도온개장법(稻穩蓋藏法)' 을 쓰는 것이 보통이고, 한강 이북에서는 움집에다 보관하는 '교장(窖藏)' 의 방법인데, 살피건대 바람과 공기의 춥고, 더움과 토지의 마르고 젖어 습한 변화를 막으려는 것이니, 지금 사람들이 파초 뿌리를 부엌 밑에 굴을 파고 보관하면서 추위와 습기를 막는 것과 같은 이치이다.(※이상은 고구마 저장법)

○下種必於淸明后 更宜留一半於穀雨后 種之恐淸
하종필어청명후 갱의유일반어곡우후 종지공청

明左右 尙有薄凌微霜也 故我國嶺湖南沿海地方
명좌우 상유박릉미상야 고아국영호남연해지방

當以淸明后種 漢南漢北近峽州郡 當待穀雨后種
당이청명후종 한남한북근협주군 당대곡우후종

大抵以霜斂日和爲候耳
대저이상감일화위후이

○種須高平沙土 爲其鬆輭不濕 而易行根也 然白
종수고평사토 위기송연불습 이이행근야 연백

沙之地例多不肥 須藉淤蔭治之 且虛浮過深則 其根
사지지예다불비 수자어음치지 차허부과심즉 기근

但深入 而細終不抱卵 必於鬆土五六寸之 下遇堅硬
단심입 이세종불포란 필어송토오륙촌지 하우견경

生土 然后根不能鑽入 始氣結磅礴如拳 故吾東南濱
생토 연후근불능찬입 시기결방박여권 고오동남빈

海等處 如近京江箭串栗島 皆可多種 種萘菔亦宜
해등처 여근경강전관율도 개가다종 종내복역의

고구마 심는 때는 반드시 청명절기 뒤이거나 곡우절기 뒤가 적기요, 청명 때는 좌우에 아직 엷은 얼음과 서리가 남아 있어 조심스럽다.

따라서 우리나라 영남, 호남의 바닷가 지방에서는 청명 후가 적기요, 한강 가까운 남북의 골짜기 주군에서는 곡우 후에 심는 것이 타당하니 대체로 서리가 순한 일기를 맞추기 때문이다.(※이상은 고구마 재배 적기)

고구마 종자는 그 토질이 높고 평평한 모래 땅으로 흙이 부드러워서 흐늘흐늘하고, 습기가 적은 땅으로 뿌리가 잘 뻗어나갈 토질이 좋다.

그러나 흰 모래펄 땅은 알이 잘 크지 않는 예가 많아서 반드시 거름을 넣어서 땅을 다스려야 한다.

또 땅이 너무 물러서 고구마의 뿌리가 너무 깊이 들어가기만 해도 가늘어져서 고구마 알이 잘 들지 않으므로 무른 토질은 반드시 5,6촌 정도 밑을 굳게 흙으로 다져놓고 심어야 뿌리가 깊이 들어가지 못해서 비로소 주먹만한 고구마 알이 맺혀지는 것이다.

그러므로 우리나라 동남쪽 해변가 지역이나 서울 근처의 강인 '살고지와 밤섬(箭串,栗島)' 같은 곳은 모두 고구마 재배의 좋은 곳이며 내복무(萊菔)도 잘되는 땅이다.(※이상은 고구마와 토질, 기후)

○秋冬間畊地 以大糞壅之 至春分先用灰及剉藁
추동간경지 이대분옹지 지춘분선용회급좌고

或牛馬糞晒乾 揉細撒田上 屢畊熟治務 令土脉散緩
혹우마분쇄건 유세살전상 누경숙치무 영토맥산완

可以行根 而滋茂
가이행근 이자무

○畊地起脊尺餘 種在脊上 捋藷根每段截三四寸 長
경지기척척여 종재척상 날저근매단절삼사촌 장

覆土深半寸許 大略如種薯蕷法 每株相去縱七八尺
복토심반촌허 대략여종서여법 매주상거종칠팔척

横二三尺 種後一月左右始生芽 待莖長合尺度乃剪
횡이삼척 종후일월좌우시생아 대경장합척도내전

斷 移種藷子 若大長則 雖斷種亦生
단 이종저자 약대장즉 수단종역생

○藷每二三寸作一節 節居土 上卽生枝 節居土下卽
저매이삼촌작일절 절거토 상즉생지 절거토하즉

生根 待延蔓時 須以土密壅 其節約各節生根卽 從
생근 대연만시 수이토밀옹 기절약각절생근즉 종

其連綴處 剪斷之 令各成根苗不致分力 而每節卵始
기연철처 전단지 영각성근묘불치분력 이매절란시

胚胎耳 有先壅 後斷先 剪後埋二法 當并試之
배태이 유선옹 후단선 전후매이법 당병시지

가을과 겨울 사이에 밭을 갈되 인분 거름을 뿌려 놓았다가 춘분에 이르러 먼저 재(灰)를 거름과 썰은 짚이나, 혹은 말똥을 말려서 잘게 부수어 밭에 뿌리고 밭을 갈면 땅이 한결 부드럽고 너그러워져서 뿌리가 잘 뻗고 무성하게 잘 자란다.

밭은 한 자 깊이로 갈고 밭이랑을 세우고는 그 위에다가 고구마를 심되 매단 마다 3,4촌 길이로 묻고 흙을 반치(半寸) 정도 덮으면 대략 좋은 재배법이 되며, 그루마다 앞뒤로 7,8척, 옆으로는 2,3척씩 심어두면 한 달 뒤면 좌우로 순이 돋고, 그 줄기가 한 자 정도 자라면 잘라서 옮겨 심어서 크면 비록 잘라도 역시 살아난다.

자라서 커진 고구마 순을 2,3치(寸)씩 한 마디로 하여 잘라서 땅에 꽂으면 바로 사는데, 그 가지가 땅에 붙으면 그 밑에 뿌리가 생기고, 뻗어나서 자라면 흙으로 덮어 여러 마디로 자라 뻗고, 마디마다 잘라 심어 놓으면, 다시 손이 안가도 마디마다 알이 생겨 고구마가 열게 되니 반드시 먼저 북돋아 놓은 뒤에 잘라 심는 법과, 먼저 잘라 묻은 후에 심는 두 방법이 있으니, 모두 시험해 볼만하다.

○俟莖長二尺 留三四寸 作老根餘以刀剪 而斷去
사경장이척 유삼사촌 작노근여이도전 이단거

軟頭一寸 就種田壠上 以鋤橫作 小甽盡壠之 廣臥莖
연두일촌 취종전롱상 이서횡작 소견진롱지 광와경

于甽中而種之覆土 則以吐葉 爲準有一莖兩岐者 剪
우견중이종지복토 즉이토엽 위준유일경양기자 전

一岐另種秧田 至七月初旬 剪莖旣盡則 所留老根葉
일기령종앙전 지칠월초순 전경기진즉 소류노근엽

間又生 新芽隨生隨折 如種田折笋法
간우생 신아수생수절 여종전절순법

蓋秧田所以養秧 而不責卵 故只留三四寸老根 亦
개앙전소이양앙 이불책란 고지류삼사촌노근 역

可以更抽新秧矣 種田專須抱卵 故不留二三葉則
가이갱추신앙의 종전전수포란 고불류이삼엽즉

不生卵也
불생란야

○早種而密者 去其交藤若枝節 已遍待生游藤者
조종이밀자 거기교등약지절 이편대생유등자

亦宜剪去 不然則卵不充實
역의전거 불연즉난불충실

줄기가 두 자 정도 커지기를 기다렸다가 3,4촌씩 묵은 뿌리를 칼로 잘라내고 새 순을 한 치를 잘라서 밭이랑에 심고 호미로 옆의 흙을 덮어 밭이랑을 만들면 고구마 순이 온 밭고랑에 넓게 퍼지고, 흙을 덮으면 새순이 나서 다른 또 하나의 줄기로 뻗으니, 뻗어나온 두 가지(枝)에서 한 가지를 잘라 밭에다 모종하면 7월 초순에 자른 순이 모두 없어지고는 남은 묵은 뿌리의 잎 사이에서 돋은 새 순을 나오는 대로 잘라버리는 절순법(折笋法)을 쓰게 되는데, 대개 모종하는 앙전(秧田)법이 모를 기르되 알을 바라지 않는 까닭이니 그러므로 3,4마디의 묵은 뿌리도 또한 새순을 모하기 위한 일일 따름이다.(※이상은 고구마 모종)

씨 밭은 오로지 고구마 알을 키우기 위함이니, 두, 세 잎만 남기면 뿌리에서 고구마 알은 안 생긴다.

일찍 심은 고구마로 빽빽하게 넝쿨져서 서로 엉킨 줄거리와 가지마디는 잘라주고, 널리 뻗어나가는 헛 순도 잘라 주어야지 그렇지 않으면 고구마 알이 불충실하게 된다.(※이상은 고구마 순 다스리기)

○卵八九月始生 便可掘起 若未遂者 勿頓掘居土
난팔구월시생 편가굴기 약미수자 물돈굴거토

中 日漸大 南土 到冬至 北土到霜降 須盡掘之 不
중 일점대 남토 도동지 북토도상강 수진굴지 불

則爛敗矣 掘用木橛 不可以鋤 恐觸傷根皮不堪作明
즉난패의 굴용목궐 불가이서 공촉상근피불감작명

年種也
년종야

○卵可生食 可蒸食 可煮食 可煨食 可切片晒乾作
난가생식 가증식 가자식 가외식 가절편쇄건작

粥飯 可晒乾磨紛作餅餌紛 可作粳作丸入麯蘖 可釀
죽반 가쇄건마분작병이분 가작갱작환입국얼 가양

酒入黃豆 可合醬但忌與醋同用
주입황두 가합장단기여초동용

○海中人不業畊稼 惟掘地種藷 秋熟收之 蒸晒切
해중인불업경가 유굴지종저 추숙수지 증쇄절

如米粒作飯食之 貯之以充肌 是名藷粮
여미립작반식지 저지이충기 시명저량

고구마 알이 8,9월에 처음 생기니(달리니) 캘만하고, 만약에 아직 덜 된 알은 캐지 말고 도로 묻어서 크기를 기다려야 하며, 남쪽 지방에서는 동지절기까지, 북쪽 지방에서는 상강절기까지 모두 캐어야 하며, 그렇지 않으면 뭉클어져 썩는다.

캘 때에는 나무 말뚝을 써야 하며, 쇠붙이로 된 호미를 써서 고구마 알에 상처를 내면 안되고, 껍질을 건드리면 다음해의 종자가 되지 못한다.(※이상은 고구마 수확)

고구마 알은 날것을 먹어도 되고, 쪄서 먹어도 되고, 삶아서 먹어도 되고, 불에 구워서 먹어도 좋으며, 잘게 썰어서 볕에 말린 다음, 죽을 쑤어 먹어도 좋고, 볕에 말려서 가루를 만들어 떡감으로 써도 좋고, 메벼와 섞어 환을 만들어서 누룩을 만들어 술을 고와도 좋고, 간장과 섞어서 식초를 만들어 먹어도 좋은 식품이다.(※이상은 고구마 먹는 방법)

바다 가운데(섬)에 사는 사람들은, 일부러 밭 갈아 심지 않아도 땅 파고 심어 놓으면 가을에 영글어 캐어 먹는데, 고구마를 쪄서 볕에 말리어 잘게 썰어 쌀처럼 만들어 밥을 지어 먹으며, 저장하였다가 양식 떨어질 때 이를 보충해 먹으니 이름하여 '저량'(諸糧:감자 양식)이라고 했다.

東坡云 海南以藷爲糧幾 米之十六今海北 亦爾矣
동파운 해남이저위량기 미지십륙금해북 역이의

本草云 藷甘平無毒 補虛乏益氣力健脾胃 强腎 陰
본초운 저감평무독 보허핍익기력건비위 강신 음

功同薯蕷
공동서여

又藤蔓可飼牛羊猪 或晒乾冬月喂亦令肥腯 葉性平
우등만가사우양저 혹쇄건동월위역영비돌 엽성평

淡作羹與藜藿同 南人以救療産婦 若乾曝作羹味與
담작갱여려곽동 남인이구료산부 약건폭작갱미여

山藿同 蒸熟裹飯而如香美可敵熊蔬
산곽동 증숙과반이여향미가적웅소

○其種宜高地 遇旱灾可導水汲井灌漑之 在低下之
기종의고지 우한재가도수급정관개지 재저하지

鄕亦有宅地園圃高仰之 處平時作場種蔬者 悉捋種
향역유택지원포고앙지 처평시작장종소자 실날종

藷亦可 救水灾在七月中氣后
저역가 구수재재칠월중기후

소동파(蘇東坡)는 시에서 "바다 속 사람들은 고구마로 양식하니, 쌀의 십륙존자는 바다 북쪽에 있다네" 라고 했으니 그 다운 말이다.

『본초강목』에서는 "저(藷:고구마)는 달고 독이 없으며 허기를 보충하며 기력을 돕고, 비위를 튼튼히 하며, 신장을 강하게 만들어 정력제로는 산마와 같다" 하고, 또 고구마 넝쿨은 소나 양, 돼지를 기르는 먹잇감이 되며, 혹은 말려서 겨울에 비만증을 막는 식품도 되며, 잎사귀는 성질이 평담하므로 국을 끓여 먹으면 명아주 콩국과 같아서, 남쪽 지방 사람들은 산부인과의 구료식품으로 쓰며, 말려서 끓인 국은 그 맛이 콩국과 같다.

푹 쪄서 대 잎에 싸면 산뜻한 향취가 가히 곰 나물과 맞먹는다.(※이상은 고구마의 영양가)

그 심는 땅이 높은 지대가 좋으나 가뭄 들면 안 되니 우물물을 이끌어 관개해야 하며, 낮은 땅일 경우는 집터 근처 텃밭의 해 잘 드는 곳으로서, 평시에 채소를 심는 곳이라면, 고구마 재배도 괜찮은데 다만 7월의 수해 때 구제해야 한다.

其田遂不及藝五穀 蕎麥可種又寡收 而無益于人計
기전수불급예오곡 교맥가종우과수 이무익우인계

唯剪藤種藷 易生而多收 蝗蝻爲害草木無遺 唯有藷
유전등종저 이생이다수 황남위해초목무유 유유저

根在地薦食不及 縱令莖葉皆盡尙能發生 不妨收入
근재지천식불급 종령경엽개진상능발생 불방수입

若蝗蝻到時 能多并人力 益發土遍壅 其根節枝幹蝗
약황남도시 능다병인력 익발토편옹 기근절지간황

去之后 滋生更易 故農家不可一歲 不種此宲 雜植中
거지후 자생갱이 고농가불가일세 부종차포 잡식중

第一品 亦救荒第一義也
제일품 역구황제일의야

---

1) 감저(甘藷) ; 여기서는 고구마를 말한다.
2) 교광(交廣) ; 중국 하북성(河北省)의 교하(交河)지방과, 사천성(四川省)의 광한(廣漢)을 말함.
3) 주애(朱厓) ; 중국 광동성(廣東省)의 동남쪽 주애현(朱厓縣), 일명 주애(珠崖).
4) 산저(山藷) ; 산마 종류. 때로는 감자.
5) 번저(番藷) ; 고구마를 말함.
6) 서여(薯蕷) ; 마, 또는 산마.

고구마 밭농사는 오곡(五穀)[8]에는 들지 못하지만 보리처럼 적은 수확의 곡식으로 백성들의 생계에 도움이 없는 것은 아니다.

다만 고구마 순을 잘라 심어서 잘 살려, 수확을 많게 하는 일과, 황충의 피해를 보지 않는 일인데, 황충이 초목을 남김없이 휩쓸 때도 고구마 뿌리까지는 침식하지 못하여 고구마의 잎과 줄기는 모두 능히 잘 발생하여 농가 수입에는 아무 방해가 없다.

만약 황충이 왔을 때는 인력이 많이 동원됨으로 따라서 땅을 뒤집고 널리 묻어 막아서 고구마 뿌리와 줄기에 황충 잡은 자양분이 생겨 오히려 쉬워지니, 농가의 한 해 동안, 아니 심지 못할 잡곡 중의 가장 나은 곡식이며, 또 구황식품으로도 제일 큰 뜻이 있다 하겠다.

---

7) 감저에 대한 중국문헌 ; 甘藷出交廣南方, 民家以二月種, 十月收之, 其根似芋, 亦有巨魁, 大者如鵞卵, 小者如雞鴨卵, 剝去紫皮, 肌肉正白如肌, 南人用當米穀果食, 蒸炙皆香美, 初時甚甜, 經久得風, 稍淡也, 又按, 嵇含草木狀云, 甘藷, 薯蕷之類, 或云, 芋類也, 根葉亦如芋, 根大如拳, 甌蒸 煑 食之, 味同薯蕷, 性不甚冷, 珠厓之不業耕者, 惟種此蒸切晒收, 以充糧糗, 名蕷糧, 海中之人多壽, 亦由不食五穀, 而食甘藷故也.

『本草』甘藷集解, 時珍日, 按, 陳祈暢異物志云,

8) 오곡(五穀) ; 쌀, 조, 수수, 보리, 콩의 다섯 가지 곡식.

| 부록 Ⅱ |

붙임 '전답잡록(田畓雜錄)'

이 "전답잡록"에는 전답의 분류와 면적의 셈법(度量衡), 제반 토지법, 조세현황, 전국 전답현황 등을 조선조 후기의 실황대로 기록한 잡록으로서 지금의 실정과는 사정이 다르지만, 당시 농민들이 얼마나 과다한 징세로 비참하게 수탈을 당했던가 하는 연구에도 충격적(衝擊的)인 자료가 되겠으므로, 모두 주석해 둔다. 또 저자의 의도가 조선후기 농민들의 수탈상을 은근히 고발하는 의도였는지도 모를 일이다.

附 田畓雜錄
부 전답잡록

田者 地可耕之總稱 有旱田水田之異
전자 지가경지총칭 유한전수전지이

○畓者 卽水田 而吾東造字也 亦如椋宮之椋是矣
답자 즉수전 이오동조자야 역여수궁지수시의

○古來 宗畓 自生水者
고래 보답 자생수자

○天動直 或稱奉天直畓無引水者
천동직 혹칭봉천직답무인수자

○翻畓 以田作之
번답 이전작지

○纛田 以畓壠稍廣處耕之
독전 이답롱초광처경지

○洑引水作畓
보인수작답

○堰壅水作畓
언옹수작답

○垌備其不時之雨漲潮溢
동비기불시지우창조일

| 부록 Ⅱ | 전답잡록(田畓雜錄)

○전(田)이란 땅으로서 농사지을 수 있는 모든 것을 이르는 말이니 밭(旱田)이 있고, 논(水田)이 있다.

○답(畓)이란 곧 수전(水田)이며, 답(畓)자는 우리나라에서 만든 글자로 숙궁(椋宮)이라 할 때 숙(椋)자가 우리나라가 만든 국자(國字)인 것과 같은 예이다.

○예부터 보답(宲畓)은 저절로 물이 고인 것을 말하며, 이는 하늘이 직접 물을 주었거나, 혹은 하늘을 받들어 물을 받은 것이지, 사람이 물을 이끌어 댄 것이 아님을 말한다.

○번답(翻畓)은 밭을 일궈 만든 것이요,

○독전(纛田)은 논으로서 밭두둑을 차츰 넓혀 경작지로 만든 것이요,

○보를 만들어 물을 끌어서 논(畓)을 만들고,

○둑을 막아서 물을 대어 논을 만들며,

○물막이를 갖추어 두었다가 불시에 오는 빗물로 철철 넘치게 하는 것도 있다.

(※이상은 전답의 종류)

○畝爲 百步 步一爲六尺
무위 백보 보일위육척

○結亦稱口 是百負 負一 是十束 束一 是十把, 草一
결역칭구 시백부 부일 시십속 속일 시십파 초일

把 準米二合 每五結 用千字文第次字 內以一二三 爲
파 준미이합 매오결 용천자문제차자 내이일이삼 위

第次標之
제차표지

○諸田 分六等 量田 尺長 準周尺四尺七寸七分五釐
제전 분육등 양전 척장 준주척사척칠촌칠분오리

一尺 爲把一結 準三十八畝十四負 準中朝一畝 或田
일척 위파일결 준삼십팔무십사부 준중조일무 혹전

形不明處 以方田 直田裁作打量 斜缺處 別作田形打量
형불명처 이방전 직전재작타량 사결처 별작전형타량

○直播 毋論 乾水畓 耘比移秧 加兩三番
직파 무론 건수답 운비이앙 가양삼번

○淤陰 ; 秧畈播種時 油骨, 移秧前畓 橡葉, 旱田
어음 앙판파종시 유골 이앙전답 상엽 한전

机灰 綿花 舊壁土 炕洞土 犬矢 炯草 牛屎 炕洞土,
궤회 면화 구벽토 항동토 견시 형초 우시 항동토

諸菜 人糞俱好
제채 인분구호

○1무(畝)[1]는 백보(百步)요, 1보는 여섯 자이다.

○1결(結)이란 말로 가늠하는 단위로 백부(負)를 말하며, 1부는 10속(束)이고, 1속은 10줌(把)이고, 풀 한줌은 쌀 2홉에 기준한다. 매 5결마다 천자문 글자 순으로 1,2,3의 순번을 표시한다.

(※이상은 전답 면적 단위)

○여러 밭은 6등분으로 나누는데 양전(量田)은 자의 길이를 기준하는데 주척(周尺)으로 4자(尺) 7치(寸) 7푼(分) 5리(釐)이며, 1자는 1줌으로 하며, 1결은 기준이 38무 14부, 중국 주나라 기준으로 1무이며, 혹은 밭 모양이 명확치 못한 곳을 말함이다.방전(方田)은 직전(直田: 갸름한 밭)을 측량하여 만들 때 모자라진 곳을 재어 만든 곳이며, 따로 밭 모양을 측량한 것.

○직파(直播)는 물론하고 건수답(乾水畓)은 김매고 옮겨심는 일을 두, 세 번 한다.

(※이상은 전답의 측량)

○거름은 모내기와 파종 때 논을 고르고 모심기 전 논에 도토리 잎을 따서 주고, 한전 밭에는 느티나무 재를 주며, 면화 밭에는 묵은 바람벽 흙[2]이나 구들골 흙(재), 개똥, 형초풀[3], 소똥을 거름한다.

구들골 흙(재)는 여러가지 채소에 주며 인분도 좋다.

(※이상은 시비(施肥; 거름)

○賭地法
도지법

一年內 畓 一斗落 辨其沃瘠 自十二斗 至七八
일년내 답 일두락 변기옥척 자십이두 지칠팔

斗式爲定 田 一日耕 自三石 至一石 牛隨價多少 每
두식위정 전 일일경 자삼석 지일석 우수가다소 매

一兩 租一斗 錢亦然
일량 조일두 전역연

○場邊法
장변법

一月六次 場不同日 而一兩 邊 二分
일월육차 장부동일 이일량 변 이분

○王稅法
왕세법

什一之數毋論 田畓定賭地例 則其稅作人擔當
십일지수무론 전답정도지례 즉기세작인담당

依打作分半 則畓主當之 或給種子處畓主 以穀艸
의타작분반 즉답주당지 혹급종자처답주 이곡초

全數與作人 則半種給之
전수여작인 즉반종급지

○身役法
신역법

充丁后 每年錢二兩 或木一匹
충정후 매년전이량 혹목일필

○도지법(賭地法)[4)]

1년 안에 논은 한마지기(1斗落)에 도지세는 땅이 걸고, 메마르고를 분간하여 12말(斗)에서 7,8말씩으로 정하고, 밭은 하루갈이(1日耕)에 3섬(3石)에서 1섬 반으로 하되 그때의 곡가에 따라 다소 가감하되 그 값은 겉곡 1말의 시세로 한다.

○장변법(場邊法)[5)]

한 달에 여섯 번 서는 장이니, 날짜는 정할 수 없지만 한량(1兩)을 빌려쓰는 이자는 2부(分)이다.

○왕세법(王稅法)[6)]

국세(國稅)로 십일지수(什一之數=십일세) 즉 10분의 1로 함은 물론이며 밭과 논을 도지세의 경우에 따라 분별하되 그 세금(稅金=租稅)은 농사짓는 사람(作人)이 담당하되 타작한 절반은 땅주인이 차지한다. 혹 종자(씨앗 곡식)를 논 임자가 대었을 때는 곡초(穀草) 즉 볏짚은 전부 땅주인의 차지요, 작인(作人)이 대었을 때는 종자 절반을 내준다.

○신역법(身役法)[7)]

신역을 정한 뒤(充丁後) 매년 돈으로 2량(兩)이거나 베로 낼 때는 한 필(匹)이고,

○免稅法
면세법

各宮房 賜給結中 有土則 所出自該宮 或地部捧
각궁방 사급결중 유토즉 소출자해궁 혹지부봉

上無土則 道伯分排 各邑每一結 定八兩 自該邑具
상무토즉 도백분배 각읍매일결 정팔량 자해읍구

陳省 書目納于地部 部部分處之 亦有永永賜給王
진성 서목납우지부 부부분처지 역유영영사급왕

稅不納 轉相賣買者 而該宮該衙門 各自收稅 亦出
세불납 전상매매자 이해궁해아문 각자수세 역출

三手粮 唯馬位田則勿論
삼수량 유마위전즉물론

○私稅法
사세법

公私田畓中 以田爲畓 或築洑堰垌之 人量數收
공사전답중 이전위답 혹축보언동지 인양수수

稅 而修築等役 自當焉
세 이수축등역 자당언

○還上法
환상법

春貸秋斂 而遇灾年代捧 所謂臥還 或抄其戶少
춘대추렴 이우재년대봉 소위와환 혹초기호소

還多處 仍置不捧 只取耗 什一者也
환다처 잉치불봉 지취모 십일자야

○給災法
급재법

遇歉則 辨其微甚 而減幾結負 不減每結 中原捧
우겸즉 변기미심 이감기결부 불감매결 중원봉

○면세법(免稅法)[8)]

각 궁방(宮房)에서 궁방전(宮房田)을 받고 있을 때, 토지면 소출은 그 궁에서 처리하고, 아니면 지부아문(地部衙門)에다 세조를 내고, 땅이 없을 경우는 각 도지사(道伯)가 각 읍에 분배하되, 매 1결(結)당 8량으로 정하여 자진하여 당해 부서에 서목으로 제출하고, 지부아문에 납부하면 그 후부터는 왕세를 영영 안 내며, 전상, 매매한 자는 각 궁방과 각 아문에서 각각 수세(收稅)하며, 역시 사수(射手), 살수(殺手), 포수(砲手) 등 삼수(三手) 세량(稅粮)과 역마의 먹이인 마위전(馬位田)[9)] 세미도 물론 같다.

○사세법(私稅法)[10)]

공사(公私)간의 전답 중 밭이나 논을 위한 보를 만들거나 제방이나 동막이를 구축할 때 동원되는 인력비용은 그 수세비를 자담하고, 그리고 수축 때의 용역도 인부가 자담한다.

○환상법(還上法)[11)]

봄에 꿔먹고 가을에 갚는 환곡인데 재해를 만나면 그 해는 다른 물건으로 대봉하되 소위 와환(臥還)[12)]하든가, 혹은 그 집만을 가려서 조금씩 갚게 하며 그런 농가가 많은 고장에서는 다만 10분의 1만 받아들인다.

○급재법(給災法)[13)]

농가가 재해를 당하면 논, 밭의 구실(稅)을 조금 받고,

定數 結錢蕩減 以還耗代減
정수 결전탕감 이환모대감

○給復法
급부법

田唯徵稅 不徵賦戶 以所居邑劃給
전유징세 불징부호 이소거읍획급

○舍音
사음

看檢諸作人 農之勤慢者也 隨庄土大小 幾斗眞
간검제작인 농지근만자야 수장토대소 기두진

以渠耕許給宮庄所在處 置鄕監幾人 檢察一坪之事
이거경허급궁장소재처 치향감기인 검찰일평지사

自宮量給私耕 或料租幾許 秋收時 自京定人 下往
자궁양급사경 혹요조기허 추수시 자경정인 하왕

名導掌 又有納價導掌
명도장 우유납가도장

○惠局大洞法
혜국대동법

無論 水旱田 通五道 每一結 收大米 十二斗內 京
무론 수한전 통오도 매일결 수대미 십이두내 경

畿 生草 穀草 代只作米, 關東 米五斗 代麻布一疋 太
기 생초 곡초 대지작미 관동 미오두 대마포일필 태

一石 代木一疋半 麻布同, 湖西, 六斗 湖南八斗, 嶺
일석 대목일필반 마포동 호서 육두 호남팔두 영

南七斗 斗數各異 異代木一疋 一疋代錢二兩, 諸道
남칠두 두수각이 이대목일필 일필대전이량 제도

同然
동연

심하면 그 전부를 탕감하며, 감세 안 할 경우는 중원(中原)은 정한 결전(結錢)만 바치고, 환곡소모대감(還耗代減)[14]분은 탕감한다.

○급부법(給復法)[15]

밭에만 구실을 징수하고 가호에 대하여는 징수하지 않는데, 사는 고장 읍에서 획일적으로 급부한다.

○사음(舍音)[16] 곧 마름이란 작인(소작인)의 근태를 보며 점검하는 자인데, 농지 대소, 그 소출 여부, 논밭 경지시설 상황, 서울 소재지주의 소재, 향감(鄉監)의 인원수, 평당 수확량 검찰, 사경 시 삯 전미, 혹은 조세분량, 추수 때 서울에서 파면된 인원과 이름 및 납부 곡식 등을 관장하는 사람.

○혜국대동법(惠局大同法)[17]

혜민국(惠民局) 대동법(大同法)으로 논, 밭을 막론하고 5도(道)를 통틀어 매1결에 대미(大米) 12두를 거두고, 그중에 경기는 생초곡을 쌀로 이를 대신하며, 관동은 쌀 5두이니 다른 것으로 대신 낼 때는 마포(痲布) 1필(疋)과 콩 1석(石), 대신할 때는 무명 1필 반, 또는 마포(痲布) 1필 반, 호서지방은 6두, 호남은 8두, 영남은 7두로 말수가 각각 다르며 대신 낼 때는 무명 1필, 1필대는 돈 2량(兩)으로 한다. 그 밖의 여러 도(道)도 같게 한다.

○地部田稅法
지부전세법

諸道每結 米 十七斗五升 錢七兩六 錢七分 而
제도매결 미 십칠두오승 전칠량육 전칠분 이

米 一石 代黃豆 二石 租 二石七斗五升 小豆 一石
미 일석 대황두 이석 조 이석칠두오승 소두 일석

七斗五升 小豆 一石 代黃豆一石四斗 粟租 一石
칠두오승 소두 일석 대황두일석사두 속조 일석

五斗 黃豆 一石 代小豆 十一斗二升五合 粟租 一石
오두 황두 일석 대소두십일두이승오합 속조 일석

三斗 租一石 代黃豆十二斗 稷, 米, 黍米, 菉豆, 小
삼두 조일석 대황두십이두 직 미 서미 녹두 소

豆, 稷唐, 荒租, 眞麥, 正租, 俱各相代
두 직당 황조 진맥 정조 구각상대

○海西山郡四邑, 永作錢米 一石五兩 太一石二兩
해서산군사읍 영작전미 일석오량 태일석이량

五錢 田米 一石四兩, 嶺南 十二邑 米太錢同, 長山以
오전 전미 일석사량 영남 십이읍 미태전동 장산이

北 十一邑 別作錢 大小米減五錢 太減八錢
북 십일읍 별작전 대소미감오전 태감팔전

盧田 每結木一匹 元火田 小米百斗 續田 十五斗
노전 매결목일필 원화전 소미백두 속전 십오두

關西北同
관서북동

○京畿兩湖 火田 太八斗, 嶺南木十匹, 關東入於元
경기양호 화전 태팔두 영남목십팔 관동입어원

田 太四斗
전 태사두

○지부전세법(地部田稅法)[18]

지부아문(地部衙門)에 내는 조세로 각도가 매결(每結)에 쌀 17두 5승, 돈으로는 7량 6전 7푼, 그리고 쌀 1섬(石) 대납할 때는 콩(黃豆) 2석, 겉곡(租) 2석 7두 5승, 팥(小豆) 1석 7두 5승이며, 팥 1섬 대는 콩 1석 4두, 조 겉곡으로는 1석 5두, 콩 1섬은 밭 11두 2승 5홉, 조 겉곡은 1석 3두, 벼 겉곡은 1석(石), 대신 낼 때는 콩 12두, 피쌀, 기장쌀, 녹두, 팥, 직당(稷唐), 황조(荒租), 진맥(眞麥), 정조(正租) 등을 각각 대납할 수 있다.

해서산군 사읍(海西山郡 四邑)은 계속 돈으로 받되, 쌀 1섬(石)은 다섯 냥(5兩)으로, 콩 1섬은 두 냥 5전(2兩5錢)으로, 밭은 쌀 1섬(石)에 넉 냥(4兩)으로 하며, 영남 12읍은 쌀과 콩(米太)의 환전이 같고, 장산(長山) 이북 11읍은 따로 작전(作錢)하되, 대,소미(大小米)는 5전을 감하고, 콩은 8전을 감하고,

갈밭(蘆田)은 매결에 무명 1필, 원화전(元火田)은 소미 100두, 속전(續田)은 45두로 하며, 관서, 관북도 같이 한다.

경기와 호남, 호서(兩湖)의 화전(火田)은 콩 8두로 하고, 영남은 무명 10필, 관동은 원전(元田), 즉 원장에 기록된 논, 밭은 콩 4두씩 내야 한다.

(※이상은 부세(賦稅) 종류와 세액을 거론)

○八道田畓數
팔 도 전 답 수

京畿, 五萬九千三百九十五結
경 기　오 만 구 천 삼 백 구 십 오 결

湖西, 二十五萬五千二百九結六負
호 서　이 십 오 만 오 천 이 백 구 결 육 부

湖南, 三十七萬七千六百七十結九十負
호 남　삼 십 칠 만 칠 천 육 백 칠 십 결 구 십 부

嶺南, 三十三萬七千六百七十六結八負
영 남　삼 십 삼 만 칠 천 육 백 칠 십 육 결 팔 부

海西, 十二萬八千八百三十四結
해 서　십 이 만 팔 천 팔 백 삼 십 사 결

關西, 七萬七千三百七十一結
관 서　칠 만 칠 천 삼 백 칠 십 일 결

關東, 三萬九千三百二十二結八十五負
관 동　삼 만 구 천 삼 백 이 십 이 결 팔 십 오 부

關北, 二萬九千二百二十九結
관 북　이 만 구 천 이 백 이 십 구 결

合一兆三億四千七百二十四結九負
합 일 조 삼 억 사 천 칠 백 이 십 사 결 구 부

전국 8도의 전답(밭과 논) 수(면적)

◎ 경기(京畿), 59,395결(結) (1결은 약 33보 평방이고, 1보(步)는 6척(尺)임.)

◎ 호서(湖西)가, 255,209결 6부(負).

◎ 호남(湖南)이, 377,670결 90부.

◎ 영남(嶺南)이, 337,676결 8부.

◎ 해서(海西)가, 128,834결.

◎ 관서(關西)가, 77,371결.

◎ 관동(關東)이, 39,322결 85부.

◎ 관북(關北)이, 29,229결.

합계 1,304,707결 89부

※ 본문에서는 합(合)이 1兆3億4千7百2拾4結9負라고 했는데 계산이 맞지 않는다.

(※이상은 조선 8도의 토지(田畓) 면적의 통계)

주(注) ;

1) 무(畝) ; 밭을 재는 양전법(量田法)의 하나로 6천 평방척(尺)의 면적.

2) 바람벽 흙 ; 농가에서 벽을 흙으로 바르고 가끔 털어내고 개벽하는데 그 묵은 흙으로 비료로 썼다.

3) 형초(炯草) ; 논에 뿌리는 거름풀을 말하는데, 그 초명은 미상이다.

4) 도지법(賭地法) ; 지주의 땅을 빌려서 농사짓고 소작료를 내는 소작제이니, 그 소작료가 과다하여 농민 수탈이 심했다.

5) 장변법(場邊法) ; 장날(5일장)마다 이자를 받는 고리대금의 이자이니, 한량(兩) 빌려 쓰고 5일에 2부(分)이라 했다.

6) 왕세법(王稅法) ; 국세(國稅)이니 농가소득의 10분의 1을 내게 되어 있으나 실제는 더 징구해 갔다.

7) 신역법(身役法) ; 군대나 부역으로 가는 대신 몸값으로 바치는 세금인데 대개 무명으로 내었고, 정다산(丁茶山)의 시에서는 '죽은 시아버지' '갓난 애기' 도 함께 신역 명단에 올라 있어서 구실을 낸다고 했다.

8) 면세법(免稅法) ; 특정인 즉 궁중 왕자 공주 등 궁방인, 귀화인, 개간공사 전(開墾公私 田), 흉년 등 때 조세를

감면해주는 면세규정이 있었다. 그러나 규정대로 면세 받지 못했다.

9) 마위전(馬位田) ; 역마의 몫으로 되어있는 밭. 소출은 역마 먹이용으로 쓰였다.

10) 사세법(私稅法) ; 공사(公私)의 전답을 제방, 보, 물막이 등 공사할 때 용역비는 자담하는 법. 이 공사 때 용역도 인부가 자담했다.

11) 환상법(還上法) ; 각 고을에 있는 국가의 사창(社倉)에서 농민에게 쌀을 봄에 꿔줬다가 가을에 이식을 붙여 회수하던 법인데 조선후기에 들어 삼정의폐(三政之弊)가 극심하였다.

12) 와환(臥還) ; 흉년 등으로 환자곡식을 그 해에 다 갚지 않고 뉘워두면서 축난 모곡(耗穀)만 갚아나가는 제도.

13) 급재법(給災法) ; 조선조에서 농가가 재해를 입었을 때 그 논, 밭의 구실(稅)을 면제해주던 법. 그러나 이것도 고르지 못했다.

14) 환모대감(還耗代減) ; 환모란 환곡을 환수할 때 원곡 이외에 쥐나 참새가 축냈다 하여 원곡의 10분의 1을 더 받던 법인데 대감(代減)이란 재해가 심할 경우는 이를 탕감하는 제도.

15) 급부법(給復法) ; 조선조에서 복호(復戶)를 급여하던 제도인데 복호란, 특정한 계층이나 대상자에게 부역이나

전세(田稅) 이외의 잡부(雜賦), 금품을 면제하여 주던 규정이다. 여기에도 부정과 협잡은 수반되었다.

16) 사음(舍音) ; 일명 '마름'이라 하여 지주의 위임을 받아 가지고 소작인을 관리하던 사람인데, 지주는 서울이나 도시, 지방 각지에 살았고 마름도 지방에 여럿이 포진하여, 소작인에게서 소작료 과다 수탈, 지주에게서는 세금 포탈 등 부정을 자행하였다.

17) 혜국대동법(惠局大同法) ; 정확한 명칭은 혜민국(惠民局), 대동법(大同法)이니 혜민국은 지금의 보건복지부의 역할과 때로는 재난민의 구휼활동을 했던 관청이며, 대동법이란 조선시대 각 고을 백성들이 바치던 그 지방 특산물(貢物)을 일률적으로 미곡(米穀)으로 통일, 환산하여 바치던 일인데, 각 지방에서 특산물을 억지로 모아 선물로 바치던 선물이었지만 이를 나라에서 조세(租稅)로 뒤집어 씌워서 징수했다.

18) 지부전세법(地部田稅法) ; 조선조 후기, 지부(地部)는 지부아문(地部衙門)으로 호조(戶曹)를 육조(六曹)의 두 번째라 해서 부른 이름인데, 호조에서는 주로 호구(戶口), 공부(貢賦), 전지(田地), 농사(農事), 잠업(蠶業), 진휼(賑恤) 등의 일을 맡아보던 중앙관청인데 그 중 여기서는 전세(田稅)부분의 일부를 관장하고 있었다.

19) 곡명(穀名) ;

전답잡록(田畓雜錄)의 부록으로 곡식 이름을 열거했는데 그 순서와 종류 수는 다음과 같다.

1. 벼(稻), 올벼(早稻) 8종, 늦벼(晩稻) 16종, 찰벼(粘稻) 4종,
   계 28종
2. 콩(豆), 8종
3. 팥(小豆), 7종
4. 녹두(菉豆), 4종
5. 기장(黍), 4종
6. 조(粟), 15종
7. 피(稷), 5종
8. 수수(唐黍), 3종
9. 밀(麰), 3종
10. 보리(麥), 2종

※ 그 곡식명은 뒷면과 같다.

올벼 早稻, 救荒狄所里, 自菜, 著光, 次早稻, 於伊
조도 구황적소리 자채 저광 차조도 어이

仇智, 倭子, 所老狄所里, 黃金子
구지 왜자 소로적소리 황금자

늦벼 晩稻 沙老里, 牛狄所里, 黑沙老里, 沙老里,
만도 사노리 소적소리 흑사노리 사노리

高沙里, 沙老里, 所里老里, 晩倭子, 東謁老里, 牛得
고사리 사노리 소리노리 만왜자 동알노리 우득

山稻, 白黔夫只, 黑黔夫只, 東冉艮里, 靈山狄所里,
산도 백검부지 흑검부지 동염간리 영산적소리

高沙伊眼檢伊, 多多只
고사이안검이 다다지

찰벼 仇郎粘, 所伊老粘, 多多只粘, 粘山稻, 麰山稻
구즉점 소이노점 다다지점 점산도 모산도

콩 黑太, 黃太, 吾海波知太, 百升太, 火太, 者乙
흑태 황태 오해파지태 백승태 화태 자을

外太, 臥叱多太, 六月太
외태 와질다태 유월태

팥 春小豆, 根小豆, 山達伊小豆, 渚排夫蔡小豆,
춘소두 근소두 산달이소두 저배부채소두

黑小豆, 早小豆, 升伊應同小豆
흑소두 조소두 승이응동소두

| 붙임 | 곡물 종류 이름(附穀名)

벼(稻) 올벼(早稻)→구황적소리벼(救荒狄所里), 자채벼(自菜), 저광벼(著光), 차올벼(次早稻), 어이구지벼(於伊仇智), 왜씨벼(倭子), 소로적소리벼(所老狄所里), 황금자벼(黃金子),
늦벼(晩稻)→늦은사로리벼(沙老里), 소적소리벼(牛狄所里), 검은사노리벼(黑沙老里), 사노리벼(沙老里), 고사리사노리벼(高沙里沙老里), 소리노리벼(所里老里), 늦왜벼(晩倭子), 동알노리벼(東謁老里), 우득산벼(牛得山稻), 흰검부지벼(白黔夫只) 검은검부지벼(黑黔夫只), 동염간리벼(東冉艮里), 영산적소리벼(靈山狄所里), 고사이눈검이벼(高沙伊眼檢伊), 다다지벼(多多只), 구랑찰벼(仇郎粘), 소이로찰벼(所伊老粘), 다다지찰벼(多多只粘), 찰메벼(粘山稻), 밀메벼(麰山稻).

콩(豆) 검은콩(黑太=흑태), 누런콩(黃太=황태), 오해파지콩(태)(吾海波知太), 백승태(百升太), 화태(火太), 자을외태(者乙外太), 왓다콩(臥叱多太), 유월태(六月太).

팥(小豆) 봄팥(春小豆), 뿌리팥(根小豆), 산달이팥(山達伊小豆), 저비부채팥(渚排夫蔡小豆), 검은팥(黑小豆), 올팥(早小豆) 승이응동팥(升伊應同小豆).

녹두 沒衣菉豆, 靑菉豆, 東背光將豆
몰의녹두 청녹두 동배광장두

기장 宿乙里黍, 走非黍, 達乙伊黍, 漆黍
숙을리서 주비서 달을이서 칠서

조 三葉粟, 瓜花粟, 猪蹄粟, 都籠筽粟, 沙森犯勿羅
삼엽속 과화속 저제속 도롱오속 사삼범물라

粟, 臥余項只粟, 茂件羅粟, 漸勿日伊粟, 鳥鼻衝粟 擎
속 와여항지속 무건라속 점물일이속 조비충속 경

子十赤粟, 黑德只粟, 開羅叱粟, 漸勿日伊粘粟, 生動
자십적속 흑덕지속 개라질속 점물일이좀속 생동

粘粟, 婁亦粘粟
점속 누역점속

피 阿海沙里稷, 五十日稷, 長佐稷, 中早稷, 羌稷
아해사리직 오십일직 장좌직 중조직 강직

수수 無應厓唐黍, 米唐黍, 盲干唐黍
무응애당서 미당서 맹간당서

밀 秘麰, 春麰, 兩節麰
비모 춘모 양절모

보리 眞麥, 莫知麥
진맥 막지맥

녹두(菉豆) 몰의녹두(沒衣菉豆), 푸른녹두(靑菉豆), 동배녹두(東背), 광장녹두(光將豆).

기장(黍) 숙을리기장(宿乙里黍), 주비기장(走非黍), 달을이기장(達乙伊黍), 칠기장(柒黍).

조(粟) 삼엽조(三葉粟), 외꽃조(瓜花粟), 돼지발조(猪蹄粟), 도롱고리(오)조(都籠箕粟), 사삼범물라조(沙森犯勿羅粟), 와여항지조(臥余項只粟), 무건라조(茂件羅粟), 점물일이(저믄날이)조(漸勿日伊粟), 조비충조(鳥鼻衝粟), 경자십적조(擎子十赤粟), 흑덕지조(黑德只粟) 개랏조(開羅叱粟), 점물일이(저믄날이)차조(漸勿日伊粘粟), 생동차조(生動粘粟), 누역차조(婁亦粘粟).

피(稗) 아해사리피(阿海沙里稷), 오십일피(五十日稷), 장좌피(長佐稷), 중올피(中早稷), 오랑캐피(羌稷).

수수(唐黍) 무응애수수(無應厓唐黍), 미(쌀)수수(米唐黍), 맹간수수(盲干唐黍).

밀(麰) 비밀(秘麰), 봄밀(春麰), 양절밀(兩節麰).

보리(麥) 참보리(眞麥), 막지보리(莫知麥).

※ 곡명은 이두(吏讀)식으로 표기되었으며, 글자 위에 방점 "•"부분은 역자가 훈독한 부분임.

| 부록 | 시(詩) 4편

전가의 즐거움(田家樂 二首)

樂事誰知有僻鄕 낙 사 수 지 유 벽 향	시골 농가 즐거운 일 누가 알리오
人如沮溺俗陶唐 인 여 저 닉 속 도 당	사람은 장저(長沮) · 걸닉(桀溺)[①], 풍속은 도당(陶唐)[②]같네.
山間耕鑿忘凞皡 산 간 경 착 망 희 호	산간에서 밭 갈며 우물 파 마시니 밝은 세상 잊었구나.
世外生成若雨暘 세 외 생 성 약 우 양	세상 밖 일이라곤 비오고 해나는 일
眠草庄丁消了飯 면 초 장 정 소 료 반	풀밭에서 농부는 들 점심을 즐기고
揷花田婦饋來漿 삽 화 전 부 궤 래 장	꽃을 꽂은 농가 아낙 장국을 가져오네.
佇看早晩秋登日 저 간 조 만 추 등 일	등고 일에 산에 올라 지는 해 바라볼 때

---

① 장저(長沮)와 걸닉(桀溺) ; 공자(孔子)시대의 초(楚)나라 은자. 두 사람은 세상을 피해 엽(葉)지방에서 함께 밭을 갈던 사람들. 공자의 도에 대하여 비판적인 인물들.〈논어, 미자(微子)〉
일본(一本)에는 이 대목이 "촌천풍아(村蒇風雅)"로 되어 있다.

② 도당(陶唐) ; 제요(帝堯)의 씨(氏). 요임금이 처음은 도(陶)로 봉해졌다가 뒤에 당(唐)이라 나라 이름하고 다스렸다고 함.

擊鼓吹豳稱壽觴
격 고 취 빈 칭 수 상
북치며 피리 불며 빈풍시[③]로 축배 드네.

桑麻沃若藷藤脩
상 마 옥 약 저 등 수
뽕과 삼이 무성하니 고구마 순 퍼짐 같고

南麓迢迢北墅幽
남 록 초 초 북 서 유
남녘 기슭 아득하고 북쪽 들은 그윽하다.

月下桔槹同井里
월 하 길 고 동 정 리
달에 비친 두레박은 동네 샘에 걸려있고

雨中襏襫幾家疇
우 중 발 석 기 가 주
비 맞는 우장 · 삿갓 여기저기 보이네.

貴金誰信無過糞
귀 금 수 신 무 과 분
인분이 황금보다 귀하다면 뉘 믿으리[④]

騎馬端知未勝牛
기 마 단 지 미 승 우
기마가 소보다 쓸모없어 알 것이네.

不待門前徵稅吏
부 대 문 전 징 세 리
대문 밖에 세무관리 독촉함이 없는 것은

如京納稼供先謀
여 경 납 가 공 선 모
서울 같이 납세자료 공모조작 없기 때문,

---

③ 빈풍시 ; 『시경』 국풍(國風)의 빈풍(豳風)의 칠월(七月)장을 말함.
④ 귀금(貴金) ; 농가에서는 황금보다 똥거름이 더 귀하고 타는 말보다 밭 가는 소가 더 소중하다.

양잠을 보고(養蠶 一首)

祭來膏粥灑桃漿 제 래 고 죽 쇄 도 장	예부터 누에 철엔 기름 죽[①]과 복숭아 저림으로 고사지내고,
日飼柔桑滿懿筐 일 사 유 상 만 의 광	날마다 광주리에 연한 뽕잎 가득 따다 기른다네.
護處垂幃春雨冷 호 처 수 위 춘 우 냉	누에 방엔 포장 치니 봄비에 쌀쌀터니
眠餘分箔午暉長 면 여 분 박 오 휘 장	잠 다 자고 분박[②]하니 오월[③] 해는 밝고 길어
絲如蛛吐唯非網 사 여 주 토 유 비 망	거미같이 실을 뽑되 그물은 아니로다.
繭似蜂穽自作房 견 사 봉 정 자 작 방	짓는 고치 흡사히 꿀벌이 제집 짓듯,
摘盡繅過先織出 적 진 소 과 선 직 출	알알이 실을 자아 먼저 짠 비단을랑,
願期補袞獻吾王 원 기 보 곤 헌 오 왕	우리 임금 곤포 옷을 지어 바치세.

---

① 기름 죽 ; 누에 치는 잠가에서는 잠화죽(蠶花粥)을 먹으며 누에 잘 되기를 기원한다. 원문의 고죽(膏粥), 도장(桃漿)은 모두 벽사(僻邪)하는 선식(禪食)이다.

② 분박(分箔) ; 넉 잠 자고 나면 누에는 고치를 짓는데 그때 누에를 잠박에서 고치 섶으로 옮긴다.

③ 오월(五月) ; 누에 달은 4월이지만 우리나라에서는 오월(午月)에 누에 친다.

목화의 노래(種綿 一首)

江南耔粒海東傳 강남땅① 씨앗이 우리 땅에 전해져서
강 남 자 립 해 동 전

種處須知勝玉田 씨앗 심은 곳곳마다 구슬 밭 못지 않네.
종 처 수 지 승 옥 전

隔水蘆蘤徒令落 물 건너 갈꽃은 쓸모없이 떨어져서
격 수 로 위 도 령 락

隨風柳絮謾聯翩 바람 타고 버들 솜② 인양 휘날리누나.
수 풍 류 서 만 연 편

氍毹不必宜冬藉 겨울엔 털 담요가 굳이 쓸 일 없겠으니
구 유 불 필 의 동 자

絺綌從來只夏穿 곱고 엷은 베③를 짜서 바지 해 입자.
치 격 종 래 지 하 천

卉木世間雖滿眼 꽃나무가 세상에서 눈에 가득 좋다 한들
훼 목 세 간 수 만 안

何曾一朶庇身邊 언제 한번 꽃송이가 우리 몸 가려줬나.
하 증 일 타 비 신 변

---

① 강남땅 ; 중국 양자강(揚子江) 이남 땅. 더운 지방.

② 버들 솜 ; 갈꽃이나 버들 솜은 목화처럼 흰 솜이 날리지만 쓸모가 없다. 그래서 만(謾)자를 썼다.

③ 곱고 엷은 베 ; 원문의 치격(絺綌)은 가늘고 고운 갈포(葛布). 여름 옷감의 대명사. 때로 모시를 뜻함.

농촌에 살고지고(擬歸農 二首)

鹿車何日戎 녹거[①]가 어느 세월에 병장기 되리
녹 거 하 일 융

遯世可徜徉 세상을 피해 산다 어정거렸자
둔 세 가 상 양

不爲仙緣在 도무지 신선과는 인연이 아닌가봐
불 위 선 연 재

唯期帝力忘 다만 제왕의 권력에서 벗어나리라.
유 기 제 력 망

耕看牛角史 밭 갈며 옛적의 우각괘서[②] 읽어보며
경 간 우 각 사

織賽馬頭娘 베 짤 때면 누에 신[③]께 빌기도 하지
직 새 마 두 낭

---

① 녹거(鹿車) ; 사슴 한 마리 들어갈 만한 작은 수레. 원문의 융(戎)은 큰 전차.

② 우각괘서(牛角挂書) ; 원문에서는 우각사(牛角史)라 했는데, 옛날 중국 당(唐)나라 이밀(李密)이 소뿔에 한서(漢書)를 걸고는 타고 다니며 읽었다는 고사.

③ 누에 신 ; 원문에 마두랑(馬頭娘)이라 했는데 누에의 신을 말한다.

無復思浮海 다시는 바다에 뜬구름 생각을 말자.
무 복 사 부 해

淸閒享壽康 오로지 이 목숨 청안키만 바랄뿐
청 한 향 수 강

士耽書卷可堪貧 선비로서 책 읽자니 가난을 감당해야
사 탐 서 권 가 감 빈

工巧如奴拙買人 공장이는 잘하면 노비요, 서툴면 일꾼되며
공 교 여 노 졸 매 인

賈利唯求終是末 장사치 되자하니 이문 땜에 사람 버려
가 리 유 구 종 시 말

本農衣食在吾身 농사를 본 삼으니 의복, 음식 따라 있네.
본 농 의 식 재 오 신

月餘農歌跋
월여농가발

家親以余之不肖, 生長於輦轂之下, 未諳田家粒粒
가친이여지불초 생장어연곡지하 미암전가입립

辛苦之事, 而浮食墮業爲憂矣.
신고지사 이부식타업위우의

偶閱諺傳農編, 悅心乎所其無逸, 擊節乎勉其有
우열언전농편 열심호소기무일 격절호면기유

成, 卽使此義爲飜, 討論而脩飾, 敷演而昭晳, 爰倣
성 즉사차의위번 토론이수식 부연이소석 원방

俗詩, 訂成十二篇, 是爲戒焉, 拜手敬讀, 備審喫着
속시 정성십이편 시위계언 배수경독 비심끽착

之難, 出於耕織之勞, 自顧愧影, 矧乎十月章, 尤當
지난 출어경직지로 자고괴영 신호십월장 우당

人子之所以拳拳者也, 敢不服膺于諄複之意, 而謹
인자지소이권권자야 감불복응우순복지의 이근

藏諸巾衍, 世世相傳, 俾知家嚴之宅心, 亦所顒望
장제건연 세세상전 비지가엄지택심 역소옹망

也夫.
야부

辛酉歲 正月既望越七日壬子 長男東徹 再拜謹跋
신유세 정월기망월칠일임자 장남동철 재배근발

발문

가친이 내가 불초함으로 서울에서 나고 자라나, 농가의 입립(粒粒)한 신고(辛苦)의 일을 알지 못하며 의식을 가벼이 알고 일에 게으를까 근심하셨다.

우연히 언문으로 전하는 농편을 보시고 그 쉬지않고 노력하여 이루는 농가의 공로에 마음 끌려 곧 이 뜻이 번역되게 하시어 토론하고 수식하며 부연하여 분명하게 하려고 하셨다. 이에 속시(俗詩)를 모방하고 다듬어서 12편으로 완성하셨으니 훌륭하도다.

엎드려 절하고 삼가 읽어보니 의식(衣食)의 어려움이 밭갈고 베 짜는 수고로움에서 나옴을 갖추어 살펴져서 자신의 부끄러운 모습을 돌아보게 한다. 10월장에서는 더욱 인자(人子)를 정성스럽게 몸지켜 나아가게 하니, 감히 장황히 되풀이 한 뜻을 마음에 간직하지 못할까 염려되어, 삼가 비단보자기[巾衍]에 보관하여 세세토록 서로 전하여 가엄(家嚴)을 마음에 새겨두고 잊지 않게 된다면 또한 삼가 크게 바라는 바이다.

신유해(辛酉歲;1861) 정월기망(正月旣望)
지난 7일 임자(壬子), 장남 동철(東徹) 재배 근발.

색인(索引)

농가월령가(農家月令歌)

색인(索引)

[ㄱ]

[ㅁ]

[ㅂ]

[ㅅ]

[ㅇ]

[ㅈ]

[ㅊ]

【ㅋ】

【ㅌ】

[ㅍ]

[ㅎ]

월여농가(月餘農歌)

색인(索引)

[ㄱ]

【ㄷ】

[ㅁ]

[ㅂ]

[ㅅ]

[ㅇ]

[ㅈ]

[ㅊ]

[ㅎ]

| 명문 동양문고 ❹ |

농가월령가와 월여농가 詩
農家月令歌 月餘農歌

初版 印刷 : 2008年 7月 14日
初版 發行 : 2008年 7月 18日
共著者 : 金智勇 · 金美蘭
發行者 : 金東求
發行處 : 明文堂(1923. 10. 1 창립)
서울특별시 종로구 안국동 17~8
우체국 010579-01-000682
Tel (영) 733-3039, 734-4798
(편) 733-4748 Fax 734-9209
Homepage : www.myungmundang.net
E-mail : mmdbook1@kornet.net
등록 1977. 11. 19. 제1~148호

값 10,000원
ISBN 978-89-7270-889-6 94380
ISBN 978-89-7270-060-9 (세트)

명문 동양문고 시리즈

[명문 동양문고 ❶]

동양의 인간학

고대 중국의 제왕학

장기근 저

4×6판 360면

- **제1편 천지창조와 인류탄생**_절대인 하늘이 우주 천지 자연 만물 및 인간을 창조했으며 인간은 하늘의 아들딸이며 만물의 영장이다. 고로 인간은 하늘을 닮은 영특한 존재로 선을 행하지만 동시에 원죄에 의해 악을 저지르기도 한다. 그러므로 인간에게는 선과 악이 혼재하게 되었다.
- **제2편 성제(聖帝)와 덕치(德治)**_중국 신화에서는 황제(黃帝)를 중화민족(中華民族)의 시조로 받들고 아울러 요(堯)임금과 순(舜)임금을 최고의 성군(聖君)으로 높이고 있다.
- **제3편 후예(后羿)와 우왕(禹王)**_한발에 관한 신화의 주인공은 활을 잘 쏘는 후예(后羿)와 그의 아름다운 부인 항아(姮娥)다. 그리고 홍수에 관한 신화의 주인공은 우(禹)임금이다.
- **제4편 하(夏)의 세습과 찬탈**_타락하고 낡은 왕조는 무너지고 새 임금이 나타나 천하를 바로 잡는다. 그러나 그 왕조도 역시 자손들이 세습하고 타락하고 결국은 그 나라도 멸망하게 마련이다. 이와 같은 악순환이 바로 하(夏) 왕조에서 시작되었다.
- **제5편 은(殷) 왕조 편**_고대의 은나라는 몽매한 노예제도(奴隸制度)와 신권통치시대(神權統治時代)였다. 무력이 강한 부족이 다른 부족을 강제로 노예로 부려먹는 것을 노예제도라 했다.
- **제6편 주(周) 왕조 편**_무력으로 은(殷)의 폭군 주(紂)를 토벌하고 주(周)나라를 창건한 제1대 왕은 무왕(武王)이다. 공자나 유가 사상에서는 주(周)나라 초기 특히 서주(西周) 시대를 이상적인 왕조로 높인다.

명문 동양문고 시리즈

[명문 동양문고 ❷]

동양의 인간학
당대 여인의 사랑

장기근 저

4×6판 440면

- **제1부 애절한 사랑 이야기**_당시의 사회의 중심은 역시 귀족 및 사대부(士大夫)들이었다. 그러므로 천민에 속하는 창기나 몰락한 선비들의 자아의식이나 낭만적인 사랑은 대부분 비극으로 끝나야 했다. 그들의 자유분방한 생활이나 사랑은 당시의 전통적 윤리 도덕과 엄격한 문벌주의 및 사회규범을 기준으로 보면 무척 기이한 이야기에 속했다.
- **제2부 환상과 영혼의 세계**_사람은 죽지 않고 영생(永生)할 수 없다. 이에 극락왕생(極樂往生)을 소망한다. 그 다음으로 속인에게 공통되는 욕구는 부귀영화(富貴榮華)를 누리겠다는 허영심이다. 이를 채우기 위해서는 권력과 금전을 독차지해야 한다. 이와 같은 이상세계를 구현(具現)하려면 개개인 각자가 정신적으로 천도를 깨닫고 실천해야 한다. 그러기 위해서는 개개인 각자가 「동물적 본능성과 육체적 이기적 쾌락주의를 극복해야 한다.」
- **제3부 의(義)로운 여자 협객(俠客)**_당대의 전기소설에는 여자협객(女子俠客)들이 많이 등장한다. 남자나 여자나 협객들은 초인간적 능력의 소유자였다. 그들은 축지법(縮地法), 은신술(隱身術), 비행술(飛行術) 등을 활용하여 악한 자들을 퇴치함으로써 백성들의 원한을 풀어주기도 했다.

명문 동양문고 시리즈

[명문 동양문고 ❸]

이태백 방랑기

김용제 저

4×6판 346면

• **당대(唐代)의 대시인(大詩人)**

이태백의 모든 것

한번 붓을 들면 곧 시로서 나타난 중국 당(唐)나라 때의 대(大) 시인 이태백. 어려서 부터 시서(詩書)에 통하여 즐겨 공부하였고 후일 친구의 천거로 한림학사가 되었으나 한 곳에 오래 머물지 못하는 시인 특유의 성질로 인해 각지로 다시 순유(巡遊)하였던 이태백.

모반에 연류되어 귀양갔다가 후일 사면된 다음 조정에서 벼슬을 내렸으나 받지 않고 오직 시에만 전념하였던, 시가 생활이며 그의 모든 것이라고 여겼던 이태백이 놀던 달아… 에서 즐겨 우리가 입에 올린 그 두보(杜甫)와 더불어 시선의 일컬음을 받았으며 중국 역대를 통하여 가장 뛰어난 시인으로 평가받는 이태백의 인생과 시와 고뇌가 이 책으로 인해 한편의 작품으로 엮어진다.